DROIT INTERNATIONAL

LE RÉGIME DES CAPITULATIONS

SON HISTOIRE
SON APPLICATION — SES MODIFICATIONS

PAR

UN ANCIEN DIPLOMATE

PARIS
LIBRAIRIE PLON
E. PLON, NOURRIT ET Cie, IMPRIMEURS-ÉDITEURS
RUE GARANCIÈRE, 10

1898

LE RÉGIME

DES

CAPITULATIONS

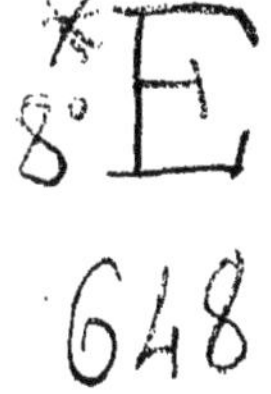

Ce volume a été déposé au ministère de l'intérieur (section de la librairie) en septembre 1898.

PARIS. — TYP. DE E. PLON, NOURRIT ET Cie, 8, RUE GARANCIÈRE. — 4130.

DROIT INTERNATIONAL

LE RÉGIME DES CAPITULATIONS

SON HISTOIRE

SON APPLICATION — SES MODIFICATIONS

PAR

UN ANCIEN DIPLOMATE

PARIS

LIBRAIRIE PLON

E. PLON, NOURRIT ET Cie, IMPRIMEURS-ÉDITEURS

RUE GARANCIÈRE, 10

1898

PRÉFACE

Il en est des traités comme de la question des frontières : ils se modifient avec le temps et subissent les variations de l'histoire. Soumis aux fluctuations des événements politiques ou simplement économiques, suivant la nature de leur objet, ils sont l'expression de la doctrine d'un temps, d'une époque, mais toujours susceptibles de revision et de substitution, le jour où cette doctrine est reconnue caduque ou insuffisante.

Parmi l'histoire des traités qui ont lié les nations entre elles, aucune n'offre un intérêt plus attachant que celle de ces conventions d'un caractère particulier passées entre la France et la Turquie et connues sous le nom de Capitulations. Formées en un corps de doctrine qui n'a point d'équivalent dans le Droit public européen, elles constituent le régime international destiné à protéger les étrangers établis en territoire ottoman. Ce qui frappe dans ces sortes de conventions, ce n'est pas leur mobilité, c'est, a contraire, leur stabilité; car, à peu de chose prè et sauf de légères modifications qui n'en changer pas l'esprit, elles sont restées aujourd'hui ce qu'elle étaient à leur origine : des traités spéciaux qui tiren de leur exception même leur raison d'être et leu raison de durer. Et ce n'est pas une des moindre particularités de cette législation exceptionnell d'être restée invariablement la même à travers cours des événements qui ont remué si profondéme les sociétés, depuis l'apparition de l'élément musu man comme facteur de la politique européenne.

Qu'était-ce donc que ce régime de faveur accord par la puissance conquérante à des étrangers qu'el excluait de son sein, qu'elle mettait hors la loi qu'elle vouait à l'exécration publique? On sait q longtemps les chrétiens établis en Orient avaie campé dans l'isolement parmi les populations musu manes dont ils avaient à redouter toutes les avani et toutes les exactions. Pour les mettre à l'abri ces explosions de fanatisme dont l'histoire de la Tu quie offre de si fréquents exemples, il fallait leur do ner des garanties conventionnelles et leur créer u juridiction à part, puisque la loi du Koran ne leur ét pas applicable. De là est né le système des Capit lations, qui permettait aux étrangers de vivre d sormais, dans les pays d'islam, sous la protection leurs consuls, et assurait à chacun, avec la sécuri de leurs biens et de leurs personnes, la juridiction de leur propre pays. Assurément, c'était là, dans le Droit international, un singulier privilège, une situation tout à fait exceptionnelle que l'Europe avait prise depuis plus de quatre siècles dans les Échelles du Levant. Mais cette situation n'était que trop justifiée par l'incompatibilité absolue et réciproque d'esprit, de mœurs, d'institutions religieuses et sociales, et par l'antipathie de race qui sépare le monde musulman du monde chrétien. En accusant ces différences, cette situation ne pouvait que se prolonger, et, en se prolongeant, elle devait s'immobiliser : c'est là le secret de sa durée.

Sans doute, avec le temps et les progrès de la civilisation moderne, l'abîme des préjugés qui séparait ces deux éléments réfractaires tend naturellement à diminuer. Non pas que le fanatisme populaire ait encore désarmé, ni que, dans les sphères gouvernementales, on se soit complètement dépouillé des anciennes préventions contre tout ce qui vient du *giaour;* mais à mesure que se sont multipliés les rapports des nations occidentales avec les diverses provinces de l'Empire ottoman, celles-ci se sont efforcées de sortir de leur exclusivisme en s'ouvrant de plus en plus à l'accès des idées et des législations européennes. Le hatti-schérif de Gulhané de 1839, le hatti-humayoum de 1856, enfin, à une époque plus récente, la réforme judiciaire introduite en Égypte, sont autant de témoignages de ce désir d'entrer en communication avec les nations chrétiennes. La Turquie traverse, à cet égard, une période de transformations dont il importe de constater l'existence et de suivre le développement. D'autre part, les modifications profondes apportées à son état territorial par des annexions plus ou moins déguisées ou par des émancipations successives, ont fait subir à ce régime exceptionnel, tel qu'il était appliqué dans ses diverses provinces, des changements importants qu'il faut faire entrer en ligne de compte.

Ainsi envisagée, cette question des Capitulations prend de nos jours une importance telle qu'il nous a paru intéressant de nous y arrêter. Pour en faire ressortir toute la valeur, nous avons voulu remonter à leurs sources, en rechercher les causes et en déduire les effets; après en avoir constaté les origines, nous les avons suivies dans leur application et dans leur évolution. Ce simple énoncé exprime la division de cet ouvrage. L'étude de l'histoire étant toujours le cadre où les événements humains, comme les législations, prennent leur relief et gardent leur véritable physionomie, nous avons consacré la première partie de ce livre à l'historique des Capitulations ; on y verra la part que la France a prise, à son grand honneur, dans l'établissement de ces relations de Droit international. La seconde partie est consacrée à l'œuvre de jurisprudence qui en est résultée et à l'application de cette jurisprudence. Nous avons terminé par un aperçu général sur les diverses provinces de l'Empire ottoman, musulmanes ou non musulmanes, où le régime des Capitulations reste encore en vigueur ou a été, par suite des événements politiques anciens ou récents, modifié ou simplement supprimé.

Dans cette tâche, nous avons pris pour guides les divers traités écrits sur la matière avec une autorité reconnue, en les classant et les coordonnant de manière à donner à ces matières éparses une suite qui les fasse concourir l'une à l'autre et leur donne l'apparence d'un tout complet. Nous nous sommes particulièrement référé, pour la partie législative, à l'ouvrage si remarquable de M. Féraud-Giraud sur la *Juridiction française dans les Échelles du Levant et de Barbarie,* à la thèse de M. Ferdinand Pagès sur la *Condition des Français en Orient*, et à celle de M. Auguste Benoit sur *les Capitulations et la Réforme judiciaire en Égypte*. Pour la partie historique, nous avons puisé d'utiles renseignements dans l'ouvrage de M. le comte de Saint-Priest touchant les *Mémoires sur l'ambassade de France en Turquie*, dans celui de M. Charrière sur les *Négociations de la France dans le Levant*, dans l'*Histoire générale de la diplomatie française*, de M. de Flassan, et dans le livre substantiel de M. Octave Teissier sur *la Cham-*

bre de commerce de Marseille. De longues et laborieuses recherches aux archives de la Bibliothèque nationale nous ont permis de consulter également avec avantage divers opuscules écrits par des jurisconsultes, des historiens ou des savants sur cette matière spéciale. Nous devons enfin à des concours obligeants et de la plus haute compétence communication de certains documents qui résument la doctrine de notre diplomatie sur quelques matières sujettes à controverse. Ce livre est donc moins une création qu'une compilation et le résumé exact de ce qui a été écrit par les principales autorités sur les titres, droits et privilèges des Français dans les Échelles du Levant. Nous y avons ajouté la part de notre expérience personnelle.

A une heure où les conditions de l'Empire ottoman semblent devoir se modifier sous l'action des secousses intérieures ou extérieures, cette étude sur les Capitulations, et sur les principales questions qui s'y rattachent, peut avoir son opportunité. Elle montrera, au milieu des incertitudes de l'avenir, la stabilité des conquêtes du passé et donnera, en vertu de cette durée même, la mesure de leur importance.

Tel est l'objet de ce livre. Puisse-t-il, en indiquant aux Français la situation privilégiée qu'ils occupent dans cet Orient si intimement mêlé à leur propre histoire, contribuer à leur faire mieux connaître un pays où leurs aînés leur ont laissé des traces si glorieuses et où leur nom est resté, en dépit de toutes les faiblesses et de toutes les erreurs, le synonyme de vaillance, de progrès et de civilisation!

Paris, août 1898.

DROIT INTERNATIONAL

LE RÉGIME DES CAPITULATIONS

PREMIÈRE PARTIE

I

Origine des Capitulations.

On donne le nom de Capitulations aux traités de faveur consentis par la Porte Ottomane, à l'époque de sa toute-puissance et dans la plénitude de ses droits de souveraineté, aux sujets des puissances chrétiennes qui résident temporairement ou d'une manière permanente sur les territoires soumis à sa domination. Ces traités, qui ont créé dans le Droit public une exception aux principes sur lesquels il repose, garantissent aux Européens, entre autres privilèges, le droit d'être soustraits, dans une large mesure, à l'action des autorités locales et de relever de leurs autorités nationales, représentées par leurs agents diplomatiques et leurs consuls,

Pour apprécier l'importance d'une telle concession, il convient de considérer qu'en droit commun, dans les pays de chrétienté, les étrangers sont pleinement soumis à l'action des lois et des autorités des pays où ils résident. Ils ne peuvent rien réclamer, ils sont traités comme les indigènes, notamment au point de vue des impôts, de l'action de la police, de la juridiction civile ou répressive, etc. C'est une conséquence naturelle de la souveraineté territoriale. Leurs consuls en Europe remplissent bien certaines fonctions, mais non celles de juges.

Tout autre est la condition des étrangers en Turquie. Ils y jouissent de l'exterritorialité, c'est-à-dire qu'ils sont considérés comme vivant hors du territoire de l'Empire ottoman, et cela au mépris de la souveraineté ottomane. C'est là un privilège tellement exorbitant qu'il importe d'en connaître les causes et d'en rechercher les origines.

Qui a obtenu la première Capitulation? Il y a discussion à ce sujet entre historiens français et historiens italiens. De l'étude comparative des documents anciens, il résulte que si certaines villes de l'Italie, comme Gênes, Venise, Amalfi, ont pu, à des époques très reculées qui remontent jusqu'au temps de l'empire grec, c'est-à-dire de l'empire romain des derniers jours, obtenir des concessions sur tel ou tel point du territoire occupé plus tard par la puissance ottomane, c'est la France qui a obtenu la première, en 1535, une Capitulation d'un caractère général et international. On peut donc dire que, historiquement, la première Capitulation date du règne de François Ier. Mais s'il faut élargir la question et remonter de l'effet aux causes, on doit chercher bien plus loin, dans des considérations beaucoup plus abstraites, le point de départ d'un régime aussi singulier dans la vie des peuples.

La question des Capitulations, envisagée sous cet aspect, se trouve intimement liée à celle des traités proprement dits, qui prennent leur place dans le droit coutumier et le droit extérieur des nations. L'un prend sa source dans les faits et gestes des individus qui les portent à ériger en usage ayant force de loi leurs intérêts, leurs droits ou leurs immunités particulières, — c'est le droit tacite ou non écrit; — l'autre a sa base dans les règles qui sont observées entre les divers États dans leurs relations les uns avec les autres, car toute société, une fois constituée, devient une personne morale qui a, comme les individus, ses droits et ses devoirs, — c'est le droit exprimé ou le droit écrit.

Sans remonter à la formation des peuples, on peut suivre ce double courant dans la constitution des grandes nations historiques. Déjà à Rome il s'était formé, à côté et par opposition au droit de la cité, auquel participaient les seuls citoyens, un droit nouveau, droit émané de la seule raison, *jus gentium*, comme disaient les jurisconsultes romains, qui fut d'abord destiné à régler les rapports des étrangers soit entre eux, soit avec les citoyens romains, et qui cependant finit par absorber le premier et par transformer la cité antique. Assurément, il n'allait pas jusqu'à placer les privilèges de ces étrangers au-dessus des privilèges des citoyens de Rome; mais il suffit de constater qu'à côté du droit public il existait, au sein même de la cité, un droit particulier, et que celui-ci avait fini par prévaloir sur l'autre. Un phénomène semblable se produisit au sein de la féodalité. Tandis que celle-ci avait son droit spécial, qui réglait les relations des seigneurs féodaux soit vis-à-vis de leur suzerain, soit entre eux, soit avec leurs vassaux, il naquit peu à peu un droit civil nouveau en antagonisme avec le droit féodal. A mesure que s'émancipaient les communes, que s'élargissait le cercle des relations avec les cités voisines, ce droit prit une formule, trouva son expression concrète et finit, à l'exemple du droit extérieur des jurisconsultes romains, par étouffer la législation étroite de la féodalité pour faire place à une législation plus étendue. C'est ainsi que le droit des plus faibles avait raison de la raison du plus fort et que les minorités faisaient *capituler* la puissance devant leurs justes revendications. Avant de prendre une forme et de recevoir une sanction, ce droit est d'usage courant; il s'établit par la force des coutumes. Expression spontanée de la conscience d'un peuple ou de l'intérêt d'une cité, ces coutumes sont d'abord non écrites; ce n'est que plus tard qu'on songe à les fixer par écrit. Toutefois, par cela même qu'elles constituent une règle, les lois doivent être vivantes et faciles à consulter. Or, cela n'est possible que lorsqu'elles sont formulées par écrit.

C'est dans ces considérations d'ordre spéculatif qu'il faut rechercher l'origine des traités internationaux, en général. Chez les peuples primitifs, il existait des usages, mais la reconnaissance du droit d'autrui n'était pas admise; à peine peut-on démêler parmi eux un sentiment de vague humanité et des usages religieux tels que les serments qui accompagnaient certains pactes. C'est ainsi que procédaient les Égyptiens, les Hébreux, une foule de peuples guerriers de l'antiquité. Les Romains mêmes, par la *loi féciale*, semblaient se faire des traités de paix ou de guerre une conception religieuse et de pure formalité.

Le christianisme renverse les rôles; il relève la dignité

des nations par le principe de la fraternité, établit une certaine communauté de foi entre peuples différents et devient par là un véritable lien international. La papauté, avec les conciles, la trêve de Dieu, le droit d'asile, les arbitrages, les médiations, introduisit l'usage d'un certain droit, le respect d'une autorité entre les hommes.

Plus tard, les croisades, avec leur expansion en pays étranger, élargissent la notion de droit de peuple à peuple ; elles propagent leurs institutions ou leurs mœurs, développent le commerce, reconnaissent l'utilité des échanges, des trêves, des alliances, et dégagent enfin la grande idée de l'équilibre des nations. Disséminés, par la conquête, au sein de l'Islam, les Francs l'envahissent, l'enserrent et le pénètrent à un tel point que, même après la déroute, ils finissent par le subjuguer. C'est à ce point précis de l'histoire qu'apparaissent les éléments de ces traités spéciaux connus sous le nom de Capitulations. Leur premier effet fut de donner une sanction pratique aux conquêtes morales des étrangers résidant en territoire musulman, de respecter leurs coutumes et de leur assurer une protection légale. Les chrétiens, considérés comme des ennemis parmi les peuples de Mahomet, voués à toutes les ignominies et à toutes les persécutions, pouvaient vivre désormais, dans ces pays conquis sur le christianisme, avec les titres et les garanties de leur nationalité.

Mais comment ce rapprochement s'est-il opéré? Comment des races aussi radicalement séparées ont-elles trouvé un terrain d'entente de manière que l'avantage, au lieu de rester à la race dominante, soit resté à la race dominée ? Qu'une nation, par la raison des armes, impose à une autre des traités dont elle sera la première ou la seule à bénéficier, c'est la loi du plus faible de subir la loi du plus fort. Mais était-ce bien le cas des sultans mameluks d'Égypte lorsqu'ils faisaient des concessions à cette poignée d'infidèles que la défaite avait réduits au vil métier de commerçant, prohibé par le Koran comme incompatible avec la dignité des vrais croyants? Était-ce bien le cas de la Turquie, de cette puissance formidable qui, bien avant Lépante, faisait trembler Charles-Quint, menaçait la Hongrie et l'Allemagne? de la Turquie qui, au moment où elle fut recherchée par François Ier, vaincu et prisonnier, avait pour souverain Soliman le Magnifique?

Il y aurait là évidemment un problème historique difficile à résoudre, si on en cherchait l'explication ailleurs que dans la nature même de ces contradictions. « La différence de religion, écrit M. Ortolan dans ses *Éléments de droit pénal*, la séparation des croyances religieuses, des institutions publiques et des mœurs privées entre les peuples musulmans et les peuples chrétiens, séparation bien plus profonde encore autrefois qu'elle ne l'est aujourd'hui, l'utilité commune qu'il y avait cependant pour l'Empire ottoman et pour la France à rendre possibles et sûres nos relations commerciales avec les parties de cet Empire communément désignées sous le nom d'échelles du Levant ou de Barbarie, ont depuis longtemps amené entre cet État et nous une situation exceptionnelle en droit international, quant au pouvoir de répression pénale, de police et de juridiction sur le territoire de la Porte dans ces échelles (1). »

Il faut donc voir dans la différence radicale des mœurs

(1) Ortolan, *Eléments de droit pénal*, t. I, p. 943.

et de religion — de religion surtout — la cause des concessions obtenues par les chrétiens, quoi que cette raison puisse contenir de paradoxe. Le Koran étant à la fois le code religieux, politique, civil et pénal des croyants, et ce code étant en outre la parole incréée de Dieu lui-même, la civilisation musulmane, vouée à une immobilité absolue, ne pouvait admettre dans sa communion les droits et les croyances des nations infidèles vouées à sa réprobation. En effet, le Koran ne permet ni la distinction des pouvoirs, ni le perfectionnement de la législation civile. Le Kalife, successeur direct de Mahomet, possède bien une suprématie spirituelle sur tous les peuples musulmans, mais il est figé dans son immobilité et n'a même pas, comme souverain temporel, le droit de modifier la loi de ses États; il est simplement chargé de veiller à son maintien. Partant de là, il fallait bien trouver un *modus vivendi* avec ces étrangers que la conquête avait mêlés aux peuples de l'Islam et dont les principes, absolument opposés, formaient un élément réfractaire à toute assimilation. La plupart de ces étrangers jouissaient de droits acquis, de situations et de privilèges consacrés par le temps. Bien avant les croisades, sous les empereurs de Byzance, ces privilèges avaient, pour la plupart, été reconnus et confirmés. Pourquoi l'orgueil des princes musulmans ne ferait-il pas les concessions auxquelles s'était plié celui des empereurs grecs et latins? Il faut songer, d'ailleurs, qu'autrefois la souveraineté territoriale avait un caractère moins exclusif qu'aujourd'hui et ne répugnait nullement à l'exercice de la juridiction par des autorités étrangères. Il n'est donc pas étonnant qu'à la chute de l'empire grec les souverains qui se sont succédé à Constantinople aient maintenu la continuation des privilèges concédés par les princes chrétiens.

Tels sont, croyons-nous, les véritables motifs qui ont amené, à la suite des circonstances historiques qui seront traitées au cours de cet ouvrage, la situation exceptionnelle dont nous avons à nous occuper.

Certains auteurs, se basant sur l'analogie des termes, ont voulu voir dans le mot *Capitulation* un dérivé de ces anciennes ordonnances royales connues sous le nom de *Capitulaires*, dont les plus importantes datent du règne de Charlemagne; ils en trouvent la raison dans ce fait que, de même que ces ordonnances, les Capitulations sont divisées et coupées en articles (du latin *capitula*, chapitres).

D'autres font de cette expression le synonyme de ces conventions militaires par lesquelles une puissance consent à signer des armistices avec les puissances rivales ou s'oblige, moyennant un subside ou toute autre compensation, à faciliter, sur toute l'étendue ou seulement dans un rayon limité de son territoire, les conditions d'existence et d'entretien des peuples soumis à sa tutelle.

De même, on en a fait une conséquence de l'idée musulmane d'après laquelle il ne peut y avoir de paix proprement dite entre les croyants et les infidèles; les premiers peuvent accorder aux seconds des *trêves*, des *capitulations*, mais rien de plus.

Il n'y a là, à notre sens, qu'un simple jeu de synonymes pouvant prêter à la controverse. Les Capitulaires sont des règlements organiques d'ordre intérieur concernant la législation morale, politique, pénale, civile, religieuse, canonique, domestique et de circonstance; les questions d'ordre extérieur ou international n'y occupent aucune place. Les capitulations militaires ne résultent que du fait de la guerre et du droit de la force : elles règlent les conditions du vainqueur à l'égard du vaincu. Or, après ce qui a été dit, est-il nécessaire de faire encore observer que celles qui nous occupent règlent, au contraire, les privilèges des vaincus à l'égard du vainqueur? On a sans doute essayé d'expliquer cette anomalie par cette considération que, pendant longtemps, il n'y avait de la part des sultans que des concessions émanant de leur bon plaisir ou de leur générosité et sans autre durée que celle de la vie du souverain qui les avait faites.

Quoi qu'il en soit, les Capitulations, françaises d'origine, sont devenues désormais la loi internationale de tous les États. En droit et en fait, la Turquie se trouve aujourd'hui liée par les traités existants, et il ne dépend plus d'elle de les rétracter ni de les modifier sans le consentement des parties contractantes.

II

L'institution consulaire chez les anciens.

Tout traité, pour être observé, respecté et exécuté, a besoin d'une protection. Le principal instrument de cette protection est l'autorité consulaire. C'est elle qui a charge, avant tout, de veiller aux intérêts de ses nationaux et d'assurer la stricte application des droits qui leur ont été reconnus. Aussi loin qu'on plonge dans l'histoire des Capitulations, on trouve le mot de *consul* étroitement lié à celui de ces traités. Il convient donc d'en connaître le sens et d'en rechercher également les origines.

L'institution consulaire était connue des anciens; elle dérivait du droit d'hospitalité, qui a joué un si grand rôle parmi les sociétés les plus reculées. Dans la Grèce antique, on distinguait l'hospitalité publique et l'hospitalité privée; la première était une conséquence et comme une extension de la seconde. L'étranger (ξένος, *hostis*) était considéré comme un ennemi; mais, quand il se présentait dans une autre tribu ou chez une autre nation sans manifester d'hostilité, on le regardait comme une personne qui demande assistance et comme un suppliant protégé des dieux. On lui offrait le pain, le vin et le sel; on s'empressait autour de lui. La violation de ce devoir était considérée comme un crime et comme une impiété; elle était passible d'une peine. C'était l'hospitalité privée.

Plus tard, à mesure que les communications devenaient plus rapides et plus fréquentes, on établit l'usage des hôtelleries, et quand celles-ci devenaient insuffisantes, l'État se chargeait de pourvoir au logement des étrangers. De cet usage naquit l'hospitalité publique.

Lorsque deux cités établissaient entre elles le lien de l'hospitalité publique, on désignait un ou deux citoyens chargés de veiller sur les étrangers. Les citoyens désignés pour cet usage, en tant qu'agents reconnus du gouvernement au nom duquel ils agissaient, étaient appelés *proxènes* (1). Les fonctions de ces magistrats avaient une grande ressemblance avec celles des consuls et des ministres résidants modernes; elles participaient de leurs devoirs comme de leurs prérogatives ; le plus souvent, elles étaient héréditaires. Quand un État désignait un proxène, il envoyait un de ses propres citoyens habiter dans l'autre État ; ou bien il choisissait un citoyen appartenant à cet État et lui confiait l'honneur d'être son représentant.

Sparte avait d'abord adopté le premier de ces systèmes ; mais, plus tard, elle semble avoir porté ses préférences sur le second, car on constate qu'elle avait pour proxènes à Athènes, les Callias ; à Élis, l'Éléen Xenias ; à Argos, l'Argien Alciphion. Athènes et la plupart des autres cités de la Grèce suivaient le même usage. C'est ainsi qu'Arthinius, de Zélée, était proxène d'Athènes à Zélée, et Nicias l'Athénien, proxène de Syracuse à Athènes.

Les principales fonctions de ces magistrats consistaient

(1) Il convient de faire remarquer que la Grèce moderne a conservé à ses consuls la dénomination ancienne de *proxènes* (πρόξενος).

à recevoir les étrangers, particulièrement les ambassadeurs qui venaient de l'État qu'ils représentaient, à leur procurer l'admission à l'Assemblée, des places au théâtre, etc., etc., à agir, en un mot, comme les patrons de ces étrangers et à prêter leur médiation entre les deux États, si quelques contestations venaient à s'élever entre eux. Enfin, en cas de décès, les proxènes prenaient soin des biens que pouvait laisser l'étranger décédé hors de son pays natal pour les remettre à ses héritiers naturels.

Quant aux prérogatives et privilèges qui pouvaient découler de leur charge, ils variaient suivant les cités. Ainsi, le citoyen étranger qui remplissait dans un pays les fonctions de proxène d'Athènes, jouissait pour lui-même du droit d'hospitalité chaque fois qu'il visitait cette ville, ainsi que de tous les autres privilèges que pouvait posséder un étranger sans être un véritable citoyen d'Athènes. On sait que la capitale de l'Attique était très jalouse de ce dernier privilège; elle le faisait inscrire sur les murs de ses temples. Parmi les autres faveurs qu'elle accordait aux représentants consulaires par décrets spéciaux, on rencontre le droit d'épouser une citoyenne d'Athènes (ἐπιγαμία), d'acquérir des propriétés à Athènes (ἔγκτησις), l'exemption d'impôts (ἀτέλεια), et enfin l'inviolabilité personnelle en temps de paix et de guerre, sur terre et sur mer.

Cette magistrature, qui présente tant d'analogie avec celle des nations modernes, n'était pas uniquement destinée à régler les rapports des cités voisines entre elles; elle franchissait les limites de la Grèce commune et traversait les mers pour porter sa représentation chez les nations étrangères. Athènes entretenait des proxènes en Égypte, qui veillaient aux intérêts du commerce de leurs compatriotes et assuraient la liberté de leur navigation. De même, elle accréditait des agents à Tyr, à Éphèse, à Chio, à Mitylène, auxquels elle accordait, avec le caractère diplomatique, le droit de conclure des traités et d'en assurer l'application. Deux curieux documents épigraphiques, mis récemment à jour par les savantes recherches de M. Egger, nous donnent une idée exacte des stipulations minutieuses contenues dans ces sortes de traités. Le premier est une convention passée entre Hierapytna et Priausos, à laquelle aurait également participé la ville de Gortyne. C'est un des traités les plus libéraux que nous ait laissés l'antiquité; on y trouve le droit de libre établissement garanti aux citoyens des deux villes, l'égalité complète en matière de commerce; on y institue, en cas de litige, des tribunaux d'arbitres; des amendes sont infligées aux magistrats qui oublieraient de lire tous les ans la communication en public, ou bien qui la violeraient. Le second document est une sorte de circulaire diplomatique par laquelle Athènes proclame devant la Grèce son alliance avec Thèbes, Chio et Mitylène, et fait appel aux autres alliés qui voudraient entrer dans la ligue contre Lacédémone, en laissant à ceux-ci la liberté de choisir leur forme de gouvernement et en leur garantissant l'absence de tout tribut. Pour assurer l'exécution et la surveillance de ce traité, des agents étaient envoyés sur tous les points où devaient porter les efforts d'Athènes, et c'est par ce moyen que la Grèce put secouer le joug de Sparte.

Sous la domination romaine, les rapports internationaux et l'institution consulaire (qu'il ne faut pas confondre avec la magistrature de même nom, existant à cette époque) vont être modifiés suivant une tout autre conception. Les Romains avaient des traités une idée particulière; très habiles à les imposer, quand ils servaient leurs plans, ils étaient plus faciles à les rompre, quand ils venaient en contradiction avec leurs visées. Aussi, lorsqu'ils tenaient dans leurs mains de fer soit des trêves ou traités d'alliance, soit des traités de commerce, d'amitié ou de bonnes relations, ils entendaient n'en faire que des instruments aveugles au profit de leur politique, se montrant aussi peu scrupuleux à les dénoncer qu'ils avaient paru empressés à les rechercher. Chez eux, tout devait converger vers la suprématie; leur autorité n'admettait pas de partage. Pour avoir voulu leur résister, Carthage fut anéantie. Et cependant, depuis la soumission du Latium, un traité en forme était venu régler les rapports de commerce, de navigation et de bon voisinage entre les deux nations rivales.

Avec une telle conception de gouvernement, l'institution consulaire n'avait aucune raison d'être. Faite pour assurer le respect et l'exécution des traités, agent de protection et de surveillance, elle ne pouvait que s'effacer et disparaître devant l'autoritarisme des Romains. L'esprit de ces conquérants ne s'accommodait guère du rôle protecteur que les anciens proxènes prétendaient exercer sur des nations soumises à leur domination. Ils reconnaissaient bien, à la vérité, des *priores mercatorum* et des *telonarii*, sortes de magistrats chargés de connaître des contestations commerciales ou des règlements de certains impôts concernant les étrangers. Ils admettaient même, en certains cas, l'intervention d'ambassadeurs chargés de proposer et de négocier des traités d'alliance. Mais quelle autorité pouvait bien s'attacher au caractère de ces personnages dont la mission était limitée d'avance au gré et suivant les convenances du principal contractant? « Les Romains, écrivait un historien moderne, procédèrent toujours le miel sur la bouche et le fer à la main. Ce système les amena à la conquête du monde civilisé tout entier. Ils s'arrêtèrent devant les Barbares, et à dater de la fondation de l'empire, on ne trouve guère de conventions internationales. » Le développement intense de la puissance romaine, avait rompu jusqu'à cette apparence d'égalité dans toutes les conventions conclues par des cités étrangères soit avec Rome, soit avec des citoyens romains isolés.

III

L'institution consulaire chez les peuples modernes.

Cependant, la puissance romaine, avec sa politique d'exclusivisme unitaire, allait disparaître à son tour; elle devait s'effondrer sous le poids de son propre fardeau. Deux ordres de faits d'une importance capitale traversent alors l'histoire et viennent bouleverser les sociétés. D'un côté, la conquête des provinces de l'empire d'Occident par les Barbares et leur division en un grand nombre d'États indépendants; de l'autre, l'établissement du mahométisme sur les rives asiatiques et africaines du bassin de la Méditerranée, viennent changer les conditions politiques ou économiques des peuples et transformer radicalement leurs relations. Au système de la centralisation à outrance succède le système du morcellement à l'infini.

A première vue, on serait tenté de croire que les révolutions apportées par ce bouleversement général étaient de nature à creuser des abîmes entre les nations, à les diviser profondément entre elles et à perpétuer les causes de leurs divisions. Ce fut le phénomène inverse qui se produisit. Leur désagrégation fut la cause de leur rapprochement. Constitués en républiques ou en monarchies, trop faibles pour exister isolément et soutenir le poids de la lutte, les peuples se rapprochèrent, les cités, suivant leurs affinités, se liguèrent, la crainte d'un danger commun engendra le principe de la solidarité publique. Du droit coutumier on passe à la loi écrite; celle-ci se précise. Les engagements prennent de nouvelles formules, des méthodes nouvelles; ils reçoivent le respect de la foi jurée. L'institution consulaire, supprimée par les Romains comme importune ou dangereuse, est remise en honneur et prend une importance, une utilité qu'elle n'avait jamais eue dans l'antiquité. Dès le ve siècle, un grand nombre de villes d'Italie, de Provence et du Languedoc instituèrent des magistrats spéciaux pour connaître des contestations commerciales de terre et de mer; ces magistrats prenaient le titre de « consuls des marchands », « consuls des marins », « consuls de mer »; plus tard, cette qualité fut donnée à ceux qui étaient appelés à assister au dehors les commerçants de leur nationalité; on les désignait, dans ce cas, par le titre de « consuls d'outre-mer », « consuls à l'étranger ».

Mais ce fut surtout dans les pays musulmans que cette institution prit son développement et acquit toute son importance. Les Occidentaux qui, pour les besoins de leur commerce, allaient se fixer au loin, principalement chez les Sarrasins répandus sur les côtes de la Méditerranée, avaient besoin avant tout de protection. Les différences de mœurs, de langage et de religion, les exposaient à une foule de vexations; ils ne pouvaient être efficacement protégés que par une autorité revêtue d'un caractère officiel, émanant de leur propre gouvernement, et le seul moyen de l'établir était d'envoyer des agents de ce gouvernement dans les pays mêmes où ils résidaient. Pénétrés de cette nécessité, on voit tous les peuples navigateurs du Midi faire de grands efforts pour obtenir des souverains chez lesquels ils faisaient le commerce l'autorisation d'établir des consuls.

D'après Hautefeuille (1), ce fut Charlemagne qui, le premier, envoya des consuls chez les Sarrasins; ils auraient été admis en Palestine vers l'an 800. Le même auteur avance qu'un traité formel, une capitulation dont le texte n'est pas arrivé jusqu'à nous, aurait été conclu, à la même époque, entre le restaurateur de l'empire d'Occident et le kalife Haroun-al-Raschild. Mais l'importance du mouvement de la navigation entre les peuples qui, après l'invasion des barbares d'Occident, entretenaient des relations maritimes avec l'empire d'Orient, permet de croire que, bien avant Charlemagne, ces peuples entretenaient des consuls dans les principaux ports de cet État.

Toutefois, ce sont là des inductions qui n'ont pas la valeur des faits expressément confirmés par l'histoire. Celle-ci ne précise la question qu'à dater du XIIe siècle. C'est vers cette époque, en effet, que se généralise l'établissement des consuls en pays musulmans et que prennent date les nombreuses conventions conclues entre les États chrétiens du sud de l'Europe et les Sarrasins, maîtres de l'Orient et de l'Égypte. S'il faut en croire un historien arabe, Khalil-Draken, les mahométans ne considéraient les consuls, à l'origine, que comme des otages choisis parmi les personnages les plus importants du pays auquel ils appartenaient; ils étaient directement responsables de la conduite de leurs nationaux et de la stricte observation des conventions établies, ce qui s'explique par ce fait que ces conventions étaient conclues, à l'origine, non pas avec les États, mais avec les repré-

(1) Hautefeuille, *Histoire du droit maritime international.*

sentants mêmes de ces États. Elles prenaient, dès cette époque, le nom de Capitulations.

Les guerres de religion, loin de porter atteinte à l'institution consulaire, ne font, au contraire, qu'en augmenter l'importance. C'est dans cette période d'agitation et de trouble provoquée par les croisades qu'on en sentit surtout la nécessité et qu'on en fit un instrument précieux de protection. Saint Louis fut un des premiers à s'en rendre compte. Aussi, à peine de retour de sa malheureuse expédition d'Égypte, son premier soin fut d'envoyer des consuls sur les lieux mêmes de sa captivité. Il traita avec le soudan d'Égypte, en 1252, pour l'établissement de deux agents, l'un à Tripoli, l'autre à Alexandrie. En 1270, Philippe le Hardi, son fils, passait un traité avec le roi de Tripoli en faveur du commerce français en Afrique et renchérissait sur les mesures de prévoyance de son père.

Quelles étaient, au juste, les attributions particulières de ces magistrats et l'étendue de ces attributions ? Il serait difficile de le préciser. Les lois intérieures des peuples navigateurs ne nous ont pas laissé de renseignements sur les limites des pouvoirs conférés primitivement aux consuls. Ces pouvoirs ont dû sans doute varier suivant les pays de résidence, ou même différer d'un État à un autre, ou même dans le même État, suivant les circonstances. Ce qui paraît établi, c'est que la juridiction consulaire était beaucoup plus étendue chez les Sarrasins que dans les États chrétiens. Il est bien constant que les bornes de cette juridiction étaient posées par le souverain qui accordait la permission d'établir le consul. En général, elle s'étendait aux affaires criminelles, soit d'une manière absolue, soit sous la réserve de certains cas spéciaux dont la connaissance était dévolue aux autorités locales. C'est ainsi que Venise obtint déjà, dans l'Empire grec, le privilège remarquable de faire juger par ses consuls les différends où ses sujets seraient défendeurs, même quand le demandeur serait un sujet de l'Empire. De même, dans les pays septentrionaux, on voit que cette juridiction était parfois très étendue, car un des principes fondamentaux de la Hanse teutonique était que les sujets des villes associées seraient soumis aux lois et juges de leur patrie dans tous les pays où ils faisaient le commerce.

Il est évident que tout établissement de consul en pays étranger devait donner lieu à un échange de correspondance et à de nombreuses négociations internationales. Mais la plupart de ces actes ne nous sont pas parvenus. Il est probable que les souverains étrangers ne concluaient pas de traité proprement dit, mais qu'à l'instar des chefs mahométans ils se bornaient à accorder au peuple avec lesquels ils entraient en relation la permission d'établir un consulat par des actes spéciaux qui, suivant la forme et le pays, prenaient le nom de règlements ou de capitulations.

Quant aux franchises et privilèges attachés aux fonctions de consul, il semble, aussi loin que peuvent aller nos investigations, qu'ils aient également varié suivant les États; ils étaient beaucoup plus étendus dans les pays musulmans que dans les pays de chrétienté. Suivant des traités conclus avec les sultans d'Égypte aux xve et xvie siècles, les consuls pouvaient circuler librement sur toute l'étendue du territoire et sous la sauvegarde des autorités ; ils jouissaient de la franchise douanière pour tous les objets destinés à leur usage personnel ; une clause spéciale les soustrait, dans les contestations dont ils peuvent être personnellement l'objet, à la juridiction des autorités locales et assure leur inviolabilité pendant toute la durée de leurs fonctions. Quand l'Égypte tomba au pouvoir des sultans de Constantinople, ces derniers ne firent que confirmer ces franchises. C'était, en quelque sorte, un droit commun qui formait le privilège des consuls dans les États riverains de la Méditerranée.

IV

Arrivée dés Turcs à Constantinople. État légal qui en résulte.

La date de 1453 marque le point culminant de la puissance musulmane. Depuis l'ère de l'hégire, les peuplades arabes qui s'étaient rangées sous la bannière du Croissant s'étaient disséminées dans les contrées de l'Asie et de l'Afrique; elles avaient envahi le midi de l'Europe, conquis l'Espagne, menacé la France d'une invasion, établissant leur domination par le glaive, mais restant, malgré le lien de leur foi, divisées et morcelées en une foule de souverainetés indépendantes, sans lien et sans cohésion. Mais voilà que du fond de la Sibérie et du Thibet, parmi les débris de la famille scythique, une peuplade qui n'avait jamais été une nation se lève, sort des solitudes du Turkestan et reprend à son compte le rêve de domination conçu par les Romains. C'étaient les Turcs. Guerriers, ils suivaient des chefs aventureux au gré de leur caprice ou de leur choix. Les plus vaillants formèrent des tribus redoutables. Enrôlés, un jour, à la solde des kalifes arabes, ils se mutinent et parviennent à les déposséder du pouvoir. Comme le XIVe siècle venait de naître, Othman ou Osman, un de leurs héros, fonde la troisième dynastie de leur domination sur les ruines des deux premières, celles des Gaznévides et des Seldjoucides; la dynastie des smanlis était fondée et, avec elle, la puissance musulane.

Ce fut Orkhan, fils d'Othman, qui le premier viola 'Europe orientale à Gallipoli des Dardanelles, comme ouça, général du kalife Walid, avait violé, six siècles uparavant, l'Europe occidentale à Xérès et à Gibraltar. ean Hunyade, le Hongrois, et Georges Scanderberg, l'Alanais, luttèrent héroïquement contre les Turcs, comme adis Pélage des Asturies avait lutté contre les Maures; ais moins heureux que Ferdinand le Catholique, iménès et Gonzalve de Cordoue, qui avaient affranchi 'Espagne du joug musulman, ils ne purent opposer une igue à l'invasion ottomane, et leur pays fut débordé.

Amurat Ier, successeur d'Orkhan, s'avance jusqu'à ndrinople; Bajazet remporte sur les chevaliers chrétiens a victoire de Nicopolis ; mais il succombe lui-même deant Tamerlan. Un moment, la fortune ottomane semble ésiter. Mais la chrétienté se déchirait alors elle-même. 'était le temps du bûcher de Jeanne d'Arc, du concile e Bâle et de Florence, de la guerre des Hussites. La hrétienté, sans défenseurs, est réduite à reculer devant e Croissant, et l'empire d'Orient s'écroule.

La prise de Constantinople par Mahomet II est le signal de cette catastrophe qui retentit jusqu'aux limites du monde occidental, affaibli par ses divisions; comme la prise de Rome par les Barbares, elle marque un des grands tournants de l'histoire. Ce n'est pas seulement une révolution dans l'ordre politique, social et religieux, c'est surtout le déplacement de l'équilibre des nations, ou plutôt c'en est le point de départ. L'empire de Constantin renversé, les Turcs prenaient pied en Europe; ils tenaient, avec les clefs du Bosphore, la position stratégique des détroits ; à cheval sur les deux continents, ils devenaient doublement redoutables ; il fallait désormais traiter avec eux de puissance à puissance. En outre, la capitale tombée en leur pouvoir n'était pas seulement le siège éminent des empereurs de Byzance, c'était le centre d'une orthodoxie qui cumulait, comme à Rome, le pouvoir civil et le pouvoir religieux, c'était un foyer cosmopolite, un amalgame de toutes les races, de tous les cultes résultant des innombrables ramifications de l'idée chrétienne. Grecs, Bulgares, Serviens, Albanais, Arméniens, Latins ou Francs, sans compter les Juifs, si nombreux dans toutes ces villes commerçantes de l'Orient, formaient un amas compact, une agglomération d'éléments hétérogènes, mais puissants, vivaces, gardant chacun ses mœurs, ses usages propres et sa physionomie particulière. L'œuvre sanglante de la conquête une fois accomplie, il fallait faire acte de législateur et donner un droit commun, un statut personnel à tout ce butin vivant, quand il n'était pas passé au fil de l'épée, vendu sur les marchés publics ou chassé, par des routes différentes, vers l'intérieur de l'Asie. Sans doute, le Koran autorisait l'extermination en masse ; mais le massacre n'est pas une solution ; les causes qui l'ont provoqué restent pendantes à travers les siècles, augmentées de l'atrocité du crime et de cette force que prend avec le temps le droit du plus faible, quand il est méconnu et foulé aux pieds.

Or, il faut le reconnaître, les premiers moments de terreur passés, la tolérance du conquérant se révéla au lendemain même de la conquête ; Mahomet II n'abusa pas de sa victoire. Il déchristianisa la basilique royale de Sainte-Sophie, parce que c'était un emblème et une espérance ; mais il laissa aux chrétiens la plupart de leurs églises et la liberté de leur culte public. Il maintint le patriarche grec dans ses fonctions. Lui-même, assis sur le trône qu'il venait d'élever sur les ruines fumantes de Byzance, il remet la crosse et le bâton pastoral au moine Gennadius, le nomme chef de la nation, président du synode et juge suprême de toutes les affaires civiles et religieuses des Grecs. Pareillement, il laisse aux Arméniens trois patriarches ayant leur siège à Constantinople, à Césarée et à Jérusalem, il les investit du droit de juger les affaires civiles ; la répression même des crimes et délits, quoique réservée par la loi aux cadis, fut en réalité souvent exercée par ces patriarches. Il n'est pas jusqu'aux Juifs qui n'eurent leur régime particulier de justice : un triumvirat de trois rabbins composa à Constantinople leur tribunal suprême.

Ainsi, loin de chercher à fusionner les éléments non musulmans qui venaient de passer sous sa domination, Mahomet II comprit qu'il était indispensable, au contraire, de laisser subsister, de droit et de fait, les séparations. Ces races d'hommes réunies en fragments de nationalités, en tribus, en religions et en mœurs différentes, il les obligea, pour vivre en paix et s'accommoder du nouveau régime, à se réunir, pour leurs communautés d'intérêts, en assemblées délibérantes, par nation et par culte, à nommer, dans leur sein, des mandataires pris parmi les plus éclairés d'entre eux. L'ostracisme de la loi du Koran ne pouvant leur être appliqué dans toute sa rigueur, il leur accorda les conditions civiles qui pouvaient se concilier avec leurs principes religieux et n'interdit rien de ce qui est du domaine privé de la famille ou de la conscience. Telles furent les garanties fondamentales des races ; elles maintinrent les autonomies en empêchant l'assimilation des éléments disparates qui venaient de passer sous le joug de l'Islam. Cette organisation habile est à l'honneur de Mahomet II ; elle témoigne de son esprit de tolérance aussi bien que de son esprit politique, car elle devait avoir pour première conséquence d'empêcher tout rapprochement entre l'Église latine, représentée par la puissance hostile de la papauté, et les chrétiens d'Orient, déjà séparés d'elle par des questions de doctrine ; cette disjonction privait ceux-ci de leurs meilleurs alliés et venait en application de la maxime romaine : Diviser pour régner.

A la vérité, les chrétiens latins ou les Francs se trouvaient placés, vis-à-vis du nouveau pouvoir, dans des conditions, à certains égards, différentes. Non pas qu'ils fussent moins exposés que les autres, surtout en temps de guerre, aux avanies et aux persécutions inspirées par le fanatisme. Mais sujets de républiques ou de monarchies puissantes, relevant spirituellement de cette Église romaine qui, du fond de la ville des Césars, savait fomenter des ligues redoutables et qui ne se perdait pas dans des disputes théologiques oiseuses, ils pouvaient, à l'occasion, se réclamer de la protection effective de leurs gouvernements en se basant sur les usages consacrés en leur faveur par des traités antérieurs. Assurément, cette sauvegarde était encore mal définie, assez vague, livrée à l'arbitraire des pachas et des officiers sanguinaires qui considéraient la qualité de chrétien comme un opprobre et un titre à l'asservissement. Il ne pouvait être question, au lendemain de l'entrée des Turcs à Constantinople, de songer à établir des relations internationales avec une puissance que l'Europe chrétienne était venue à considérer comme un nouveau fléau de Dieu, contre lequel elle appelait l'assistance divine, dans ses prières liturgiques, au même titre qu'elle l'invoquait, jadis, contre la peste, la famine, les tremblements de terre et les inondations. Néanmoins, les Occidentaux établis, au moment de la conquête, soit à Constantinople, soit dans les pays tributaires, eurent à bénéficier du prestige que la force des armes et les droits acquis avaient jeté sur leur nationalité. Les Turcs les confondaient tous dans la même dénomination de Francs, car ils ne voyaient que des Français parmi ces guerriers bardés de fer qui, seuls, savaient opposer une digue puissante à la religion de Mahomet et dont l'héroïsme avait sauvé l'Europe d'une invasion. Les luttes légendaires qui s'étaient livrées sur tous les champs de bataille où la Croix s'était mesurée avec le Croissant, avaient laissé subsister ce vague sentiment de crainte et de respect que le vainqueur éprouve instinctivement pour le vaincu, quand il a eu à reconnaître ses qualités de vigueur ou de résistance. De là, sans doute, la différence de traitement, peut-être involontaire au début, entre les chrétiens d'Occident, ou les Francs, et ces restes épars de chrétiens indigènes ou raïas, sans lien de nationalité proprement dite, par conséquent, sans point d'appui et sans base de protection. Cette désassimilation créait une situation à part ; elle mettait en relief l'exception, elle appelait des garanties particulières. Ce sont ces garanties qui, sous les règnes suivants, vont être consacrées par des traités spéciaux qui, bien mieux que les garanties reconnues aux raïas, formeront, pour les étrangers, le plus sûr rempart de leurs droits et la meilleure sauvegarde de leurs intérêts en territoire ottoman.

V

Les croisades et leurs résultats.

Il est nécessaire, pour se rendre un juste compte des conditions qui ont amené un rapprochement entre la Chrétienté et l'Islam, de rechercher d'abord les mobiles qui ont pu les mettre aux prises et d'envisager, pour cela, dans leurs causes déterminantes et dans leurs résultats effectifs, ces grandes invasions historiques connues sous le nom de croisades. Comme toutes les révolutions issues de deux forces contraires, ces vastes entreprises ont remué des idées, creusé des courants et trouvé, par une de ces ironies du sort si fréquentes dans l'histoire, des solutions absolument contraires à la pensée qui les avait inspirées. Sans doute, les croisades eurent pour point de départ un principe exclusivement religieux; leur premier objectif était la conquête de Jérusalem et la constitution d'un empire latin. Aux appels enflammés des protagonistes de ce mouvement, les nations chrétiennes se lèvent en masse et se ruent sur l'infidèle dont elles ont juré l'extermination. C'est, à en juger par l'acharnement déployé de part et d'autre, une de ces guerres de races qui paraissent ne devoir s'arrêter que devant le total épuisement des forces d'une des parties engagées. Pendant cinq siècles, l'Orient est le théâtre de collisions formidables ; les croisades s'y succèdent sans interruption ; elles y engloutissent six millions d'hommes, et des richesses incalculables. Elles ne sont d'abord qu'un long combat, puis une ruine ; la poussière de cette mêlée et de cette ruine a tout obscurci pendant longtemps. Mais l'esprit de prosélytisme armé une fois évanoui, si l'on dégage de cette poussière et de cette ruine les conséquences pratiques, on voit que ces guerres de religion ont eu des effets matériels bien autrement importants que le but primitif assigné à leurs efforts.

La première, la France s'était précipitée vers la Palestine avec la passion généreuse et la bravoure souvent imprudente qui la caractérisaient dès lors, entraînant successivement, dans son exode, toutes les nations qui s'inclinaient devant l'autorité morale de Rome. Mais la foi n'était pas toujours le seul mobile de ces lointaines expéditions ; bien des gens de marque, en abordant les pays infidèles, gardaient la secrète espérance, les uns de conquérir un titre de noblesse dont leur vanité pût se montrer satisfaite, les autres, d'un esprit plus pratique, de s'emparer d'un fief ou d'une principauté dont ils auraient tiré profit et gloire. Les villes d'Antioche, d'Édesse, de Tyr, de Tripoli, de Jaffa, de Saint-Jean d'Acre, et tant d'autres de minime importance, les îles de Chypre et de Rhodes, sans compter le royaume de Jérusalem, furent des colonies sans doute rudimentaires et conçues dans un autre sens que celui qui est en honneur aujourd'hui, mais qui n'en constituaient pas moins de petits États indépendants, dotés de lois particulières conçues dans un esprit assez large pour rapprocher les indigènes des nouveaux conquérants.

Dans sa belle publication sur l'île de Chypre, M. de Mas-Latrie mentionne les édits des rois Lusignan, relatifs aux ventes, donations, baux emphytéotiques, conditions des serfs, etc., et l'on remarque à quel point la sollicitude des suzerains s'inspire des intérêts des sujets tributaires. « L'occupation de trois cents ans des Français, écrit-il dans sa préface, fut une des époques les plus prospères et l'un des régimes les moins oppressifs qu'ait eus l'île... Ils (les Lusignan) se sont imposés aux vaincus tels qu'ils vivaient et tels qu'ils se gouvernaient en Occident, avec leur culte, leur langue, leur législation, leurs arts même, qui étaient comme les traits propres de leur nationalité et les signes visibles de leur domination. »

Les comtés d'Édesse et de Tripoli furent également dotés d'un recueil de lois et d'institutions particulières qui ont été sans doute un perfectionnement de la juridiction existante.

De même, le comté d'Antioche a joui d'une législation des plus ingénieuses dont le texte a été récemment découvert à Constantinople dans un manuscrit en langue arménienne daté de 1330. Ce manuscrit n'est qu'une traduction du texte primitif rédigé en langue française et dont l'original n'a pu être retrouvé. C'est un recueil de lois rédigées sous le principat de Baudouin IV (1201-1235) et se divisant en dispositions réglant les droits des nobles et les droits des non-nobles. Ces dernières dispositions sont empreintes de l'esprit le plus libéral pour l'époque.

Mais la plus importante de ces législations est, sans contredit, celle du royaume de Jérusalem connue sous le nom d'*Assises*. Elle fut rédigée sous le règne de Godefroy de Bouillon par une série de jurisconsultes, mais principalement par ordre de Jean d'Ibelin, comte de

Jaffa, d'Ascalon et de Rome. L'original a été également écrit en français, mais il fut détruit lors de la prise de Jérusalem par Saladin, en 1187, et ne nous est connu que par les copies retrouvées dans les bibliothèques d'Italie sous la date de 1266. Cette législation forme un traité dans le genre des Capitulaires et se ressent de l'organisation des États de l'Europe féodale de l'époque. Une haute cour ou « cour de barons », composée des grands vassaux, siégeait sous la présidence d'un grand officier délégué par le souverain ; elle était à la fois un conseil de gouvernement et une cour de justice pour les nobles. Les autres, hommes libres, artisans ou vilains, furent placés sous la juridiction municipale de la basse cour ou « cour des bourgeois » qui fut instituée à Jérusalem et dans chacune des principales villes du royaume ; elle se composait du gouverneur de la ville et de douze jurés. Les habitants des pays conquis, les Syriens, furent soumis, en matière criminelle, à la cour des bourgeois, mais, en matière civile, ils gardèrent pendant quelque temps leurs magistrats indigènes ou *reis*. Enfin, plus tard, à mesure que le commerce et l'industrie se développèrent, des juridictions spéciales furent créées pour les commerçants de terre et de mer; on les désigne par des titres spéciaux : « la cour de la Fonde » et « la cour de la Chaîne ».

« Une difficulté, écrit M. Ch. Montet dans la *Grande Encyclopédie*, se présentait pour savoir quel serait le droit appliqué par les deux principales juridictions, la cour des barons et celle des bourgeois, car les croisés appartenaient à des nationalités diverses, ou à différentes parties du même pays, et comme, à l'époque féodale, les usages et les règles du droit variaient non seulement d'une région à l'autre, mais même entre fiefs voisins, chaque groupe de croisés avait apporté avec lui la tradition de coutumes différentes et parfois contradictoires. Au lieu de laisser les cours de justice choisir parmi les usages divers qui seraient invoqués devant elles et former peu à peu, par leur jurisprudence, un droit coutumier qui se serait imposé de lui-même au nouvel État, Godefroy de Bouillon voulut, si l'on en croit une tradition que nous ont conservée les jurisconsultes chypriotes du XIIIe siècle, que les règles du droit appliquées par les diverses cours fussent, dès le début de son règne, arrêtées et fixées par écrit dans un ordre officiel ; il chargea les croisés les plus instruits de faire une enquête auprès de leurs compatriotes sur les coutumes observées dans leur pays, et notamment en France, d'où étaient venus le plus grand nombre de croisés. »

C'est le résultat de cette enquête qui fut promulgué sous le nom « d'Assises du royaume de Jérusalem » et qui forme le document le plus important pour l'histoire du droit et des constitutions de l'Orient latin. Sans doute, la procédure y garde un étroit formalisme et se ressent des règles du droit féodal. Mais n'était-ce pas, pour ainsi dire, une nécessité de rattacher par un tel lien les nouvelles populations aux nouveaux occupants? Dans un pays à peine soumis et toujours menacé par un ennemi infatigable, les croisés ne pouvaient se maintenir que par une forte organisation militaire et un ensemble d'institutions privées toutes dirigées vers ce but.

Au milieu de ces contrées, où l'islamisme n'apportait que le culte de la force et la loi de l'arbitraire le plus absolu, de telles institutions, par leur ordre et leur méthode, par la sauvegarde de tous les droits, devaient apparaître aux indigènes comme une sécurité et un bienfait inappréciables. Elles devaient survivre aux causes de leur disparition. A mesure que la chrétienté recule, ses usages subsistent. Les croisades ont sans doute avorté; entreprises pour chasser les infidèles de la Terre Sainte, elles se terminèrent par des désastres effroyables, et quand elles prennent fin, au XIVe siècle, la puissance musulmane est de plus en plus menaçante pour la civilisation. Mais dans les régions qu'elles ont occupées temporairement, elles laissent des traces indélébiles de leur passage. D'un côté, acclimatation des lois, des coutumes, des langues occidentales, mais surtout françaises; de l'autre, développement du commerce et du bien-être, fusion des races et des intérêts, affaiblissement du fanatisme, tels sont les résultats matériels et moraux de ces coûteuses expéditions, destinées à s'achever fatalement dans la défaite et la déroute, mais qui, restées stériles au point de vue religieux, ont su jeter le germe de moissons fécondes et frayer les voies de l'avenir par des moyens insoupçonnés.

VI

Les colonies franques du Levant. Leurs conditions d'existence.

Tant que les princes chrétiens surent se maintenir dans leurs possessions d'outre-mer, ils y firent preuve de vigilance, de prévoyance et de capacité. Ils apportèrent tous leurs soins à l'organisation de ces sortes de colonies placées sous leur domination, et mirent une certaine émulation à leur donner du lustre et de l'importance. Ces singulières fondations, comtés, duchés, principautés ou royaumes, perdues en plein pays ennemi, éloignées de toute communication avec l'Europe, et dont les noms antiques, accouplés à l'armorial moderne, nous semblent aujourd'hui un singulier anachronisme, présentaient alors cet avantage de permettre à ceux qui les avaient érigées de faire œuvre de gouvernement et de mettre leurs aptitudes militaires au service de leurs talents administratifs. Mais quand la domination du Croissant vint à se substituer à la domination chrétienne et que ces possessions changèrent définitivement de maître, quel est l'état légal qui devait en résulter ? Car, de même qu'à Constantinople, la conquête allait mettre une fois de plus en relief les divergences et les antagonismes des deux races. Les vainqueurs n'eurent pas toujours la clémence de Mahomet II. Les chrétiens grecs, syriens, arabes ou arméniens qui continuèrent à vivre dans leur pays natal restèrent à la merci du plus affreux despotisme. Quant aux étrangers ou Francs qui, pour des motifs de foi ou simplement de lucre, persistèrent à demeurer sur les territoires abandonnés par leurs frères d'armes, leurs conditions d'existence, sans être enviables, parurent néanmoins présenter plus de sécurité. S'ils eurent à souffrir du changement de régime, ils ne semblent pas avoir été lésés dans leurs intérêts. Tous ceux d'un même pays, nous apprennent les historiens du temps, qui s'obstinèrent à résider dans le Levant étaient parqués dans un quartier déterminé comme était le *ghetto* des Juifs au moyen âge et où chaque soir on les enfermait. Ce quartier prenait, suivant les pays, le nom de *khan*, d'*okelle*, ou de *fondique*. Dans plus d'une ville, ce quartier était même fortifié de façon à braver, derrière ses hautes murailles, les soulèvements du fanatisme musulman contre les *giaours*. C'était une cité à part dans la cité, une colonie chrétienne constituée, sous l'autorité d'un consul ou d'un vice-consul, en corps de nation, avec ses assemblées où les députés, élus chaque année, délibéraient sur les intérêts de la communauté (1).

Ce quartier de la fondique, exclusivement habité par les étrangers, était tout ce qui restait de ces royaumes et de ces principautés obtenues par l'immense effort des croisades; c'était le dernier lambeau de l'Empire latin. Par une fiction qui a subsisté longtemps, il était censé n'être pas en pays musulman. L'accès était interdit aux

(1) De Gabrielli.

sujets du pays, et les autorités locales ne pouvaient nullement intervenir dans la police et l'administration de ces quartiers chrétiens, entièrement laissés à la juridiction de leurs consuls nationaux (1).

« Ce qui constituait un consulat au Levant, écrit Depping, était un enclos fermé où résidait le consul d'une nation étrangère et les marchands ses compatriotes. Outre leurs habitations, cet enclos renfermait ordinairement des magasins et boutiques, une chapelle ou même une église, un four, un bain, une taverne, une boucherie et une halle aux poissons (2). »

Les consuls furent donc, après le départ des croisés, les protecteurs naturels de leurs concitoyens. Nombreux étaient les établissements, nous dirions volontiers aujourd'hui les comptoirs, qui existaient alors dans le Levant. C'est un fait digne de remarque, que les guerres de religion, loin de porter atteinte au commerce, lui ont donné, au contraire, un essor considérable. A peine s'inquiétait-il, pour son compte, des querelles religieuses qui mettaient aux prises chrétiens et musulmans. Ces derniers, dont le fanatisme semblait si farouche, ne faisaient cependant aucune difficulté pour trafiquer avec les commerçants qui professaient une autre religion que la leur. Hautefeuille observe avec raison qu'à une époque où l'Europe entière semblait s'ébranler pour arracher l'Asie au joug de l'islamisme, le commerce continua entre les navigateurs des deux religions dans tous les lieux qui n'étaient pas le théâtre immédiat des hostilités, et que les mêmes vaisseaux qui avaient porté les croisés à

(1) A. Benoît, *les Capitulations et la réforme judiciaire en Égypte.*
(2) Depping, II, p. 47.

Ascalon ou à Saint-Jean d'Acre, faisaient, au retour, des opérations mercantiles en Égypte (1).

Tous les peuples trafiquants, toutes les cités maritimes, les républiques italiennes, amies du luxe et du lucre, Venise, Gênes, Pise, Florence, Amalfi, Barcelone, mais surtout Marseille, établirent à l'envi des comptoirs et des marchés sur tous les rivages. Déjà, sous Charles VII, un nommé Jacques Cœur, placé pendant quelque temps à la tête des finances du royaume, entretenait avec le Levant des relations puissantes. Trois cents facteurs faisaient les affaires de ce riche négociant dans les différents ports de la Méditerranée et y remplissaient en même temps les fonctions de consuls de France. Il était à la tête d'une véritable flotte de vaisseaux marchands, et son nom seul suffisait à leur sûreté. Sa disgrâce fut motivée précisément par le fait d'avoir, à une époque où les préjugés religieux étaient si enracinés, persisté, malgré les guerres de religion, à commercer avec le soudan d'Égypte (2). Marseille acquit alors une importance hors de pair ; ses vaisseaux couvraient les mers et lui apportaient au retour d'immenses richesses. Venise et Gênes tirèrent également un grand parti pour leur commerce des relations nouvelles qu'elles établissaient. Si elles surent rendre des services au monde latin, elles surent également le faire payer. Créancières, en bien des cas, des princes ou seigneurs qui organisaient ces ruineuses expéditions et qui, en présence des charges incessantes qu'elles nécessitaient, se trouvaient pressés par des besoins d'argent, elles les tenaient par des avances habilement calculées. Aux chefs ou aux nations qu'elles avaient pécuniairement ou mili-

(1) Hautefeuille, *Histoire du droit maritime international*.
(2) Saint-Priest, *Mémoires*.

tairement aidés dans leurs entreprises, elles demandaient en retour des concessions ou des privilèges dont leur commerce pût tirer profit et avantage. C'est ainsi qu'après la première croisade les Génois obtinrent une rue de Jérusalem, une rue de Jaffa, le tiers d'Axer ou de Tyr, de Césarée, de Saint-Jean d'Acre, ou le tiers des profits maritimes que rapportaient les ports de ces pays ; on leur promettait aussi le tiers de Babylone, c'est-à-dire du Grand Caire, s'ils aidaient ainsi à la conquête de l'Égypte (1). Les Vénitiens eurent à Antioche des privilèges qui leur furent confirmés en 1183, et ils profitèrent, en 1192, du siège de Saint-Jean d'Acre pour obtenir une confirmation analogue de Conrad de Montferrant, roi de Jérusalem, avec l'approbation de tous les chefs de la troisième croisade. On connaît, d'autre part, les larges concessions en matière judiciaire et financière faites par les rois de Chypre aux Vénitiens établis sur leur territoire (2), et nous savons par Canale que les chevaliers de Rhodes accordèrent aux Génois, en reconnaissance de leur secours, une juridiction consulaire très étendue (3).

On voit par là que les croisades donnèrent souvent lieu à des marchandages dont le principe de la souveraineté était lui-même l'enjeu. Cette souveraineté se partageait déjà sous deux formes différentes ; tantôt c'était le territoire lui-même qu'on divisait, tantôt c'était, sur un même territoire, l'exercice et le profit des droits attachés à la souveraineté. Cette manière d'entendre l'exercice de la juridiction était une des conséquences du

(1) Canale, *Nouvelle Histoire de la république de Gênes*. Nov. 1868.
(2) M. de Mas-Latrie, *Histoire de l'île de Chypre*.
(3) Canale, *Nouvelle Histoire de la république de Gênes*.

régime de la féodalité européenne qui admettait l'existence des coseigneurs. On cite d'autres exemples de cette division de pouvoir sur un seul et même territoire. Hautefeuille mentionne que, pendant la première partie du moyen âge, les nations maritimes du midi de l'Europe formèrent un grand nombre d'établissements dans les pays étrangers, notamment sur les côtes de la mer Noire et en Asie. Ces espèces de colonies, constituées d'abord avec la permission du souverain territorial, étaient indépendantes de ce souverain, et se gouvernaient d'après les lois de leur propre pays, dont elles relevaient exclusivement. Telles étaient, entre autres, les colonies génoises de Galata, de Caffa, d'Azof, etc. Les Grecs, prédécesseurs des Turcs à Constantinople, avaient inauguré et maintenu ce régime. En 1270, Michel Paléologue conclut avec Gênes un traité qui assure à ses sujets la juridiction pénale de leur pays. En 1304, Andronic renouvelle ce privilège. L'empereur de Trébizonde concédait en 1314 et confirmait en 1316 des avantages analogues.

Les musulmans victorieux respectèrent cet état de choses. Ils reléguèrent les *giaours* dans des quartiers isolés, les mirent en quelque sorte en interdiction, mais ils maintinrent la plupart de leurs privilèges et confirmèrent les concessions obtenues. Parfois même ils les étendirent. Confondant, suivant leur organisation théocratique, le principe civil et le principe religieux, ils n'eurent aucune peine à accorder aux différentes colonies européennes le libre exercice de leur culte et de leur juridiction. Cela fut encore favorisé par le souvenir de la réciprocité dont ils avaient quelquefois joui eux-mêmes du temps des croisades. Ainsi, on a relevé ce fait curieux que, soixante ans avant que Constantinople passât sous la domination des Turcs, une communauté musulmane y résidait sous l'administration d'un cadi, qui rendait la justice selon la loi du Schéri. Ce principe de la réciprocité fut respecté toutes les fois qu'il ne venait pas en contradiction avec l'intérêt ou le fanatisme des nouveaux maîtres.

Ce fut l'Égypte qui entra le plus vite en accommodement avec la chrétienté. Saint Louis y avait laissé le prestige de sa bravoure et de sa haute piété. L'éclat des armes françaises avait survécu à tous les désastres; le commerce fit le reste. Des marchands français, catalans, génois, voyant tout le profit qu'ils pouvaient tirer de ce riche pays, y fondèrent des comptoirs qui ne tardèrent pas à prospérer. On y faisait déjà le trafic des riches étoffes, des armes de luxe, de la droguerie, des toiles ou toileries, du blé, du riz, etc. Ce trafic demandait l'assistance de l'autorité consulaire et la garantie des traités. En 1290, l'un des sultans mameluks, Maleck-Almazor, accorda au consul génois d'Alexandrie le droit de connaître des procès entre Sarrasins et Génois, entre Génois et tous autres chrétiens. Au siècle suivant, des concessions analogues sont accordées aux chevaliers de Rhodes, placés aux portes de l'Égypte et devenus une véritable puissance. Sur l'initiative du sultan du Caire, un traité ou capitulation fut conclu avec Philibert de Naillac, grand maître de Rhodes, où, entre autres immunités conférées aux Latins, il est reconnu au grand maître de l'Ordre « le droit de placer à Jérusalem, à Ramah, à Damiette et à Alexandrie, des représentants qui recevraient de lui la mission, et acquerraient auprès des gouvernements égyptiens le droit de protéger les chrétiens, quels qu'ils fussent, qui pourraient être exposés aux avanies ou aux insultes des mahométans (1). » Des avantages encore plus considérables furent stipulés un peu plus tard en faveur des Français et, par extension, des Catalans, placés sous la même tutelle consulaire. Les soudans d'Égypte leur accordèrent une série de privilèges relatés dans une capitulation passée, comme il était alors d'usage, avec le consul de France à Alexandrie. Dès que l'Égypte tomba au pouvoir des Turcs, cette capitulation fut confirmée par les sultans de Constantinople, d'abord par Sélim Ier, puis par son fils Soliman II. Il convient d'en donner ici le texte; il donnera une idée des conditions d'existence des Français résidant alors en Égypte.

Confirmation par Soliman II du traité fait antérieurement sous la domination des sultans mameluks d'Égypte avec les consuls de France à Alexandrie.

Le royal et très hault commandement de l'ordre libéral :

Le grand Dieu l'exalte et luy doint toute grâce et le passe à tous ceulx qui luy viendront au devant des cadis, émins, escrivains et parleurs et ministres et présidentz de l'ordre en Alexandrie, leur faisons sçavoir que l'honoré consul et de bonne créance, Jehan Benoist de Pierre Benoist, consul des Cathelans et Françoys, est comparu en nostre présence et nous a présenté cinq commandements pour lesditsFrançoys et Cathelans avec aucunes conditions et pactes qui s'observent, et nous a demandé cinq commandement en confirmation d'icelles avec les articles et conditions qui sont contenus en icelluy, assavoir :

Que les Cathelans et Françoys et autres nations qui sont soubz leur Consulat en Alexandrye, et qui arriveront aux ports et plaiges, ou en Alexandrye ou ailleurs, qu'ilz soient seurs en toutes noz contrées, en terre et en mer, de tous noz ministres, comme il est bien convenable en temps de paix avec semblable

(1) Flandin, *Histoire des chevaliers de Rhodes.*

sorte de gens et autres nations en noz terres, et voulons qu'ilz aillent et viennent et demeurent seurement de bon gré, tant qu'il leur plaîra, sans qu'aucun leur donne ennuy ou empeschement. Si aucun d'eulx vouloit achepter marchandises qui ne soient prohibées, qu'ilz les puyssent achetter et qu'aulcun soit si hardy de les en empescher.

Qu'ils puyssent descharger leurs navires à la coustume, sans aulcune difficulté : si à aulcuns d'eulx avoit esté faict tort et leurs consuls voulussent qu'ilz montrassent comme l'affaire avoit passé, avec quelque un des siens et ses lettres, luy soit baillé compaignie d'officiers qui l'accompaigne à l'excelse Porte et le ramayne à son consul. Que, à toutes les robes qui seront chargées dans la barque soit faicte la garde d'un de la part de Cathelans et un de la douane, et luy seront aprestés les sommiers et les barques, quand se commencera à descharger quelque leur navire.

S'il se rompoit aucun vaysseau de Cathelans ou Françoys auprès Alexandrye ou ailleurs, noz présidens fassent assembler des hommes pour faire la garde aux marchandises qui estoient chargées audit vaysseau, et icelles ayent à tenir bien gardées en Alexandrye ou ailleurs.

Toutte navire qui sera gettée des vents au bord ou rive de la terre des Mores, soit saulve, et nul luy donne auçun travail. Et si la navire s'enfonsoit et toute la gent se noyat, hormis les robes desjà chargées en icelles aux plages et rives de la mer, que la marchandise se doyve prendre et soit donnée au consul des Cathelans et Françoys : et, si le consul ne se trouve là où se rompt le navire, que les robes retrouvées soyent portées à l'excelse Porte, et soit le tout conservé jusque à tant que comparaisse le commis du consul des Cathelans pour le recevoir.

Si aulcun des Cathelans acheptoit ou vendoit aucune sorte de marchandises, que le contrat soit passé sellon que sera tesmoigné semblable tesmoignage, et que le Cathelan ou Françoys ne donne ou preygne sinon tant qu'il luy sera comode, et puyssent achepter de quel lieu que ce soit que bon leur semblera.

S'il survenoit quelque différant entre les Cathelans ou Françoys, le consul aye à le juger, exceptans toutesfois s'il y intervenoit sang; que en ce cas, noz présidens l'auront à juger; et si aulcuns d'eulx estoit débiteur à la douane et partît sans avoir satisfaict, la douane ne doyve demander à aucun autre pour celluy-là.

Des marchandises qui se contractent et après se rompt le contract, pour ce, si aulcun acheptera marchandises, qu'il aye à les voir et revoir et descouvrir bien le tout suffizemment, afin qu'après n'y aye débat ny autres paroles contantieuses.

Que aulcun des Cathelans ni Françoys, ou qui s'appellera Cathelan ou François, ne soit empesché avec demandes appartenans à aultres, et ne soit molesté ny touché, en terre ou en mer, sy toutesfoy il n'estoit plaige, autrement ne soit molesté seulement pour conte de soy-mesme et propre personne.

Si aulcun des Cathelans ou Françoys passoit de ceste vie et fist son testament, soit fait de son bien sellon qu'il sera ordonné par le dit testament, et s'il mouroit *ab intestat*, que le consul ordonne de ses robes; et si le consul n'estoit présent ou aultre de ses Francs, que noz présidens envoyent les robes jusques au lieu où sera le consul.

Si les corsaires faisoient domaige aux Mores ou chrestiens, ou aultres diverses nations de terre ou de mer, qu'il ne soit donné fascherie à aulcun des Françoys ou Cathelans, ou en sa personne ou en ses biens, si toutesfois il n'estoit pleige ou respondent. Qui sera Cathelan ou Françoys, ou dira estre des grands d'entre les Cathelans ou Françoys, personne lui en donne empeschement avec demandes appartenantes à autres qu'à luy-mesme, pourvu qu'il ne soit pleige; et ne soit tenu ou condamné aucun desdits Françoys ou Cathelans ou leur consul par commandement de Magarbigny (1) et ses nations, s'il n'estoit pleige, et aulcun ne doyve rendre compte seullement de soy-mesme et non d'autres meschantes personnes de sa nation.

Qu'ils puyssent raconstrer leurs esglises cogneues en Alexandrie, sellon qu'il sera esclaircy en la justice et que d'icelles soit confessé aultant qu'il est notoire à la dite justice, et ainsin des bains, pour entrer leurs personnes.

(1) *Maghrabis*, musulmans des Etats barbaresques du Maroc, formant alors un corps de nation, avec notables et magistrats.

Qu'ils ayent à achepter et vendre leurs marchandises qui se tirent de la douane avec le sceu du consul, dans le fondigo (1) des Françoys et y feront garder leurs marchandises quand elles se deschargeront des navires, et qu'ilz puyssent gabeller ce qui leur appartient des marchandises qu'ils acheptent en la personne du sansal ou corretier, sellon la coustume.

S'ilz venoient aux portz et plages des Mores, qu'ilz les acceptent et leur soient recommendez et leur aydent, et ne leur donnent travail en mer ny en terre, et que noz ministres y pregnent garde; et s'ilz vouloient venir au Cayre, leur soit permis sans leur estre donné empeschement aulcun.

Ceux qui fairont la cherche ne leur preignent aucune chose, et ne chargeront ni deschargeront de leurs marchandises, sinon à leur volonté et ce que les bastasis (2) leur gasteront seront tenus de leur payer.

S'il se conclurra marché en la présence des tesmoins, que les tesmoins soyent escritz le Franc avec le Franc, comme il s'escrit, et le More avec le More et avec le Franc, et s'ilz voudront que les tesmoins se soubzcrivent, qu'ilz ne le puyssent refuser et ne leur soit empesché comme aussi de la police de recevoir.

Si aulcuns des Cathelans ou Françoys acheptoit espèces ou aultre chose semblable et que le vendeur se repentit, qu'on ne laisse en aucune sorte annuler ou rompre la vente.

S'il venoit aux consuls choses à manger ou à boyre, qu'il ne luy soit rien touché, ni lui soit ousté hors de la coustume, et de mesme, s'il luy venoit choses pour soy vestir, de drap ou de soye, ou aultre chose pour son usaige.

Si le consul avoit besoin de deniers pour la despense de sa mayson et de ses gens, et voulût vendre de la marchandise au contant pour tel effect, qu'aucun ne luy donne empeschement.

Qu'il ne soyt donné travail au consul et à ses marchans sans voye de justice, et ne soit demandé au père pour le filz ne au filz pour le père, ne au frère pour le frère, pourveu qu'il ne soit son pleige ou respondent, et ne soit demandé à aulcun, sinon pour soy-mesme, et si aulcun d'eulx vouloit partir pour

(1) Fondique, résidence des négociants et lieu de dépôt de leurs marchandises.

(2) *Bektchi*, gardien de la douane.

son pays, qu'il le puysse faire, n'estant toutesfois débiteur d'aulcuns par voye de justice; et s'ilz vouloient vendre aucune de leurs marchandises en contant pour payer fraiz, qu'ilz ne soient empeschés et ne leur soit prins pour cela dace, et cela s'entende jusqu'à la somme de cent ducatz d'or pour chaque marchand comme est la coutume, sellon qu'a été veu par ung commandement de Gauré-Serisi (1) à eulx concédé.

Que leur marchandise ne soit point prinse sans leur volonté et ne soient tenuz de prester aux daciers (percepteurs) contre leur gré, et que le salayre du consul luy soit payé ordinairement de la doane, moys par moys, et ne soyt chargé en aucune chose, et les naves qui sont soubz son consulat ne soient prinses par force, comme veut le commandement sérif (chérif, le noble commandement) Gaurie qu'ilz ont en mains.

Si le marchand franc avoit pour suspect le passeur qui passe sa marchandise, et la voulut faire repasser une aultre fois, qu'il puysse prendre tel passeur que luy plaira.

Si aulcun avoit quelque demande ou prétention contre le consul des Cathelans et Françoys, qu'il ne luy puisse estre rien demandé si n'est à l'excelse Porte, et qu'il ne puisse estre restreint ne luy soit baillé garde pendant qu'il sera consul.

Qu'il ne leur soit vendu espiceries sans leur volonté, comme est l'antienne coustume, et ne soit faicte foule ne oppression aux marchands sans voye de justice.

Et en conclusion, en toutes leurs actions et négoces, qu'ilz ayent à procéder par la voye antienne sans innovation d'aucune chose, sellon le susdit commandement serif qu'ils ont en main du XIIII rabich leasher (rebi, oulakhir — 30 juin 1512) l'an 918. En conformité duquel nous commandons qu'il soit concédé tout ce qui est cy dessus escrit, aux nations des Françoys et des Cathelans, et autres nations soubz le consulat de leur consul, et soit faicte la crie et proclamation de toute seurté et foy; et qu'ilz puyssent vendre et achepter, prendre et recevoir sans opression et travail aucun et qu'ilz aillent et vienent soit faict desplaisir. Et tel nostre commandement soit obéy en tout

(1) Canson Goury, avant-dernier sultan de la dynastie des mameluks circassiens (1501-1517).

et partout, et mis à exécution de tous ceulx avant lesquels il viendra.

De la résidence impériale, écrit le VI moharrem de l'an 935 (21 septembre 1528).

On voit, par le texte de ce traité, que le commerce était alors la base des relations internationales. Déjà, dans plusieurs villes de l'Orient, il avait acquis droit de cité. Les croisades ne firent que troubler les choses à la surface. Quand la Terre Sainte fut perdue, le commerce ne voulut pas reculer et demanda aux kalifes la confirmation des droits qui lui avaient été antérieurement reconnus soit par les princes chrétiens, soit par les soudans d'Égypte.

VII

Première Capitulation entre Soliman II et François Ier

La Capitulation qui précède, datée du 21 septembre 1528, n'est que la confirmation de celles qui furent successivement rendues en 1507, 1512 et 1517 en faveur des Français et des Catalans, composant une seule et même colonie sous la protection du consul de France. A proprement parler, ces Capitulations ne sont pas encore des *traités*, lesquels supposent deux parties contractantes stipulant sur leurs intérêts réciproques; jusqu'ici, ce ne sont que des trêves comportant des privilèges particuliers octroyés aux négociants de telle ou telle ville, concessions purement gracieuses dans lesquelles n'intervient pas encore l'autorité du souverain étranger et qui restent révocables au gré des concédants. Cela résulte même de la signification qu'on attachait alors au mot de *Capitulation*, qui se traduisait en arabe par le mot *soulh*, c'est-à-dire « trêve momentanée », « accord provisoire ».

Il était réservé à la France d'entrer la première dans la voie officielle et de donner à ce genre de traités le caractère conforme au droit public qu'il n'a cessé d'avoir depuis. Le traité conclu entre François Ier et Soliman II, en 1534 (934 de l'hégire), prend à ce point de vue une importance capitale, car il est le point de départ d'un des principes les plus féconds de notre droit international. Il est né sans doute d'un concours de circonstances supérieur aux prévisions humaines. Il n'en marque pas moins une date caractéristique et ne fait pas moins d'honneur à celui qui, le premier, eut le courage de le contracter.

On connaît la mésintelligence profonde qui existait entre François Ier et Charles-Quint; elle était motivée par la jalousie qu'inspira au premier l'élection du second à la couronne de roi des Romains (28 juin 1519), couronne à laquelle prétendait également le roi de France. L'antagonisme entre les deux monarques fut empreint d'une telle violence qu'il aboutit d'abord à un cartel personnel qui n'eut, du reste, pas de suite, mais qui défraya longuement les chroniques du temps. Une seconde chicane se produisit à propos du Milanais, et la brouille éclata cette fois avec des conséquences bien plus funestes.

L'armée impériale envahit la Provence, s'empara d'Aix, de Toulon, mais échoua devant Marseille. Elle fut forcée de retourner en Italie pour s'opposer aux progrès de François Ier, qui avait repris le Milanais. Celui-ci songeait à pousser plus loin sa conquête et croyait déjà tenir son rival à sa merci, mais ayant divisé son armée pour s'emparer du royaume de Naples, il fut attaqué à Pavie, le 24 février 1524, par l'armée de l'empereur commandée par le connétable de Bourbon et le général Lannoy; il perdit la bataille, la fleur de son armée et sa liberté.

Les conditions de la paix et la délivrance du roi de France furent la cession du duché de Bourgogne, le Mâconnais, l'Auxerrois et autres terres provenant de la succession du duc de Bourgogne. Ces conditions étaient dures. François Ier essaya vainement de s'y soustraire. Désespérant de fléchir son vainqueur, il voulut du moins l'intimider en feignant d'abdiquer la couronne. Cette résolution, jointe à une maladie de langueur qui menaçait de l'emporter, engagèrent Charles-Quint à se montrer plus traitable. Il n'exigea que la cession du duché de Bourgogne et du Charolais, réduisit le chiffre de la rançon, mais il obligea son prisonnier à s'allier avec lui pour marcher contre les Turcs, ses ennemis. Ces conditions furent consignées dans le traité de Madrid, qui fut signé le 14 janvier 1526. Par l'article XXVI de ce traité, il était stipulé : « Que l'Empereur et le Roi écriraient de concert au Pape pour l'engager à former une croisade générale contre les Turcs et les hérétiques ; que l'Empereur commanderait l'armée en personne et que le roi de France l'accompagnerait. »

C'était, aux griefs anciens, ajouter une humiliation nouvelle. Pressé de recouvrer sa liberté, François Ier promit tout à son vainqueur, bien résolu à ne tenir que ce qu'il ne pourrait lui refuser, une fois hors de ses États. On rapporte même qu'avant de signer ce traité humiliant il fit dresser, par-devant témoins et un notaire, un acte par lequel il déclarait qu'il n'acceptait les conditions qui lui étaient imposées que comme contraint et forcé, et qu'en conséquence il les considérait comme nulles et non avenues (1).

C'est de ce traité impolitique que sortirent tant de conséquences politiques pour les destinées des deux monarchies. Charles-Quint se méprenait sur la portée de ses exigences, car en enchaînant le roi de France à sa suite au moment où il lui rendait la liberté, il ne songeait pas qu'une alliance forcée n'est jamais sincère, et que l'humiliation d'avoir été son prisonnier devait empêcher le

(1) Flassan, *Histoire de la diplomatie.*

monarque français de concourir à l'accroissement d'une gloire déjà trop odieuse. En effet, à peine hors de captivité, François Ier ne songe plus qu'à transgresser les obligations qu'on lui avait imposées par la force. Non seulement il avise aux moyens de refuser à son rival les compensations territoriales qu'il avait promises, mais, loin de faire cause commune avec lui contre les Turcs, il se ménage, au contraire, des intelligences avec ces derniers, et conçoit la pensée, aussi neuve que hardie, d'attacher l'islamisme aux flancs de la maison de Habsbourg. Celle-ci, par son extension démesurée, était devenue un danger aussi bien pour la monarchie française que pour le sultanat de Constantinople. Ses armes couvraient le midi et le nord de l'Europe, elles menaçaient les États barbaresques, battaient les frontières de la Hongrie et visaient au cœur la péninsule des Balkans. De ce danger commun résulta une entente commune. Sans doute, on considérait alors comme une flétrissure et une sorte de honte de se solidariser publiquement avec l'ennemi du nom chrétien. Mais François Ier n'avait jamais pensé que les opinions religieuses fussent un obstacle à des alliances politiques. Peu de temps après la Réforme, toujours mû par sa rancune contre le nouveau roi des Romains, n'avait-il pas traité, lui, le Roi Très Chrétien, avec les princes et les villes protestantes de l'Allemagne qui étaient en brouille avec Charles-Quint, et n'avait-il pas cherché à les liguer, soit par des subsides, soit par des promesses d'extension territoriale, contre la puissance formidable de l'empereur? A plus forte raison le traité de Madrid devait-il le pousser aux extrêmes.

Déjà, du fond de sa prison, il songe à implorer l'assistance du chef de l'Islam. Ce chef était alors le grand

Soliman, ou Soliman le Magnifique. Secrètement, François Ier dépêcha à Constantinople un certain Frangipan ou Frangipani, avec un message pour le sultan. Celui-ci le prend de haut avec son royal correspondant : « Moi qui suis, lui écrit-il, par la grâce de celui dont la puissance est glorifiée et dont la parole est exaltée, par les miracles sacrés de Mohammed (que sur lui soient les bénédictions de Dieu et le salut!), soleil du ciel de la prophétie, étoile de la constellation de l'apostolat, chef de la troupe des prophètes, guide de la cohorte des élus par la coopération des âmes saintes de ses quatre amis Abou-Beker, Omar, Osman et Ali (que la satisfaction du Dieu très haut soit sur eux tous!), ainsi que de tous les favoris de Dieu; moi, dis-je, qui suis le sultan des sultans, le souverain des souverains, le distributeur des couronnes aux monarques de la surface du globe, l'oracle de Dieu sur la terre, le sultan et le padischah (suit l'énumération de tous les pays dont il est le maître). »

La part de son correspondant est beaucoup plus modeste :

« Toi qui es Françoys, ajoute-t-il, roi du pays de France, vous avez envoyé une lettre à ma Porte, asile des souverains, par votre fidèle agent Frankipan (Frangipani), vous lui avez recommandé aussi quelques communications verbales ; vous avez fait savoir que l'ennemi s'est emparé de votre pays, et que vous êtes actuellement en prison, et vous avez demandé ici aide et secours pour votre délivrance (1). »

Cet échange de correspondance n'aboutit pas à une solution immédiate. Néanmoins, la Porte, inquiétée du côté de la Hongrie, paraissait disposée à se rapprocher de

(1) Charrière, *Négociations de la France dans le Levant.*

la France. Absorbé par son idée, François Ier envoie en ambassade à Constantinople, en 1534, le sieur Jean de la Forêt, chevalier de Saint-Jean de Jérusalem, avec mission de lier la Turquie par un traité en règle. La copie de ses instructions secrètes a été retrouvée au dépôt des affaires étrangères ; elles ont pour objet de persuader au sultan de faire la paix avec tous les princes chrétiens, mais de n'y comprendre Charles-Quint qu'à la condition expresse qu'il consentirait à restituer au roi de France le duché de Milan et à reconnaître sa suzeraineté sur les Pays-Bas. En cas de refus, il s'agissait de l'attaquer de concert et de commencer par la conquête de la Sardaigne.

En 1535, La Forêt signe avec le sultan, et cette fois au nom de son souverain, la Capitulation suivante qu'on a qualifiée de traité d'alliance, mais qui n'est en réalité qu'un traité d'amitié et de commerce :

Capitulation de 1535.

Au nom de Dieu tout puissant soit manifeste à un chascun, comme en l'an de J.-C. mil V[c] trente et cinq, au moys de féburier et de Mahomet neuf cens quarante ung en la lune de Redjeb se retrouvant en l'inclite cité de Constantinople, le sieur Jehan de la Forest, secrétaire et ambassadeur de très excellent et très puissant prince Françoys, par la grâce de Dieu roy de France très chrestien, mandé au très puyssant et invinsible G. S. Soltan Soliman Empereur des Turcqs, et raysonant avec le puyssant et magnificque seign[r] Ybrahim cherlesquier Soltan (c'est lieutenant général d'exercite) du grand Seigneur, des calamités et inconvéniens qui adviennent de la guerre, et au contraire, du bien, repos et seureté qui procèdent de la paix, et par ce cognoissant combien l'un est de préférer à l'autre, se faict chacun d'eulx fort des susdits Seigneurs leurs supérieurs au nom et honneur desdits seign^rs, seureté des estats et bénéfices de leurs subgets, ont traité et conclud les chapitres et acordz qui s'ensuyvent.

Premièrement : ont traitté, faict et conclud, traittent, font et concluent, bonne et seure paix et sincère concorde au nom des susdits grand Seigneur et Roy de France, durant la vie de chascun d'eulx, et pour les royaulmes, seigneuries, provinces, chasteaulx, cités, portz, eschelles, mers, isles et tous les lieux qu'ils tiennent et possedent à présent et possederont à l'advenir, de manière que tous les subgetz et tributaires des dicts Seign^rs qui voudront, puyssent librement et seurement, avec leurs robes et gens, naviguer avec navires armés et désarmés, chevaucher, venir, demourer, converser et retourner aux portz, citez et quelconques pays les ungs des autres, pour leur négoce, mesmement pour faict et compte de marchandise.

Item. — Que lesdits subgetz et tributaires desdits Seign^rs pourront respectivement achepter, vendre, changer, conduyre et transporter par mer et par terre d'un pays à l'autre toutes sortes de marchandises non prohibées en payant les accoustumées et antiques daces et gabelles ordinaires seulement, assavoir : les Turcqs au pays du Roy comme payent les Françoys, et lesdits Françoys au pays du G. S. comme payent les Turcqs, sans qu'ils puyssent estre contraintz à payer aucun autre nouveau tribut, imposition ou angarie (1).

Item. — Que toutes fois que le Roy mandera à Constantinople ou Péra et aultres lieux de cest empire ung baille (2), comme de présent il tient un consul en Alexandrie, que lesdits bailles et consuls soient acceptés et entretenuz en authorité convenante, en manière que chascun d'eulx en son lieu, et sellon leur foy et loy, sans qu'aucun juge, caddi, sousbassy (3), ou autre en empêche, doibve et puysse ouyir, juger et terminer tant en civil qu'en criminel toutes les causes, procès et différants qui naistront entre marchans et autres subgets du Roy. Seullement, et au cas que les ordonnances et sentences desdits bailles et consulz ne fussent obéyes, et que pour les

(1) *Angarié*, taxe arbitraire.
(2) Baille ou baile, de l'ancienne expression de *bailli*, officier de justice.
(3) *Soubachy*, officier de police.

faire exécuter ils requissent les sousbassy et autres requis devront donner leur ayde et main forte nécessaire, non que les caddis ou autres officiers du G. S. puyssent juger aulcuns différans desdicts marchans et subgets du Roy, encore que les dicts marchands le requissent, et si d'aventure lesdicts caddis jugeoient, que leur sentance soit de nul effect.

Item. — Que en cause civille contre les Turcqs, carrachiers (1) ou autres subgets du G. S. les marchans et subjectz du Roy ne puyssent être demandez, molestez ne juger si lesdicts Turcqs, carrachiers et subgetz du G. S. ne monstrent escritures de la main de l'adversaire ou coget (c'est instrument) du caddi, baille ou consul, hors de laquelle escriture ou coget, ne sera vallable ne receu aucun tesmoignage de Turcq, carrachiers ou autre en quelque part que ce soit de l'estat et seigneurie dudict G. S. et les caddi, sousbassy ne aultres ne pourront ouyir ne juger lesdicts subgetz du Roy sans la présence de leur drogman.

Item. — Que en causes criminelles, lesdits marchans et autres subgetz du Roy ne puyssent estre appelés des Turcqs, carrachiers ne autres devant les caddis ou autres officiers du G. S. et que lesdits caddis ne officiers ne les puyssent juger : ains sur l'heure, les doyvent mander à l'excelse Porte, et en l'absence d'icelle Porte, au principal lieutenant du grand Seign[r], là où vaudra le tesmoignage du subget du Roy et carrachier du G. S. l'un contre l'autre.

Item. — Quant à ce qui touche la religion, a esté expressement promis, accordé et conclud que lesdits marchantz, leurs agentz et serviteurs et tous autres subgetz du Roy ne puyssent jamays estre molestez ne jugez par caddis, sangiacbeys (2), sousbassy, ne autres que par l'excelse Porte seulement, et qu'ilz ne puyssent estre faictz ne tenuz pour Turcqs, si eulx mêmes ne le veullent et le confessent de bouche sans viollence, ains leur soit licite observer leur religion.

Item. — Que lesdits marchantz, leurs agents et serviteurs ne autres subgetz du Roy, ne leurs navires, barques ne aultres

(1) Sujets non musulmans du Grand Seigneur payant l'impôt du karatch.
(2) Gouverneur militaire.

armements d'iceulx, ne aussi l'artillerie et munition, ne leurs mariniers, ne puyssent estre prins, contraintz ne miz en œuvre, contre leur gré et volonté en aucuns services, ne engarie (1), soit de mer, soit de terre, pour le G. S. ou pour autre.

Item. — Si ung ou plusieurs subgetz du Roy ayant faict contract avec quelque subget du G. S. prins de luy marchandise ou faict debte, et puis sans avoir satisfaict, s'absente de l'estat dudit Seignr, quet le dit baille, consul, parens, facteurs ne autre personne subgete du Roy ne puysse, pour cette cause, estre aucunement contraincte ne molestée ; ne semblablement le Roy ne soit tenu en cella, mais seulement doyve sa Mgé faire administrer bonne justice au demandeur sur la personne et biens dudit débiteur, s'ils se retrouvent en son royaume ou seigneurie.

Item. — Tous marchantz et subgetz du Roy en toute part de la seigneurie du G. S. puissent librement tester, et mourant de mort naturelle ou violante, que toute leur robe, tant en deniers comme en toute autre chose soit distribuée selon le testament ; et mourant ab intestat, ladite robe soit restituée à l'héritier ou à son commis par les mains ou auctorité dudit baille ou consul, au lieu où sera l'un ou l'autre, et là où il n'y aurait ni baille ny consul, soit ladite robe mise en sauveté par le cady du lieu, soubz l'aucthorité dudit G. S., faisant d'icelle premièrement inventaire en présence de tesmoins ; mais où seront lesdits baille et consul, qu'aucun caddy, battelmagy (2), ou autre se puysse empescher de ladite robe, ains si elle estoit en mains d'aucun d'eulx et d'autre et que lesdits baille ou consul la requissent premier que ledit héritier ou son commis, qu'incontinant, et sans contradiction, elle soit entièrement consignée audit baille ou consul ou à leurs commis, pour puys après estre restituée à qui elle appartient.

Item. — Que, à l'instant que le présent traitté sera confermé par ledit G. S. et Roy, à l'heure soient hors de captivité et miz en pleine liberté toutes les persones de leurs subgetz qui se trouveront respectivement esclaves acheptés, prisonniers de guerre

(1) Corvée.
(2) *Beitul-Maldji*, receveur du fisc.

ou autrement détenuz, tant èz mains des susdits Seigneurs comme de tous leurs subgetz, en gallères, navires, et tous aultres lieux et pays de l'obéissance desdits deux Seign[rs] à la requeste ou affirmation de l'ambassadeur, baille ou consul du Roy ou des leurs à ce commis ; et si aucun desdits esclaves avoit changé de foy et de religion que ce néantmoins la personne soit libre ; et spécialement, que d'icy en avant, aucun desdits grand Seign[r] et Roy ni des cappitaines, hommes de guerre ou d'autres subgetz tributaires ne leurs mercenaires en aucune manière, ne doyvent, ne puyssent, tant en mer comme en terre, prendre, achepter, vendre ny retenir pour esclave ou prisonnier de guerre l'un l'autre; ains, si aucun corsaire ou autre homme des pays de l'un des susdits Seigneurs attentoit de faire prinse ou violence sur la robe ou les personnes de l'obéyssance de l'autre Seign[r], puisse et soit tenu le Seign[r] du lieu où à l'instant sera trouvé le malfaiteur, le punir comme infracteur de paix, à l'exemple des autres, et néantmoins restituer à l'offencé ce que en la puyssance du malfaiteur se trouvera luy avoir esté prins et ousté; et si ledit malfaiteur eschapoit tellement qu'il ne fut prins et puny à l'heure, soit et s'entende avec tous ses complices, bany de son pays, et toute leur robe confisquée à son Seigneur souverain, lequel néantmoins faira punir le malfaiteur et ses compaignons, si jamays se trouvent en son pouvoir, et de ladite confiscation sera réparé le domaige de l'offencé, son recours (estant) pour cest effect au protecteur de la présente paix, qui seront lesdits charlesquier Soltan, de la part du G. S., et le grand Maistre de France pour la part du Roy.

Item. — Que, quand l'armée de mer de l'un desdits G. S. et Roy rencontreront aucun navire des subgetz de l'autre Seign[r], seront tenuz de baisser les voyles et lever les banières de leurs Seign[rs], affins que estans par là cognuz, ne soient prins, retenuz ne aucunement molestez de ladite armée ne d'aucuns particuliers d'icelle, ains si tort ou domaige leur fut faict que le Seign[r] de l'armée soit tenu soubdainement de le réparer, et si les navires particuliers des subgets desdits Seigneurs se rencontreront l'un l'autre, chascun doybve haulser la banière de son seigneur et se salluer d'un coup d'artilherie, et respondre au vray, s'ilz sont demandez qui ilz sont, sans toutesfois que despuys les parolles et recoignoissance, l'un entre par force ne visite le navire de l'autre ny lui donne aucun empeschement soubz quelque coleur que ce soit.

Item. — Que arrivant ez portz et bord de mer du G. S., aucun navire des subgetz du Roy, par fortune ou autrement, leur soit administré vivres et autres choses nécessaires en payant raisonnablement sans les contraindre à descharger pour payer le comerce (1); ains soient laissés aller où il leur plaira; et, venant à Constantinople, quand sera pour s'en partir, ayant prins et payé le coget (2) de l'émin (3) et estant cherché et visité de la part dudict émin, qu'il ne doyve ny puysse estre visité en aucun lieu, sinon aux chasteaulx du détroit de Gallipoly, sans pouvoir payer plus là ne ailleurs aucune chose pour la sortye au nom du G. S. ny de ses officiers.

Item. — Que, si quelque navire des subgetz desdits Seignrs, par fortune ou autrement, se rompoit ou fit naufrage aux lieux et juridiction de l'autre Seigneur, que les personnes qui échapperoient de tel péril restent libres et puyssent recueillir toute leur robe entièrement : et estant tous mortz au naufrage, toute la robe qui se sauvera soit consignée audit baille et consul, ou aux leurs à ce commis, pour la rendre à qui elle appartiendra, sans que le cappitaine général de la mer, sangiacbey, sousbassy, ou caddy ne autres subgetz ou officiers desdits Seigneurs n'y puissent, sous peyne d'estre punis, prendre ou prétendre part aucune, ains debvront donner faveur et ayde à ceulx que touchera de recouvrer ladite robe.

Item. — Si quelque subget du G. S. avoit perdu ung esclave qui luy fust fouy, tel subget, soubz prétexte de dire que l'esclave eust parlé ou practiqué en la nave ou la mayson d'ung subget du Roy, ne puisse contraindre le subget du Roy à autre que à chercher au navire et en sa maison, et si l'esclave y estoit trouvé, que le receleur soit débitement puny par son baille ou consul, et l'esclave rendu à son maistre, et si l'esclave ne se trouvoit au navire ny en la maison, lesdits subgetz du Roy ne

(1) Droits de douane.
(2) Certificat.
(3) Directeur de la douane.

doyvent ny puyssent estre tenuz ne molestez pour cest effect et conte.

Item. — Qu'aucun des subgetz du Roy qui n'auroit habité dix ans entiers et continuelz ès pays dudit G. S. ne doyve ne puysse estre contraint à payer tribut, carrach, avanie, taxe, asaps (1), vagueurs, ne à faire garde aux terres voisines, magasins du G. S., travailler à l'arsenal ne à d'autre quelconque angarie (2), et que ès pays du Roy soit faict le semblable et réciproque aux subgets du G. S.

Item. — Le Roy de France a nommé la Sainteté du Pape, le Roy d'Angleterre son frère et perpétuel confédéré, et le roy d'Écosse, ausquels se laisse en eulx d'entrer au présent traité de paix, si bon leur semble, avec condition que, y voulans entrer, soient tenuz dans huict moys envoyer au G. S. leur ratification et prendre la sienne.

Item. — Que les grand Seigneur et Roy de France envoyeront l'un à l'autre, dans six moys, les confirmations du présent traitté en bonne et due forme de l'observer, et commandement à tous leurs lieutenans, juges, officiers et subgetz de l'observer entièrement, et le faire observer sans fraude de point en point, et affin qu'aucun n'en prétende cause d'ignorance despuys que les confirmations auront esté données d'une part et d'autre, ceste paix sera publiée à Constantinople, Alexandrie, Marseille, Narbonne et aultres lieux principaulx, terrestres et maritimes, de la juridiction, royaulmes et estatz desdits Seigneurs.

Tel fut l'instrument qui régla les rapports entre les deux États, revêtu pour la première fois de la sanction des souverains contractants. Il appelle sur lui l'attention, car il contient à peu près le fond de tous les traités de cette nature que la Porte sera amenée à contracter par la suite, non seulement avec les successeurs de François Ier, mais avec tous les princes chrétiens qui voudront, à leur

(1) Réquisition militaire pour la garde des portes d'une ville.
(2) Corvée ou taxe arbitraire.

exemple, entrer en accommodement avec la Turquie. Sans doute, le premier article de ce traité stipule que la paix entre le Grand Seigneur et le roi de France, ainsi que la liberté de commerce accordée à leurs sujets, seront assurées sur toute l'étendue de leurs territoires respectifs « durant la vie de chacun d'eux ». Ce traité se ressent par là du caractère provisoire des anciennes Capitulations. Mais il élève la question, il l'élargit dans ce sens qu'il fixe, d'un côté, une jurisprudence, et que, de l'autre, non content de stipuler pour les Français, il admet également au bénéfice de ses clauses le Pape, les rois d'Angleterre et d'Écosse, pourvu qu'ils envoient leur ratification dans un délai de huit mois.

A partir de cette date, la Turquie va devenir un des facteurs les plus importants de la politique française. Il ne suffit pas au vindicatif rival de Charles-Quint de se l'attacher par un traité d'amitié, de paix et de commerce, il lui faut aussi un engagement d'alliance affirmée, et c'est désormais sous ce double aspect qu'il faut envisager les relations des deux pays, si l'on veut se rendre un juste compte des privilèges que l'un stipule en faveur de l'autre. Ainsi qu'on a pu le remarquer, le traité signé par La Forêt en 1535 se maintient exclusivement sur le terrain commercial, sans aborder la question politique. Mais il est maintenant établi qu'un an plus tard le protonotaire Montluc, depuis évêque de Valence, qui succéda à La Forêt à l'ambassade de Constantinople, signa avec la Porte un traité secret d'alliance offensive dirigée contre Charles-Quint. Le texte de ce traité ne nous est pas parvenu; mais il est assez connu par ses effets, puisque c'est par suite de cet engagement que les troupes turques, sous le commandement du fameux amiral Barberousse, firent une descente dans le royaume de Naples et y commirent de grands ravages. Elles ne furent guère secondées par François Ier, et Soliman, qui se piquait de loyauté et d'exactitude, en conçut beaucoup d'humeur contre la France, dont la conduite lui parut une infidélité. Mais le monarque, qui avait recherché son amitié avec tant d'insistance, ne voyait dans la Turquie qu'un moyen de diversion utile à ses querelles avec le chef de la maison d'Autriche; il en usa dans la limite de son intérêt, mettant cette force au service de ses rancunes, sans toujours la payer de réciprocité. Il arriva à son allié de s'en plaindre, mais il resta jusqu'au bout fidèle à ses engagements, sans rien retrancher des privilèges particuliers qu'il avait accordés aux sujets du roi de France.

Grâce à ces privilèges, le commerce de la nation la plus favorisée, au sens propre du mot, ne tarda pas à progresser dans les différentes échelles du Levant (1). Les consuls de France furent désormais commissionnés par le roi, et leur autorité en tira un tel prestige qu'elle ne se limita pas à la protection de leurs seuls concitoyens; elle s'étendit sur toute une clientèle étrangère qui fut admise au même titre au bénéfice des avantages obtenus. On voit poindre ici ce droit d'assistance légale qui a créé dans la juridiction consulaire la catégorie des *protégés* et qui a fini par tuer l'esprit et la lettre de ces capitulations étroites, antérieurement obtenues par cette foule de colonies mercantiles, venues pour trafiquer dans le Levant, à leur seul et unique profit et à l'exclusion de tout élément étranger à leur propre nationalité. Et le monde oriental se transforme devant cette manière, beau-

(1) Le mot *échelles* est une expression traduite du mot turc : *iskelè*, qui signifie « lieu du débarquement des marchandises ».

coup plus large, beaucoup plus profitable, en somme, d'entendre les relations internationales. Le temps des républiques italiennes est passé; c'est à la France maintenant à recueillir l'influence politique et l'autonomie judiciaire formées depuis des siècles par les Vénitiens et les Génois; c'est elle qui accapare, en quelque sorte, le monopole, non pas du commerce, mais de la protection de ce commerce. Seulement, les privilèges qu'elle obtient, au lieu d'être soigneusement retenus comme des droits exclusifs, sont étendus successivement aux autres peuples chrétiens, soit qu'ils restent sous sa protection, soit qu'ils s'affranchissent de sa tutelle. « Dans les relations internationales, a dit très justement M. A. Desjardins, il est rare que la France ait travaillé pour elle seule. »

VIII

Deuxième Capitulation entre Sélim II et Charles IX.

A la mort de François Ier (1547), les querelles qui avaient divisé les maisons de France et d'Autriche n'avaient rien perdu de leur intensité. Henri II, en montant sur le trône, s'empressa de suivre la voie tracée par son père. Il reconnut l'importance de la liaison de sa couronne avec la Porte Ottomane, mais il l'envisagea bien plus au point de vue politique qu'au point de vue commercial, et ne s'empressa pas de renouveler la Capitulation de 1535. Il se contenta de dépêcher à Constantinople un de ses valets de chambre nommé Codignac pour solliciter une nouvelle alliance contre l'empereur. Soliman n'avait pas eu à se louer de la fidélité de François Ier à tenir ses engagements. Il consentit néanmoins à unir sa marine à celle du roi de France, et les deux flottes combinées entrèrent en campagne, en 1555, sur les côtes de Calabre, de Sicile et dans les îles Baléares.

Charles-Quint abdiquait la même année, laissant la dignité impériale à son frère Ferdinand et la couronne d'Espagne à son fils, Philippe II. Celui-ci héritait de toutes les rancunes comme de toutes les ambitions de son père. La lutte reprit donc entre les deux monarchies avec un nouvel acharnement. La Porte, toujours empressée à seconder les efforts de la France et à battre en brèche la fortune des Impériaux, envoya, en 1558, une armée de débarquement sur les côtes de Naples et réussit à s'emparer de Sorenzo. Mais aussi oublieux que son père à reconnaître les services de son allié, Henri II conclut, à Câteau-Cambrésis, un traité de paix avec l'Espagne, sans y comprendre Soliman. La magnanimité de ce monarque à l'égard du roi de France ne se démentit pas un instant. A la nouvelle de cette défection, il se contenta de dire à l'ambassadeur du roi : « Écrivez à votre maître que, s'il est difficile à d'anciens amis de devenir ennemis, il ne l'est pas moins à d'anciens ennemis de devenir amis (1). »

Henri II mourut la même année, laissant à ses fils une succession agitée. C'était l'époque où la France était déchirée par les guerres de religion.

La minorité de Charles IX s'écoula au milieu des troubles de la Ligue. On n'accorda qu'une médiocre attention aux affaires du dehors, et l'alliance avec la Porte fut négligée à un tel point que celle-ci se plaignait qu'aucun ambassadeur n'eût été accrédité auprès d'elle depuis quatre ans. Un certain Pétremol, maintenu à Constantinople à titre de chargé d'affaires, écrivait même à la date du 8 décembre 1563 pour déconseiller toute alliance avec le Grand Seigneur, jugeant cette alliance plus onéreuse qu'utile à la couronne. C'était gravement méconnaître les principes de la saine politique; mais tous les calculs étaient ailleurs, et il n'est que trop évident que les divisions intestines d'un État retrécissent et faussent la portée de son action extérieure. Philippe II n'avait pas cessé d'être un danger pour la France; par ses encouragements à la Ligue, il fomentait les divisions à l'intérieur

(1) St-Priest, *Mémoires*.

du royaume et paralysait son action au-dehors, dans l'espoir de voir un Espagnol régner sur le trône de France. Loin de chercher à le combattre, on semblait au contraire le ménager, le cultiver et l'appeler.

Soliman II, plus clairvoyant ou plus tenace dans ses amitiés, sembla se rendre un plus juste compte du danger qui menaçait la France. Il profita de la majorité de Charles IX pour lui envoyer un chiaoux chargé de le féliciter et lui proposer de reprendre la bonne intelligence qui avait régné entre leurs deux maisons. On semblait malheureusement revenu, en France, aux préjugés des croisades, et l'alliance avec les Turcs était de nouveau considérée comme contraire aux principes de la vraie morale. Soliman II mourait peu de temps après, à l'âge de soixante-douze ans, sans avoir pu renouer le nœud de la tradition conçue par François Ier. Le traité conclu en 1535 entre ces deux monarques devenait ainsi caduc. Mais ni Charles IX, qui oubliait la Turquie, ni le nouveau sultan Selim II, qui s'appliquait à vivre en paix avec la maison d'Autriche, ne songeaient à le renouveler, lorsque le hasard se mit de la partie et servit les intérêts des deux souverains à leur propre insu.

Un Juif portugais, Joseph Miquez ou Miques, devenu sujet ottoman et entré fort avant dans les faveurs du sultan, se prétendit créancier du roi de France et, ne parvenant pas à se faire payer, obtint de la Porte un commandement qui l'autorisait à séquestrer les marchandises débarquées à Alexandrie par les bâtiments français. Les propriétaires de ces marchandises jetèrent les hauts cris. Si cette mesure, si contraire aux Capitulations, les touchait pécuniairement, elle visait encore plus haut et semblait atteindre la personne même du roi. Charles IX dut bien sortir de son indifférence. Il s'empressa d'envoyer à Constantinople Claude du Bourg, sieur de Guérines, pour faire lever cette interdiction, et c'est de cette occasion fortuite que sortit, en 1569, le second traité ou Capitulation dont voici le texte :

Capitulation de 1569.

Sultan Selim, fils de Sultan Soliman, Roy.

Seing sacré, nom très-hault, habitation des Rois, seing beau des Rois du monde, et puis avec l'ayde de Dieu, ce commandement est tel qui s'ensuit.

(Seing du grand Seigneur faict et escrit en lettres d'or.)

Je, qui suis Roy des Roys, seing du peuple et des princes de la face de la terre, donateur des couronnes de la mer Blanche et Noire, des pays de la Grèce, Asie, Arabie et d'autres pays qui avec nostre tranchante et victorieuse espée sont conquis et renduz. Avec la grâce de Dieu, Empereur et Roy, Sultan Sélim, filz de Soliman, Roy, la court de nostre résidence, qui est l'appuy des justes, et le très grand ordre qui est soubz nos mains, lequel est bien de seureté pour les Roys du monde et des autres peuples qui cheminent à l'entour d'iceluy.

Entre les très grands Princes de la religion de Jesus le plus grand, et des plus grands princes chrestiens le majeur, l'Empereur de France Charles, la fin duquel soit avec tout bien et prospérité, par l'un d'entre ses conseillers et honorez seigneurs qui est le Seigneur de Guerine, Trésorier de France et grand Seigneur de la nation de Nazaret, Claude du Bourg, son homme, Nous a envoyé ses lettres, et par iceluy, entre autres choses, nous a encore faict entendre que l'Empereur de France son maistre trouvoit merveilleusement dur et estrange, que contre les debvoirs d'amitié et au pardessus d'un commerce et trafficq franc et libre, institué de temps en temps et de père en filz, sous la bonne foy, soubz la parolle, soubz les escrits, soubz la parfaite amitié et mutuelle intelligence de deux si grands Empereurs, aurions faict prendre en nostre port et havre d'Alexandrie, des subjects du dit Empereur de France certaines marchandises et icelles faict illec vendre au proffit du Seigneur de l'isle Naxie, nommé Joseph, autrement dit Miques (1), pour raison d'une debte (non liquide, ne recogneuë) qu'il prétendoit lui estre deuë par ledict Empereur de France. Et pour que ceste seulle occasion des grands galions et autres vaisseaux dudict Empereur de France ont coustume venir par deçà, soubz son nom et bannière, comme Genevois, Siciliens, Anconnetois et autres. Sur quoy nous disons qu'il nous desplaist grandement que l'affaire ait ainsi passé, et que ledict Empereur de France et nous, ainsi que nous luy avons bien particulièrement escript et faict entendre, ayons esté en cela circonvenuz et abusez. Car, de nostre part, nous avons jusque icy toujours creu et pensé que telle estoit son intention (comme à la vérité l'on nous en avoit asseurez), voire que par après il satisferoit les marchands intéressez selon le priz et valeur des marchandises prinses et si des lors, nous eussions sceu que ledict Empereur de France n'eust eu aucune cognaissance de cecy et ne l'eust consenty, il est bien certain que pour chose de ce monde ne l'eussions jamais permis, ou en aucune manière eust esté faict ou donné ausdicts marchans et à leurs vaisseaux aucun empeschement ou fascherie. Et maintenant que ledict sieur de Guerine nous a asseurez que le Roy son maistre ne scait rien de tout cecy et n'y a oncques consenty, nous avons des aussitost revoqué ladicte concession et avec cela ont esté envoyez et mandez aux Seigneurs nos esclaves et aux Juges et Daissiers (2) qui sont en nos payz et citez et semblablement en tous nos portz et navires, noz trez hauts commandements, contenant que aux subjectz de France ou autres qui cheminent soubz son nom et bannière, qu'à nul soit donné aucune fascherie ou empeschement, requérant iceluy sieur de Guerine la restitution desdictes marchandises prinses et par mesmes moyens que les très hautes capitulations et commandemens tant vieux que nouveaux, qui

(1) Sélim II avait reconnu à Joseph Miques la souveraineté des îles de Naxos, Paros, Antiparos et Tinos. Il avait été même jusqu'à lui promettre le royaume de Chypre, dont Miquez lui avait représenté la conquête comme facile. Mais le grand vizir fit revenir le sultan sur cette promesse inconsidérée.

(2) Agents des finances.

auparavant et du temps de feu mon père Sultan Soliman Roy, à qui Dieu pardonne, face miséricorde et colloque en paradis, ont été concédez aux ambassadeurs des Empereurs de France, à leurs consuls, interprètes, marchans et autres personnes, soyent pour ceste cause observez. Et nous estans tout cela notifié en nostre très heureux siège et grandissisme nostre Empire (comme chose à nous encore très agréable) les avons acceptez : et, en oultre, concédé et accordé par ceste présente nostre capitulation prochaine de justice. Et si avons protesté et ordonné, que tant en Alger, comme en autres nos dictz pays et citez, que si quelque chose a esté prinse des dictz marchands de France, soit pour le regard du dict Joseph, que pour autre occasion (réservé seulement la dicte première prinse) le tout soit restitué à leurs patrons et maistres. Et qui contreviendra à nostre dict commandement (estant du degré très haut) certainement sera chastié. Et pour s'estre, lors de la prinse des dictes marchandises, le dict Joseph trouvé grandement débiteur en divers lieux, de ceste heure là, ses créditeurs se sont saisiz et emparez des dictes marchandises, au moyen de quoy ne nous a esté possible les faire rendre et restituer à leurs dicts maistres. Et sans cela n'y eust aucune dilation ny difficulté, mais en estoit la restitution très certaine aux dictz marchands. Par ainsi peuvent venir en tous temps, en toute liberté et seureté, par tous nos pays et citez, ports et havres, les dessus dicts galions et autres vaisseaux. Car tant et si longuement que les pactes d'amitié ont esté par eux observez : de nostre part, encore leurs personnes, deniers, vaisseaux, robbes et marchandises, qui pour raison dudict commerce, ou pour autre occasion envoyent en nos dictz pays et citez, n'ont esté empechez, ne molestez ny parvenuz en aucun dommage. Et tout de mesmes promectons que d'icy en hors et sans aucun doubte, ne seront-ils empeschez ne offensez.

I

Si par adventure, la mer, la fortune leur apportoit quelque nécessité, ou aultrement en aultre besoing, voulons que ceulx qui se trouveront lors présents, comme gens de noz vaisseaux impériaux que aultres leurs donnent tous secours et ayde. Et que le chef et lieutenant des dits galions soit pour cause de l'honneur de capitaine observé et honnoré, leur faisant avec leurs deniers administrer toutes provisions et choses nécessaires sans permettre ou laisser permettre que à aucun d'eux soit fait aulcun empeschement.

II

Si la dicte mer boutoit en terre leurs dits vaisseaux, nos juges ordinaires et autres leur porteront tout aide : et les marchandises et deniers qui se recouvreront leur seront justement renduz sans aulcun destourbier ne fascherie. Et que cela soit observé tant par mer que par terre en l'endroit des dicts François qui cheminent pour leurs affaires en nos dicts pays, se contenant pacifiquement en leurs termes.

III

Par ainsi, les marchans et hommes de ce pays là, leurs interprètes, peuvent venir tant par mer que par terre en nos pays et citez pour vendre, achepter, faire traficq de marchandises. Et après avoir payé par eux tant à l'aller que venir les daces ordinaires, selon les coustumes d'entre nous, voulons que des capitaines et patrons qui cheminent en nos mers, ou aussi des autres peuples de nos armées, tant à eux, leurs hommes, robbes et deniers ne soient donné aucun trouble, ne fascherie.

IV

Au cas que aucun des dicts François se trouve débiteur, ou en quelque autre sorte, feust coupable et s'enfuist, a esté accordé que la debte sera demandée au propre débiteur et que nul autre sera prins, ne demandé pour luy, ne pour le délinquant, prins autre innocent.

V

Advenant le décès d'aucun d'eux, nul ne fera empeschement

à ses biens et deniers, mais seront baillez à celui à qui ilz seront délaissez par testament. Et s'il mourroit sans tester, lesdicts biens et deniers, du consentement du consulz, seront baillez à un compagnon du décédé, estant du pays de France ou des lieux submis à la France.

VI

Lesdicts consuls, interprètes et marchans faisant achapt ou vente de marchandises en nos dicts pays et citez, advenant qu'en cela soit question de seureté, pleige, recognaissance ou d'autre chose raisonnable, voulons que les dictes seuretez, promesses et recognoissances soient escriptes et enregistrées au registre du juge ordinaire du lieu, ou bien qui s'en prenne instance ou obligation. A ce que, quand il entreviendra quelque différend, l'on puisse auoir recours aux dicts registres ou instrumens, et que à cela soit distinctement cru et adjousté foy. Et ne se trouvant l'un ou l'autre de ces deux là, mais seulement une demande pour examiner tesmoings, a este arresté, que pour le temps qui ne se trouvera (comme disent) instrument passé par les juges ordinaires ou aucune chose enregistrée en leurs dicts registres, semblables causes ne seront escoutées, ne contre la raison permis faire faute.

VII

Et par ce que bien souvent aucun font des cavillations ou faulses accusations contre les dictz marchans françois, disans qu'ils ont vitupéré les dictz, produisant faux tesmoings pour tirer seulement argent des ditz accusez, d'orenavant, les dicts accusateurs seront rebutez et chassez sans permettre molester ny fascher les dictz François contre la noble raison.

VIII

Advenant qu'il se trouve esclaues François ou qui se soyent submis à la France et que leurs consuls certifient estre François, voulons que semblables esclaves et leurs maistres ou du moins leurs procureurs, soyent incontinent mandez et envoyez à nostre très haulte cour et suitte, à ce que en icelle leurs causes soyent vues et entendues.

IX

De France et des lieux à elle submis, les hommes qui habiteront nos dits pays et citez, mariez ou non mariez, faisant traficz de marchandise ou autre exercice, de ceux-là ne sera demandé tribut.

X

Es portz et havres d'Alexandrie, Tripoly de Sirie, Alger et autres lieux où sont establis leurs dicts consuls, advenant qu'ils le veuillent changer et mettre en leurs places personnes dignes de tels offices, nul y fera empeschement.

XI

Et quand il s'intentera quelque procès ou débat avec les dicts François et que pour la décision d'iceluy, ils yront devant le juge ordinaire et que lors le propre interprète des dits François ne se trouvera présent, iceluy juge n'escoutera les dicts differens. Mais estant le dict interprète et truchement en service d'importance, sera attendu jusques à son retour. Aussi ne faut-il qu'ils facent cavillation, disant ledit interprète n'estre présent et ne l'entretiendront, ains le prépareront.

XII

Si les dicts François ont desbat et différend l'un avec l'autre, leurs ambassadeurs et consuls, selon leur conscience, décideront les différens sans que nul aye à les empescher.

XIII

Si les fustes des coursaires font esclaves les dicts François ou les portent vendre bien au loing, comme en Grèce ou Natolie (1), voulons que quand les dicts esclaves seront retrouvez, qu'avec toute instance se face diligence de sçavoir en quelle main ils sont, de qui l'on les a euz et qu'ils soient contraints

(1) Anatolie.

de les trouver et représenter. Et tout de mesme, celuy qui les aura venduz. Et si c'est sous le nom du coursaire et que le dict coursaire est trouvé et prins, qu'il soit chastié au cas que le dict esclave soit trouvé véritablement François. Et si le dict esclave s'est fait Turc, qu'il soit libre, le laissant aller, et s'il est encore soubz sa foy chrestienne, qu'il soit de nouveau consigné aux François.

XIIII

Les vaisseaux de France, selon la coustume et les canons (1), après la recherche faicte à Constantinople, partent et s'en vont au destroit des Chasteaux, et là, devant iceux se fait une autre recherche, et cela faict, l'on leur donne licence de partir. Mais maintenant qu'avons esté advertis que, contre les dictes observances et anciens canons, les dicts vaisseaux se recherchent encore en Galipoly, partant, voulons que selon les dictes anciennes coustumes lesdits vaisseaux soyent seulement recherchez audict destroit des Chateaulx et que delà en hors, ilz continuent leur voyage.

XV

Quand nos armées, vaisseaux et galères qui marchent sur la face de la mer en nos dictz pays et citez, trouveront en mer des vaisseaux et navires de France, voulons que les uns avec les autres fassent caresses et amitié, et ne se facent aucun dommaige ne offence.

XVI

Voulons aussi que toutes les choses contenues et escriptes en la nostre très haute Capitulation accordée et baillée aux Vénitiens, qu'elles soyent et demeurent encore certifiées en faveur des François. Et que contre nostre puissante raison et très haute Capitulation, nul ne l'empesche et donne moleste.

XVII

Que les dessudicts galions et autres vaisseaux, dès lors qu'ilz

(1) Règlements.

seront venuz en nos dicts pays et citez, soyent gardez et conservez, et s'en retournent avec toute liberté et seureté. Et advenant que leurs robbes ou deniers se trouvent depredez, soit faicte toute instance et diligence à ce que cela vienne en lumière et que les délinquans (quelz qu'ils puissent ou veuillent estre), soyent chastiez comme il se requiert.

XVIII

Nos lieutenans généraux de noz provinces, gouverneurs, capitaines non esclaves, les juges ordinaires des lieux, dassiers, maistres et capitaines de noz vaisseaux impériaux et d'autres vaisseaux voluntaires, croyront la présente nostre très haute Capitulation, et au contraire d'icelle n'iront ne monstreront le visage. Et de nostre part, cependant que les dicts François auront le pied ferme à la droite voye et à nostre amitié, nous encore, sur la promesse des choses cy dessus narrées, acceptons la dicte amitié et jurons que par le vray Nutriteur et Créateur du ciel et de la terre, et par les âmes de mes anciens et grands ayeuls et de mon dict père, que encore de ceste notre part et contre nostre dicte promesse, ne sera faicte aucune chose. Et cecy saiche tout le monde. Et à ce très grand et sacré Seing doibt prester foy et créance.

Escript en la ville et cité de Constantinople au commencement de la lune de Kuinâmayel (rebi, ul ewel) l'an neuf cens soixante et dix-sept.

Et de Christ 1569 au mois d'octobre.

Ce traité n'est, en réalité, que la répétition de celui de 1535, avec quelque extension de ses stipulations. On y rencontre pour la première fois le privilège exorbitant, et jusque-là sans précédent, accordé à la France de faire arborer son pavillon sur tous les navires étrangers naviguant dans le Levant. On ne mentionne que les Génois, les Siciliens et les Anconitains. Mais, comme on le verra par la suite, cet usage fut bien plus général, puisqu'il s'étendit aux Anglais, aux Portugais et même aux Vénitiens, ce qui souleva bien des jalousies et des compétitions. Quelques années même après la signature de ce traité, les Ragusais, en leur qualité de protégés immédiats de la Porte, ayant voulu se soustraire à l'obligation d'arborer la bannière française, furent contraints de la reprendre, sur la réquisition qu'en fit l'ambassadeur de France à la Sublime Porte.

La Capitulation obtenue par François Ier contenait une sorte de contradiction en ce qui concerne certaines corvées ou taxes. La loi musulmane soumet, en effet, tous les étrangers à la capitation au bout d'un an de séjour en Turquie. Or, l'article 8 de la Capitulation de 1535 affranchissait les Français de toute corvée, alors que l'article 17 les y assujettissait au bout d'un an. Le traité accordé par Sélim II fait cesser cette contradition et reconnaît aux Français l'exemption de tout impôt, même après dix ans de résidence en territoire ottoman (art. 9).

De même, la république de Venise, alors en paix avec la Turquie, ayant obtenu quelques privilèges pour ses nationaux, les mêmes privilèges furent reconnus et étendus aux sujets du roi de France (art. 16).

Enfin, il est à remarquer que, contrairement à tous les précédents en pareille matière, la durée du traité de 1569 ne se borne pas à la vie des deux souverains et qu'on n'y réserve pas l'accession d'autres princes aux stipulations de ce traité.

Est-ce à dire qu'on sut tirer parti des avantages vraiment régaliens contenus dans cette Capitulation? Nullement. Les dissensions intestines du royaume, la peste qui avait désolé Marseille, quelques années auparavant, et la part que cette grande cité maritime prit aux guerres de la Ligue, jetèrent le plus grand trouble dans nos relations d'outre-mer. Nous savons, par un rapport de l'évêque d'Acqs, ambassadeur à Constantinople, en date de 1573, que les transactions commerciales de la France avec la Turquie étaient alors peu considérables, et que la navigation seule apportait quelque profit, grâce à la clause du pavillon privilégié.

IX

Troisième Capitulation entre Mourad III et Henri III

Henri III, devenu roi de France à la mort de son frère Charles IX (1574), s'empressa d'envoyer Gilles de Noailles, abbé de l'Isle, notifier son avènement à Amurat III, qui venait de succéder, à Constantinople, à son père Sélim II. Une maladresse faillit compromettre d'abord les relations existant entre les deux pays. Henri III, alors qu'il n'était que duc d'Anjou, après avoir caressé le projet chimérique de monter sur le trône d'Alger, était parvenu, grâce aux intrigues de Catherine de Médicis et à l'appui de la Porte, à se faire élire roi de Pologne. Il émit la prétention, en devenant roi de France, de ne rien perdre de ses premières prérogatives et de cumuler sur sa tête les deux couronnes. A cet effet, il prescrivit à son ambassadeur de s'employer par tous les moyens à empêcher les Turcs de reconnaître pour roi de Pologne Étienne Bathory, qui venait d'être élu à sa place. Soit que la Porte trouvât cette prétention exagérée, soit qu'il entrât alors dans ses calculs de ménager les Polonais, elle répondit à cette insinuation par un refus formel et fit admettre immédiatement les envoyés du nouveau souverain. Henri III s'en montra très froissé et rappela aussitôt son ambassadeur. L'Espagne profita de cette rupture pour chercher à se rapprocher de la Porte et conclure avec elle une trêve.

De son côté, l'Angleterre, gouvernée par la renommée de la reine Élisabeth et supportant avec impatience l'obligation d'assujettir sa marine à la bannière française, demanda et obtint la faculté de la faire naviguer sous son propre pavillon. Ce n'était pas précisément une infraction au traité de 1569, puisque les Anglais n'y étaient pas expressément mentionnés; mais l'usage du pavillon français était pour ainsi dire de coutume, les navires de tous les États chrétiens trafiquant dans les ports de Turquie l'avaient jusque-là tous adopté, et l'usage, dans ce cas, devait faire loi.

L'autorisation accordée par Amurat III à la marine de la reine Élisabeth parut donc attentatoire aux droits commerciaux comme aux intérêts politiques de la France. En 1579, Henri III dépêcha au sultan, avec le titre d'ambassadeur, le sieur de Germigny, baron de Germales, auquel il donna pour instructions formelles, d'une part, de s'opposer, s'il en était temps encore, à toute trêve avec l'Espagne, et, en cas contraire, d'user de tous les moyens pour reprendre la vieille liaison de sa dynastie avec les Turcs. D'autre part, il devait s'attacher à faire retirer le privilège du pavillon accordé à l'Angleterre et à comprendre celle-ci dans la règle prévue par le traité antérieur. Il semble qu'à ce moment de son règne Henri III ait eu la claire perception des véritables intérêts de sa couronne et qu'il en ait saisi l'orientation d'un regard sûr. Mourad III avait succédé à son père Sélim II. Germigny lui soumit ses propositions et signa, en 1581, à la pleine satisfaction de son souverain, un nouveau traité de commerce qui forme la troisième Capitulation accordée à la France.

Capitulation de 1581.

Iddio solo.
Dieu seul.

Seing Sacré: Murad Sciah, Roy, Fils de Selim Sciah, Hhan, Empereur tousiours victorieux.

Par la grace et la divine Majesté, qui n'a commencement ny fin, et de ce miraculeux chef des Prophètes, que le regard de Dieu soit sur luy et sa famille, les miracles duquel sont infinis: Je, qui suis Sultan, Roy ou Prince des Sultans, le premier et plus puissant de tous, seing des princes, donnateur des couronnes aux princes de la face de la terre; serviteur des deux trèz sacréz et augustes lieux, lesquels sont les suprêmes lieux de toutes les citez de l'Empire, assavoir, la Mecque et Médine, Gardien et Ministre de Jérusalem saincte; de la Grèce, et Temisvar (province en Hongrie); et du pays de Bossena (1) et de Bude, et Seghituar (Seghet), du pays de la Natolie, et Caramanie et de l'hoirie et sucession d'Imadie (2) et Van; du pays d'Arabie et générallement de Curdistan (Parthes) et de Cara (3), et la Georgianie (4), et Demir Coppi (5) et Tifflis; et partie du pays de Sirnan (6) et Crim (7) et Deschti Cupeiac (8), pays nouvellement conquis avec nostre foudroyante espée pointée aux cœurs de toutes les susdites parties, et de Cypre, et du pays de Zulcader (9) et Cerezul (10), et de Arbechir (11) (Mesopotamie), et de Alep et Derum (12), et Cilder (13)

(1) La Bosnie.
(2) Amadiyé, dans la province de Van.
(3) Kars, dans la province d'Erzeroum.
(4) La Géorgie.
(5) Demir Capou, la province du Derbend.
(6) Le Chirvan.
(7) La Crimée.
(8) Dechti Kiptchak.
(9) La province de Zouldakir, en Anatolie.
(10) Chehirzor, province du Kurdistan.
(11) La province de Diarbékir.
(12) Daroum.
(13) Tchildir, dans le province d'Erzeroum.

et Arzerum et Sciam (1), et Damas, et Baydat (2) (Babilonie) et Chiofé (3) et Basra, et Pacha (4), et Senahim (5), et Sanha (6), et Misir (Égypte et Caire), et Iemen et Habes (7), et Aden, et de tous ces pays; et de Tunis et la Goulette, et de Tripoly de Barbarie et d'autres pays estrangers; lesquels, avec l'ayde de Dieu, sont soubmis à la force de nostre bellique: De tous ces pays chef et principal ministre; Dominateur de tous les Princes des Couronnes, et suprême Monarque de la mer Blanche et de la mer Noire, et des autres divers pays, isles et confins et passages, et casals et d'infinis centenaires, de milliers d'exercites, victorieux, conservateur, dominateur et Empereur suprême, Sultan Murad Hhan, fils de Sultan Selim Hhan, fils de Sultan Soleyman Hhan, fils de Sultan Selim Hhan, fils de Sultan Bayazith Hhan, fils de Sultan Mehemet Hhan, fils de Sultan Murad Hhan, qui ie suis par le bénefice de ce grand Créateur, soubs lequel tous sont, lequel est invisible, et divine Majesté, et donnateur à toutes les couronnes du monde, la grace duquel est manifeste, et ses grâces sont innombrables et infinies. A nostre très fameuse et Imperialle heureuse Porte, laquelle est appuyée des lignées et maisons nobles des Princes: Le plus glorieux Seigneur des grands Princes des Jesuins, eleu entre les plus puissants des fidels du Messie; compositeur des différends de l'universelle génération des Nazarieus; distillateur des continuelles pluyes de majesté et gravité; possesseur des preuves et marques de grandeur et gloire, Empereur de France Hanry, la fin duquel soit avec tout bien et prospérité; de ses honorez et plus estimez de la génération du Messie, baron du Chasteau de Germoles, Jacques de Germigny, Conseiller et Ambassadeur, Nous avons receu une sienne lestre signée et escrite, pure et sincère, laquelle est très vraye et très certaine lettre sienne: que d'ancienneté iusques à présent, de nos tres gracieux devanciers, ayeuls et bisayeuls,

(1) Châm. La Syrie.
(2) Bagdad.
(3) Coufa.
(4) Lahssa, port sur la mer Rouge, province du Nedjd.
(5) Souakin, sur la côte occidentale de la mer Rouge.
(6) Sanaà, dans le Yemen.
(7) Habech. L'Abyssinie.

que le Tout-Puissant Dieu fasse reluire les remarques de leurs preuves, ayant esté avec eux, et de la part des Empereurs de France, entre eux ancienne amitié colleguée et affectionnée de bonne intention et intelligence; désirant de sa Majesté qu'icelle ait à continuer, et estre confirmée, comme par le passé, à ce que aux ambassadeurs de l'Empereur de France et aux consuls, truchements et marchands, et autres vos subjets, ne soit donne fascherie ne empeschement, et pour demeurer en repos sous l'ombre et iustice nostre: qu'en l'heureux temps de nostre père Sultan Selim Hhan, que Dieu luy doint paix à l'ame, ont esté donnez les haults et heureux articles du traitté, après la mort duquel, Dieu m'ayant octroyé le siège Impérial, a esté de rechef requis qu'ils soient renouvellez selon la teneur d'iceux. Dont selon qu'ils avoient esté accordez du temps de l'heureuse mémoire de mon père, je les reconfirme aussi en la mesme manière, que cette Imperiale Capitulation jurée laquelle est irrévocable, et en cette façon se publie:

Que des Venitiens en hors, les Geneuois et Anglois, et Portugais et Espagnols, et marchands Catellans et Siciliens, et Anconitains, et Ragusois et entièrement tous ceux qui ont chemine soubs le nom et bannière de France d'ancienneté iusques à ce jourd'huy, et en la condition qu'ils ont chemine, que d'ici en avant, il ayent à y cheminer en la mesme maniere.

Que les gallions et leurs nefs venans et retournans, cheminans en l'exercice de leurs affaires, toutefois et quand que, de leur part, ils ne feront demonstration contre l'amitié, que semblablement de nostre part, les pactions et articles iurez, selon qu'il a esté cy devant iusques à ce iourd'huy, ayent a estre honorez et maintenuz.

Que pour le surnommé Empereur de France duquel toute la race et lignée est suprême et renommée sur tous les Princes du monde qui sont soubs la generation du Messie, et lequel est le plus ancien et la clef de tous les Princes du monde et, outre de ce, de nos très hauts prédécesseurs pères et ayeuls de leurs temps iusques à ce iourd'huy, n'ayant esté le plus grand, ny plus ancien, en la haute et heureuse Imperialle nostre Porte, ny plus cordial et affectionné que luy, de ceux qui y ont fait amitié, laquelle, de ce temps en ça, n'a jamais esté violée ny est suivy aucun manquement, ny s'est veu contrariété entre nos deux Majestez, ains s'est tousjours icelle monstrée tres affectionnement, et avec confédération establie et confirmée en nostre heureuse Porte, en tout ce qui a esté traicté et convenu à nostre heureuse et Imperialle Porte et nid nostre, où les ambassadeurs de France resident, et eux venans en nostre Impérial Divan (Conseil), et quand ils iront aux Serrails et Palais de nos grands et honorez Vizirs, que au dessus des ambassadeurs d'Espagne et autres princes des chrestiens, selon qu'il a esté d'ancienneté, ainsi soit à toujours, et que les susdits ambassadeurs de France ayent la precedence.

Et les François avec toutes leurs facultez, et autres biens et marchandises qui viendront et retourneront avec leurs gallions et autres leurs nefs et vaisseaux en tout temps aux eschelles, ponts, et autres lieux soubs mon Empire et Estat, cheminants sur la foy et asseurance promise, qu'ils puissent, suivant icelle, aller et retourner seurement. Et, si par accident, pour la fortune de mer, et autres semblables causes, ils se retrouvoient avoir besoing et nécessité de quelque secours et qu'aux contours et environs se trouvassent gallères eslevées du Seigneur ou gens, ou autres Gouverneurs de ces lieux là, qu'ils ayent à les favoriser, ayder et secourir ; et le Chef ou Général de leurs gallions, à sçavoir, de France, et Lieutenans des Capitaines, en cause de l'honneur, que aucun ne leur donne nulle fascherie et s'ils avoient besoin par leurs deniers d'aucunes choses nécessaires pour eux, ils les feront accommoder diligemment de toutes choses.

Et si par accident et combat de vents, leurs vaisseaux et navires alloient à travers en terre, que les Seigneurs Sangiacz et Cadis et autres leur ayent à ayder et favoriser, et qu'ils ayent à leur rendre en leurs navires toute la faculté, marchandise et deniers qu'ils sauveront, ne leur donnant empeschement aucun, et en toutes autres choses et particularité, tant par terre comme par mer, les François cheminans sincerement à leurs affaires, qu'il ne leur soit donné aucune fascherie ny ennuy.

Et les marchands de ces pays de France et truchemens et autres étrangers qui sont en leur protection et à eux appartenans, tant par mer que par terre, venans et retournans en nos pays, acheptants, vendans, et traffiquans, et payans les daces ordinaires, selon les usances et le droict du Consul, après qu'ils auront payé, tant à l'aller qu'au retour, que des Capitaines, Reys de Galleres du Seigneur, coursaires et volontaires, patrons et autres, qui cheminent sur la mer, et des gens de nos heureux exercites, aucun ne leur ait à donner fascherie ny empeschement, tant à eux comme à leurs marchandises, facultez et deniers, et aux hommes et à leurs montures, qu'il ne leur soit donné aucun empeschement.

Et si un François estoit debiteur à quelqu'un, que l'on ait à demander la debte au propre débiteur, et, n'étant son pleige, qu'aucun ne soit pris ou demandé pour iceluy. Et si un estoit mort, qu'aucun n'empesche ses biens et deniers, mais qu'il soit donné, à qui il les laissera par testament; et, si par accident il mouroit ab intestat et sans faire testament, qu'avec le consentement du Consul ils soient donnez à un de ceux de son pays et que les Petelmagi (1) commis au recouvrement des biens de la Seigneurie, mourant un estranger sans héritiers, ne les ayent à empescher, tant aux Françoys comme à tous les lieux à eux soumis.

Les marchands, truchemens, et Consuls qui traitteront et feront trafic de marchandises ès terres de mon obéissance et pour cause de pleigerie et autres diverses qui pourront survenir, qu'ils ayent à aller d'un consentement au Cady, Juge, en écrire le sigillet, et le registrer au registre d'iceluy Cady, ou bien en prendre hhoget, c'est-à-dire instrument, et s'il estoit ou advint quelque différend entre eux, et qu'ils ayent à regarder au sigillet, ou au registre du Cady, ou bien au hhoget et selon le contenu d'iceluy qu'il en soit jugé. Et s'il ne se trouve un de ces deux instrumens et voulant produire des faux tesmoings et faire intenter quelques procez et garbuges contre la justice, toutesfois et quantes que ne se verront hhogets ou qu'il ne sera enregistré dans le registre du Cady, à semblables hommes vous ne leur laisserez faire fausseté et ne leurs presterez l'oreille contre la raison et justice.

Et si aucun font certaines avanies, c'est-à-dire faulses accu-

(1) *Beil-ul-maldji*, agent du fisc.

sations, disans que ceux-là ont blasphémé la foy, produisans faux témoins seulement pour avoir deniers : partant contre la noble raison et droit, vous ne permettrez qu'ils soient molestez et les susdicts seront rebouttez et dechassez,

Et si un d'eux faisoit debte et auroit fait quelques delicts, et s'enfuit, que pour ce, autres qui ne soient pleiges ou bien coupables ne soient pris pour luy.

Et tous les esclaves qui sont soumis à la France, les Ambassadeurs et les Consuls certifians et attestans comme ils sont François, les maistres ou bien les procureurs de semblables esclaves soient envoyés icy à mon heureuse Porte pour y estre veues et descidées leurs causes.

Et tous les François et autres soummis à eux, mariez et non mariez trafiquans, contractans et negotians que l'on n'ait à leur demander carasse (1) ne tribut, tant en Alexandrie comme en Trypoly de Sarie et à Alger; et en toutes les autres eschelles où sont deputez et confirmez les Consuls, quand ils seront changez, tous ceux qui viendront en leurs lieux dignes de tels grades et offices, qu'aucun ne les ait à empescher.

Et si quelqu'un auoit proces et différent avec les François et qu'ils allassent au Cady, et ne se trouvast le propre truchement des François présent et en ordre, que le Cady n'ait à écouter ledit différent. Et, si par accident, le truchement estoit en service d'importance, qu'ils ayent à l'attendre jusques à ce qu'il soit venu. Toutefois qu'eux aussi n'ayent à user de cautelles, disans que le truchement n'est present, et n'usent de dilations; mais, qu'ils ayent à preparer leurs truchements.

Et si les François avoient l'un avec l'autre quelque proces et different, que leurs Ambassadeurs et Consuls ayent à voir et decider selon leurs usances leurs procés et différents, et qu'aucun ne les ait à empêcher.

Et si les fustes des coursaires alloient par mer faisans les François esclaves et les portant vendre en Grèce ou en Natolie, que l'on ait à faire diligemment recherche generalle pour tels esclaves avec grande instance, et en toutes mains où ils se trouveront que l'on leur fasse prouver de qui ils les auront eu; et

(1) Karatch, impôt prélevé sur les sujets non musulmans.

ainsi celuy qui les aura vendus s'il sera en nom de coursaire, et si ledit coursaire sera trouvé ou pris et tombé en mains, si l'esclave sera trouvé pour certain François, le coursaire soit chastié : et, si le dit esclave se sera fait Turc, qu'il soit libre et laissé aller et s'il est encores sur sa foy et loy, qu'il soit de nouveau consigné aux François.

Et les nefs Françoises, selon la coustume et les canons, après la recherche faite en Constantinople, et estant parties depuis pour s'en aller selon les anciens canons, quand elles seront aux Chasteaux du destroit, la recherche de nouveau faite, que l'on ait à leur donner la licence pour puis continuer leur voyage. A present, contre les anciens canons et usances, se faisoit encore la recherche en Galipoli; partant, d'icy en avant, que selon la coustume ancienne, ils soient seulement recherchez aux Chasteaux du destroit, et qu'ils s'en aillent leur voyage.

Et toutes les armées et galleres et nefs qui sortent hors en la mer de mon Estat et Empire, quand ils trouveront en mer les nefs et vaisseaux François, qu'ils se fassent amitié l'un avec l'autre, et ne se fassent dommages ny offenses aucunes.

Et toutes les choses qui sont contenües et escrites aux hauts et heureux Chapitres donnez aux Vénitiens, quelles soient encore certifiées en faveur des François et qu'aucun ne les empesche, ny fasse aucun ennuy contre la sèvère justice et la puissante raison et nostre haute Capitulation.

Les susdits gallions et autres vaisseaux venans, et quand ils seront venus en mon pays et Estat, qu'ils soient conservez et gardez et que librement, saufs et avec seureté, ils s'en aillent; et si leurs facultez, marchandises et deniers seront trouvez depredez, que pour cette cause il soit fait toute instance et diligence, à ce que les dites marchandises et deniers, et vaisseaux, et hommes qui seront depredez, viennent en lumière et soient recouverts, et les delinquans, quiconque ils soient, ayent à estre chastiez à bon droit et comme il est requis. Et les beglierbeys et capitaines et sangiaczbeys (gouverneurs de provinces), mes esclaves, et les cadys (juges) et emins (daciers) et les heureux Reys (capitaines des galleres) et coursaires et capitaines, et patrons volontaires de fustes, que voyant ces miennes hautes et heureuses Capitulations jurées, ils y croyent et ayent à obeyr avec les causes contenües en icelles, et au contraire d'icelles, ils ne monstrent la face : et sur tout, l'heureuse memoire de mon ayeul Sultan Soleyman Hhan, les hautes Capitulations qui ont esté données en son temps, selon la teneur d'icelles, en la mesme forme, je les confirme; que l'on ait à y obéïr, et ne se fasse contrariété aucune contre icelles. Et suivant la promesse des susdits chapitres et articles jurez, toutes et quantefois qu'en nostre haute et heureuse Porte, de leur part de France, la confederation et la pure vérité, et la fermesse, et toutes les paroles qui se diront et discoureront seront en l'amitié, et qu'ils tiendront le pied ferme en icelles. Je aussi, acceptant l'amitié, promets et jure par le Tout-Puissant Dieu, Créateur du Ciel et de la Terre, et par les ames de mes grands ayeuls et bisayeuls, et grands progeniteurs, et de mon pere, nous confirmant en l'union de nostre amitié, confirme et maintiens, que de nostre part, il ne sera jamais faict chose au contraire d'icelle. Ainsi ayez à sçavoir, et adjousterez entiere foy au cy-dessus sacré seing. Donné au commencement des Calendes de l'Auguste Lune de Giemasiel Achir 989, à sçavoir, en l'an de Jésus-Christ, au mois de juillet, en V[c] iiij[xx], à l'Imperiale residence de Constantinople.

Cette Capitulation n'offre d'innovation sur les précédentes que les deux points qui précisent et consacrent des questions jusque-là controversées; mais ils suffisent à donner la mesure de l'influence française à cette époque.

Par le *premier* article, la Porte, révoquant la concession gracieuse faite aux Anglais deux ans auparavant, les assujettit à naviguer désormais en Levant sous la bannière française, de même que les Vénitiens, les Génois, les Portugais, les Catalans, les Siciliens, les Anconitains, les Ragusais et autres.

Par le *troisième* article, on accorde aux ambassadeurs

de France la préséance sur ceux de tous les États chrétiens, fondant ce privilège sur l'amitié ancienne et spéciale des deux monarchies et sur l'antique usage.

Ainsi, d'un côté, le droit de libre navigation est érigé en quelque sorte en monopole, du consentement même de la puissance suzeraine, de l'autre, le représentant de la France à Constantinople est élevé à un rang auquel nul de ses collègues ne peut songer à prétendre.

De telles concessions étaient bien faites pour troubler l'esprit des personnages que le roi pouvait accréditer près de la Porte. Ce fut précisément le cas de Jacques de Lancosme, successeur de Germigny à l'ambassade de Constantinople. L'apparition d'un navire anglais dans les mers du Levant lui fournit l'occasion de s'en plaindre à la Porte comme d'une violation du privilège du pavillon français. Il refusa de se mettre en relation avec l'ambassadeur d'Angleterre, sous prétexte que la France seule pouvait conserver des ministres résidants en Turquie, et, poussant cette prétention jusqu'à ses dernières conséquences, il ne voulut reconnaître le représentant d'aucune puissance, ni frayer avec aucun de ses collègues.

Le faible Henri III était revenu à son engouement pour la Ligue et à la funeste politique d'intervention du roi d'Espagne dans les affaires intérieures de son royaume. Il venait de s'engager à fond contre les luthériens et avait refusé, malgré les conseils de l'évêque d'Acqs, la souveraineté des Pays-Bas, que les révoltés lui avaient offerte, ne voulant accepter aucun pouvoir entaché d'hérésie. Lancosme, son ambassadeur à la Porte, était lui-même un déterminé ligueur. Il méconnut la valeur de la Turquie comme instrument politique et ne sut tirer aucun parti des privilèges exceptionnels accordés à sa nation, puisque, au mépris de ces privilèges et malgré ses protestations, il ne réussit pas à empêcher les Anglais d'éluder la clause du pavillon et de continuer, avec la connivence des Turcs, à naviguer sous leurs propres couleurs.

X

Quatrième et cinquième Capitulations entre les sultans Méhémet III et Ahmed Ier et Henri IV.

Le premier soin de Henri IV, dans ses relations avec la Turquie, est de remplacer Lancosme, dont il reconnaît l'insuffisance et l'incapacité. Avec cet esprit de clairvoyance qui forme le fond de sa nature, le monarque ne tarde pas à discerner les véritables convenances comme les véritables dangers de son royaume. Il rompt en visière avec la maison d'Autriche et renoue avec l'Islam le lien traditionnel. A cet effet, il délègue à Constantinople le comte de Brèves, avec la mission de presser les pachas d'envoyer une flotte dans les mers de Toscane pour croiser de là jusqu'en Espagne, dans le but d'obliger Philippe II à en garder les côtes et à rappeler les troupes qu'il envoyait en France au secours des ligueurs. Fidèle à la pensée de son maître, le nouvel ambassadeur lance franchement les Turcs contre les Espagnols et les Impériaux. On retrouve ici la pensée d'utile diversion conçue par François Ier et suivie par Henri II. Les forces ottomanes ne se contentent pas de tenir en échec les armées navales hostiles à la France ; elles envahissent la Hongrie et remportent divers succès, entre autres à Javarin et à Agria. Henri IV, en guerre avec l'Espagne, retrouve chez les Turcs le même empressement à seconder ses desseins. Aussi profita-t-il du répit que lui donnèrent ses premières victoires, pour renouveler les traités de sa couronne avec l'Empire ottoman. Quoique la Capitulation de 1581 n'eût pas son terme au décès des souverains contractants, il chargea son ambassadeur auprès de Méhémet II, fils et successeur de Mourad, de conclure un nouveau traité de commerce destiné à fortifier sa liaïson avec la Turquie. Le comte de Brèves signa, une première fois, au mois de février 1597, la quatrième Capitulation, dont le texte suit et qui se trouve, suivant l'annotation du manuscrit existant à la Bibliothèque nationale (fonds français), « augmentée de plusieurs pointz très utilles et importans aux subjectz du Roy ».

Capitulation de 1597.

AU NOM DE DIEU.

Très haute, très sacrée et très excelse marque des Empereurs Ottomans avec la beauté de laquelle tant de païs sont conquis et gouvernez de par la volonté et permission de l'Éternel. Nostre vouloir et commandement est tel :

Moy, qui suis par les infinies grâces du Juste, Grand et Omnipotent Créateur, et par l'abondance des plus grands de ses prophètes, Empereur des Empereurs, donnateur des couronnes aux plus grands princes de la terre, serviteur des deux très sacrées et très augustes villes belles en toutes celles du monde, assavoir : la Mecque et Médine, Protecteur de la Sainte Ihierousalem, Seigneur de la plus grande partye de l'Europe, Azie et Affrique, de la Grèce, de la Natolie et Caramanie, de l'héritage et succession de Imadie et Van, des païs d'Arabye, Curdistan (Parthes et Curdes), de la Georgianie, Damir Cappi et Tifliz,

d'une partye des païs de Silvan (1), Qrym et Destyciptsac nouvellement concquis avec nostre foudroyante espée, fichée aux cœurs de toutes les parties susdites, de Chypre, des païs de Zoulcadrie, Arzelon (2), Cérézul (3), Ciam et Damas, Bagdat (Babillonnie), Caffa (4), Basra, Gasa, Sanha, Missir (Égipte). Caire, Iemen, Abs et Adam (5), des païs de Thunes, la Goulette et Tripoly, Souverain Monarque des mers blanche et noire et de tant d'autres divers païs, isles, destroictz, passages, peuples, générations et familles et de tant de centenaires, de milliers victorieux à l'espée, possesseur des champs nommés Papa, Pelute et Visprian et Javarin, et des inexpugnables forteresses de Égric prins par l'assistance de ma personne Impérialle et de tant d'autres païs qui reposent soubz l'obéissance et justice de moy qui suis Sultan Mehemet, prince et filz de l'Empereur Amourat, fils de l'Empereur Selim, filz de l'Empereur Soliman, fils de l'Empereur Selim, fils de l'Empereur Bayazet, fils de l'Empereur Mehemet, filz de l'Empereur Amourat, par la grâce de Dieu, durant leurs vyes recours des grandz Princes du monde et refuge des honorables Empereurs de la terre.

Au plus glorieux, magnanime et grand Seigneur de la création de Jésus, eleu entre les princes de la nation du Messie, Terminateur des différends qui surviennent entre le peuple chrestien, Seigneur de grandeur, majesté et richesse et glorieux guyde des plus grandz, Henri IIIIe, Empereur de France, que la fin de ses jours soit heureuse!

Soubz la rellation qui nous a esté faite d'Icelluy Empereur de France par l'un de ses plus honnorables et estimés Seigneurs de la créance de Jésus, nommé François Savary Sr de Breves, l'un de ses conseillers et gentilshommes, maintenant son ambassadeur à notre grande Porte, lequel, au nom de sa dite Majesté, a faict entendre à notre Hautesse le désir qu'elle a de l'antienne amitié que les deffunctz Empereurs, ses prédéces-

(1) Chirvan.
(2) Erzeroum.
(3) Chehirzor.
(4) Koufa.
(5) L'Abyssinie et Aden.

seurs, ont eue avec les invincibles Hottomans, nos ayeulz, que la grâce et miséricorde de Dieu soit sur eux !

Nous voullons que les ambassadeurs d'Icelluy Roy de France, ses consulz, interprètes et autres qui marchent soubz sa bannière et protection puissent venir, aller, retourner et sesjourner par les lieux de notre Empire seûrement et sans qu'il leur soit donné fascherie ou empeschement et que ce qui est porté par les capitulations antiennes soit inviolablement gardé et principallement celle qui fut du deffunct Empereur, notre père Sultan Amourat, prince heureux en sa vye et martire en sa mort, que la lumière céleste luyse éternellement sur son tombeau; et avons commandé avec notre sacrée main que cette capitulation soit escrite de la teneur qui ensuit :

Que des Vénitiens et Anglois en là, les Espagnols, Portugais, Ragusois, Genévois (Gênois), Anconitains, Florentins et généralement tous les autres qui cheminent soubz la bannière de France parmi noz païs, terres et Seigneuries puissent cy après y cheminer et venir de la mesme façon qu'elles ont faict par le passé, sans qu'à leurs vaisseaux puisse estre faict ou donné aucun empeschement en cas qu'ils se comportent selon l'honnesté, et ne facent chose contraire à ce qui est contenu en cette suivante capitullation, asseurant que de notre part, noz conventions et promesses seront inviolablement gardées.

De nouveau, Nous commandons que les Vénitiens et Anglois en là, toutes les autres nations ennemyes de notre grande Porte lesquelles n'ont ambassadeur à icelle, voullant trafficquer par nos païs, elles ayent d'y marcher soubz la bannière de France et voullons que, pour jamais, l'Ambassadeur d'Angleterre ou autre n'ayent de l'empescher ou contrarier à ce nostre vouloir, soubz coulleur d'alléguer qu'icelles nations ont été incérées aux capitulations dernières depuis avoir esté escrites et, en cas qu'il se feust donné par cy devant ou qu'il se donnast par cy après commandement contraire à cet article, nous commandons que nonobstant, cette capitulation soit vallable et observée.

En considération de la bonne et parfaite amytié qu'iceux Empereurs de France ont eue avec les deffunctz Empereurs noz pères et celle qui est maintenant entre noz Majestez, nous voullons que les François qui traffiquent par nostre Empire puissent avec leur argent enlever robes de contrebande, assavoir : Cuirs, cordouans, cottons, filz, sans que aucun leur en puissent donner fascherie ou empeschement.

Que les monnoyes qu'ilz aportent de leurs pays par les lieux de nostre Empire ne puissent estre prises de noz trésoriers ni de nos monnoyeurs soubz prétexte d'en voulloir faire de la monnoye ottomane, ny voulons qu'il s'en prenne aucun droict pour n'estre ainsy l'usaige.

Et parcequ'aucuns subjectz de France navigans sur vaisseaux estrangers pour exercer la marchandise, sont faictz le plus souvent esclaves et leurs marchandises prises, par ce, Nous commandons que d'icy en avant ilz ne puissent estre faictz esclaves sinon qu'ilz soient pris sur vaisseaux de course, et commandons qui ceux qui ont esté pris autrement soient libres, leurs marchandises et robes restituées sans aucune contradiction.

Que les marchandises qui seront chargées à nollis sur les vaisseaux François appartenantes aux ennemis de nostre grande Porte ne puissent estre prises soubz couleur de dire qu'elles sont d'ennemys, puisqu'ainsy est nostre vouloir.

Que les marchandises qui sont apportées des marchands François en nos eschelles, havres et portz ou celles qu'ilz enlèvent d'iceux ne puissent paier, avoir commerce ny estre estimées à plus haut qu'à celles de l'antienne coustume.

Et d'autant que les corsaires de Barbarie allant par les portz et havres de la France y sont caressés, secouruz et aydez à leur besoing comme de poudres, plomb et autres choses nécessaires à leur navigation et que, néantmoins, ilz ne laissent, trouvant des vaisseaux François à leur advantage, de les piller et saccager en faisant les personnes esclaves contre nostre vouloir et celluy de l'Empereur Amourat nostre père, lequel pour faire cesser leurs viollences et déprédations avoit diverses fois envoyé les puissans ordres et commandé par iceux de mettre en liberté les François détenuz et restituer leurs facultez sans que pour cela ils ayent discontinué leurs actes d'hostilitez, Nous, pour y remédier, voullons et commandons avec ceste nostre capitulation Impérialle que les François pris sur la foy publicque soient faictz libres et leurs facultés restituées : déclarant qu'en cas que les dits corsaires continuent leurs brigandages, qu'au premier ressentiment qui nous en sera faict de l'Empereur de France, les vice Rois Gouverneurs des païs desquelz les voleurs et corsaires dépendront, seront obligez de paier les dommaiges et pertes qu'auront faictes les François, et seront privés de leurs charges, promettant de donner croyance et adjouster foy aux lettres qui nous en seront envoyées du dit Empereur.

Que les interprètes qui servent les ambassadeurs d'Icelluy Empereur soient libres de tous subsides et impostz.

Que tous ceux qui chargent les vaisseaux François qui trafficquent soubz la bannière de France ayent de paier le droict des ambassadeurs et consulz sans se pouvoir opposer au contraire.

Que survenant quelque meurtre ou autre inconvénient parmy les François, les Ambassadeurs et Consuls puissent, suivant leurs loys et coustumes, y faire justice sans qu'aucun de nos officiers en prenne cognoissance et l'en empesche. Que, quels consuls François qui sont establis par les lieux de nostre Empire pour avoir soing du repos et seureté des François ne puissent estre faictz prisonniers ny leurs maisons baillées, voullans que s'il s'en prétend quelque chose d'eux, la cognoissance en soit renvoyée à nostre grande Porte et Divan publicq.

Nous entendons, voullons et commandons que tous les poinctz cy dessus cotez et escritz soient inviolablement observez, et que les commandements qui, par cy devant, ont esté donnez ou se donneront pour l'advenir, au contraire d'iceux ne soient vallables ny observez.

Et parce qu'Icelluy Empereur de France est, entre tous les autres Roys et Princes, le plus noble et de plus haute famille, le plus parfait amy que nos ayeulz ayent jamais eu, comme il est veu par les effectz de sa fermeté et persévérance, nous voullons et commandons que son Ambassadeur qui réside à nostre heureuse Porte, venant à nostre grand et superbe Divan ou allant au pallais de noz grandz Vice Roys ou autres de noz conseillers, chemine devant et precedde l'Ambassadeur d'Espagne et ceux des autres Roys et Princes, conformément à la coustume antienne.

Que les François qui viennent avec leurs vaisseaux et marchandises par les Eschelles, havres et portz de nos païs puissent durant nostre vye, venir seurement et soubz la foy publique, et, arrivant que la fortune ou tempeste jetast aucun d'iceux ayant besoing de noz gallions ou de quelques autres de noz vaisseaux, nous voullons et commandons qu'ilz soient incontinant aydez et que les cappitaines et lieutenantz d'iceux vaisseaux soyent respectez et caressés, et soient pourveus avec leur argent de toutes commoditez nécessaires à leur vivre.

Et en cas que lesdictz vaisseaux François donnent contre quelques escueuilz ou en terre et souffrent bris, nous voullons que tout ce qui s'en pourra recouvrer leur soit restitué ès mains et mis en pouvoir des marchans, sans que noz Vice Rois, Gouverneurs, Cadis ou autres s'opposent, mais, bien au contraire, ayent de les secourir à leur besoing, voullant qu'ilz puissent par nostre Empire aller, venir, retourner et sesjourner librement s'ilz ne commectent quelque chose contre l'honnesté.

Que d'iceux François, interprette ou autres à eux appartenans venant en noz païs soit par mer, soit par terre, pour vendre, achepter ou faire marchandise paiant les droits de nos commerces (1) suivant la coustume et celuy des Consulz ne soient molestés eux, leurs vaisseaux et marchandises par noz cappitaines des gallaires, patrons et autres volontaires en venant, séjournant et retournant.

En cas qu'un François se trouve redevable, la depte ne puisse estre demandé à autre qu'à luy ou autre qu'à celluy qui se sera rendu pleige pour luy.

Et arrivant qu'un François meure, nous voullons et commandons qu'aucun de nos officiers et commissaires n'ayent de veoir à ses robes et facultez, ains qu'elles soient consignez sans aucune difficulté à celluy à qui il les aura laissées par sa dernière volonté, et mourant *ab intestat*, que avec l'entreprise des Consulz, les facultez du mort soient consignées au pouvoir d'un de ses compatriez sans que nos commissaires ou autres s'y opposent.

Que les François, leurs Consulz et interprettes ou ceux des

(1) Douanes, mot dérivé du grec κουμέρκι, en latin, *commercium*.

lieux qui deppendent d'eux ayent en leurs ventes et achapts pleigeries et tous autres pointz d'en faire acte devant le Cady, au deffaut de quoy, ceux qui auront quelque prétention contre eux ne le faisant apparoir par contract publicq enregistré au lieu de nos juges voullans prendre tesmoings, voullons et commandons qu'ils ne soient escoutez, ains soit donné foy aux contracts passés devant noz juges ou, n'y en ayant d'enregistré, que les demandes ne soient adjugées ; et se tienne la main qu'il n'arrive chose contre la sacrée justice.

Qu'estant dressé quelque embusche contre les François pour les accuser d'avoir injurié et blasphémé contre nostre Ste Religion et produisant des tesmoings faux pour trouver moien de les travailler, nous ordonons qu'il se garde mesmement en semblables occasions que les François ne soient molestez et que rien ne se passe plus avant.

Et estant qu'aucun François soit redevable ou ayant faict quelque mauvais acte s'absente et s'enfuye, nous voullons que les autres François, qui ne seront nullement pleigéz par luy, n'en puissent estre molestez ny recherchez.

Que se trouvant par nostre Empire des esclaves François estant recongnuz des Ambassadeurs ou Consulz, que les maistres d'iceux ayent à les amener à nostre grande Porte ou les renvoyer avec papiers, affin que justice en prenne cognoissance.

Que les François ou ceux qui deppendent d'eux, mariez en noz pays ou non, exerçant la marchandise ou travaillant de leur art ou autres ne payent aucunes tailles ou subcide.

Qu'au changement et establissement des Consulz François en noz Eschelles d'Alexandrie, Tripoly de Sarye, Alger et autres, personne des nostres ne s'y oppose.

Et, arrivant que quelqu'un eust quelque différend avec les François, nous voulons qu'il se termine par la justice, mais que le juge n'en prenne cognoissance qu'un interprète de France ne soit présent et estant l'interprete empesché en affaires importans, que la cause soit entretenue jusques qu'ilz comparoissent; toutes fois, que les François ne se rendent difficiles, disant que l'interpreste ne se trouve, et ne prolongent l'effect de la justice, ains à faire comparaître ledit interprete.

S'il naist quelque contention ou différend entre deux François, que l'Ambassadeur ou les Consulz ayent de terminer telle controverse sans qu'aucun de noz officiers s'y oppose.

Et, arrivant que quelques frégates de corsaires ou autres vaisseaux allant par la mer facent des François esclaves et les apportent et vendent au païs d'Europpe, Asye, et autres lieux, qu'iceux François trouvés, il se face une gaillarde recherche pour sçavoir de qui ilz ont esté venduz, et que celluy qui les aura acheptez soit obligé de trouver le vendeur afin qu'estant recongnus les esclaves François pour mal pris, ils soient faictz libres et les corsaires chastiez: et sy les François esclaves se sont faitz Musulmans, nous voullons aussy qu'ils soient faictz libres, mais percistant en leur créance, qu'avec la main de la justice, ils soient mis hors d'esclavitude.

Que les vaisseaux François qui auront faict la recherche en Constantinople ne soient recherchez autre part qu'aux chasteaux, ne voullant qu'il se face la recherche à Tripoly, comme maintenant il se recherche de faire.

Que les gallaires, vaisseaux et armées qui sortent de nos pays, se rencontrant en mer avec ceux de France, ayent de s'entrecaresser et faire amitié sans s'y procurer dommaige les uns aux autres.

Que tout ce qui est accordé aux Vénitiens par leurs Capitulations soit ensemble accordé et confirmé au bénéfice des François, sans que personne y contredie.

Que les vaisseaux François venant en nostre Empire y soient protégez, deffendus, caressez et y puissent avec toute seureté, et soubz la foy publique, venir, aller, séjourner et retourner; et, arrivant que les marchandises ou robes puissent estre saccagées, qu'il se face une recherche très exacte et, se trouvant, leur soient rendues, et ceux qui auront commis telles méchancetés, chastiez.

Voullons et commandons à tous noz esclaves vice Rois, Gouverneurs, Lieutenants, Cadis, Cappitaines de gallaires et autres vaisseaux et générallement à tous noz autres officiers, qu'ils aient d'observer le contenu de ceste capitulation sans contredire à aucun d'icelle ny moings à ceux qui sont portez par la capitulation qui en a esté traictée et accordée par nostre deffunct et bienheureux ayeul Soltan Soliman (que la miséricorde de Dieu soit pour jamais sur luy !) protestant qu'en cas que de la part de l'Empereur de France ne soit contrevenu aux poinctz cy dessus escritz, et qu'il demeure ferme et constant en l'observance d'iceux, ou semblablement acceptant son amityé, je jure par l'Eternel Dieu qui a faict le ciel et la terre, et par les âmes de nos ayeux et par celle du deffunct Empereur nostre ayeul qu'il n'y aura jamais de nostre part aucun manquement et ainsy se sçache et se preste foy à nostre sacrée marque.

Escript en nostre ville Impériale de Constantinople au commencement de la lune de (Redjeb), en l'année 1005 qui est 1597, environ le XXVe febvrier.

Cet acte ne fait que répéter, en grande partie, les stipulations du traité de 1581. Il maintient dans toute son ampleur la juridiction consulaire, l'exemption des impôts, les privilèges accordés aux Français de commercer et de naviguer librement; il étend même ces privilèges en autorisant l'exportation de certaines marchandises jusque-là interdites et en défendant à l'hôtel des monnaies de l'empire de forcer les Français à lui livrer des espèces venues du dehors ou à payer des droits sur ces espèces. Par une clause nouvelle, le même traité promet d'obliger les corsaires de Barbarie à restituer les fruits de leurs déprédations et à destituer les beys qui les auraient permises. Mais il déroge à la Capitulation antérieure en ce qui concerne le privilège du pavillon. Cette fois, les Anglais et les Vénitiens sont exceptés de l'obligation à l'usage de la bannière française, bien que, par une stipulation antérieure, il leur soit interdit de dónner la leur aux autres nations. Cette dérogation à une concession de si haute importance fut particulièrement sensible à Henri IV. Ce monarque accordait la plus grande attention aux affaires de Turquie et s'attachait avec un soin jaloux à y maintenir son prestige et son crédit. Les mémoires du temps nous apprennent qu'il ne reculait pour cela devant aucune avance, ni devant aucun sacrifice pécuniaire. Il était loin de se faire illusion sur la moralité du gouvernement avec lequel il traitait, mais il se rendait également bien compte des intrigues de l'Angleterre pour le desservir et le supplanter auprès de la Porte. Il s'en expliqua sans ambages dans une lettre particulière adressée à son ambassadeur à Constantinople et que nous croyons devoir reproduire ici à titre de document.

De Saint-Germain, 8 may 1597.

Monsieur de Brèves, vos despesches du 14 et 28 janvier, 13 et 28 febvrier et premier mars ausquelles j'ay à respondre par celle cy, font particullièrement mention, après les advis que vous me donnez de par dela, les difficultez qui s'y sont rencontrez à vaincre et surmonter l'instance qui a esté faicte par l'agent d'Angleterre que au renouvellement des Capitulations, il fust inséré que les nations estrangères n'eussent plus à recognoistre la bannière de France; en quoy vous vous estes non seullement conduit selon mon intention, mais m'avez faict service très agréable d'avoir opposé la vérité des choses aux fausses propositions que ledit agent a mis en avant, pour authoriser la poursuitte que je n'avais d'acquis en ce royaume que ce que la Royne d'Angleterre m'avoit facilité avec l'assistance de ses armes. Car tant s'en fault que cela soit comme je m'assure aussy qu'elle ne voudroit pas advouer ledit agent en ce propos, qu'au contraire la correspondance que j'ay eue avec elle, elle pour estre de diverses religion, a bien souvent traversé et faict préjudice à mes affaires; ce que je vous dy affin que vous sçachiez les impostures des ministres et non pour en publier aucune chose par delà; j'ay aussi esté très aise que vous avez gaigné ce poinct sur l'opiniastreté du grand chancellier et du premier Sécretaire d'Estat de ce Seigneur, que ce qu'avez désiré estre adjoinct ausdites Cappitulations y ait esté inséré, car je sçay qu'en ceste Porte l'avarice et la corruption emportent bien souvent la raison; et parce que les principaux poinctz de vos dictes depesches se terminent en ces deux poinctz, je n'auray autre chose mander sur iceux et attandu que le renouvellement des Capitullations que vous me promettez de m'envoyer bien tost, ne pouvant assez émerveiller du procedder ou plustost de l'imprudence dudit agent d'Angleterre qui voulloit ranger les nations estrangères sous la bannière angloise, seullement depuis trois jours en l'empire d'Orient et authoriser par delà la confirmation, d'une longue correspondance entre mes prédecesseurs et ceux de ce Seigneur; et cependant je vous diray que j'ay achevé la diette que j'estois venu faire en ce lieu pour faire provision de santé, de manière que je me trouve très bien, Dieu mercy, en intention de me rendre dans huit jours pour aller en mon armée, sur l'advis qui m'a esté donné que le cardinal d'Austriche se doibt trouver à la frontière d'Artois, le 15e de ce mois, pour essayer de desgaiger ma ville d'Amiens qui est grandement incommodée et aux environs de laquelle j'ai tousjours tenu une armée pour empescher qu'il entrast du secours; et vous asseurez que j'ay sy grande envie d'affronter mon ennemy et me revancher de ce qu'il a faict en la surprise de la dicte ville que j'y serois desjà sy je n'estois allé à Paris, pour trois ou quatre jours, pour faciliter le recouvrement de l'argent qui est nécessaire pour le payement de ma dicte armée, avec laquelle j'espère entreprendre quelque faict d'importance duquel vous serez adverty; vous priant aussy continuer à me faire sçavoir ce que vous apprendrez de la délibération de ce Seigneur pour la guerre d'Ongrie et s'il persistera au désir qu'il monstre d'y vouloir passer en personne, comme de toutes autres occurrances, priant Dieu, Monsieur de Brèves, etc.

HENRY.

Il est facile de deviner, par les termes de cette lettre, les causes auxquelles on doit attribuer la condescendance de la Porte envers les Anglais, au sujet du privilège du pavillon. Dès cette époque, la puissance maritime qui, de Londres, cherchait à répandre son commerce sur tous les points du globe, ne pouvait que regarder d'un œil jaloux l'extension de la France dans le bassin de la Méditerranée. La lutte d'influence se dessinait déjà entre les deux nations sur le terrain commercial, accrue et envenimée, sur le terrain politique, par l'influence des guerres de religion. Henri IV ne se méprenait pas sur les intentions de la reine d'Angleterre; il y discernait le double mobile de sa conduite, qui consistait à encourager les réformés au sein de son royaume et à paralyser son action au dehors, soit par des bruits malveillants habilement entretenus, soit par des intrigues destinées à lui faire perdre la meilleure part de ses privilèges.

En outre, son adhésion au culte de la majorité de ses sujets faisait du chef de la maison des Bourbons le protecteur officiel du catholicisme. Ce point avait bien son importance, non seulement pour le jeu de la politique intérieure, mais aussi en ce qui touche le protectorat religieux que la France n'avait cessé d'exercer en Orient, depuis les croisades. La question des Lieux saints, celle du libre exercice du culte dans les pays musulmans étaient restées incertaines, mal définies, malgré les nombreuses Capitulations obtenues de la libéralité des sultans qui s'étaient succédé à Constantinople, depuis le grand Soliman. Toutes ces considérations, jointes au désir de resserrer de plus en plus les liens qui le rattachaient à la Turquie, décidèrent Henri IV à demander le renouvellement de la Capitulation de 1537. Il profita de la mort de Méhémet III et de l'avènement de son fils Ahmed Ier pour donner l'ordre à son ambassadeur de reprendre les négociations sous le nouveau règne, comme cela s'était pratiqué à l'avènement de chaque sultan, depuis le traité conclu par François Ier. S'il s'était flatté de faire revenir les Turcs sur la concession consentie aux Anglais et aux Vénitiens de naviguer sous leur propre bannière, cette fois encore sa confiance fut déçue : la concession fut maintenue. Mais par l'acte en quarante-trois articles qui porte la date de 1604, il obtint des avantages signalés, notamment pour la religion catholique et le pèlerinage de Jérusalem, dont il est fait ici mention pour la première fois.

Capitulation de 1604.

Au nom de Dieu.

L'Empereur Amat, fils de l'Empereur Mahomet, toujours victorieux, etc.

Ayant nostre Hautesse esté priée du sieur de Breves, au nom de l'Empereur de France son Seigneur comme son Conseiller d'Estat et son Ambassadeur ordinaire en nostre Porte, de trouver bon que nos traitez de paix et Capitulations qui sont de longue mémoire entre nostre Empire et celuy de son Seigneur fussent renouvellées et jurées de nostre Hautesse : sous cette considération, et pour l'inclination que nous avons à la conservation d'icelle ancienne amitié, avons commandé que cette capitulation soit escrite de la teneur qui s'ensuit :

I. — Que les Ambassadeurs qui seront envoyez de la part de Sa Majesté à nostre Porte, les marchans ses subjects qui vont et viennent par iceux havres, les Consuls qui sont nommez d'elle pour résider à nos havres et autres lieux de nostre Empire, et ses Interpretes ne soient inquietez en quelque façon que ce soit : mais, au contraire, receus et honorez avec tout le soin qui se doit à la foy publique.

II. — Voulons de plus qu'outre l'observation de cette nostre capitulation, que celle qui fut donnée et accordée de nostre defunct père l'Empereur Mahomet, heureux en sa vie et martyre en sa mort, soit inviolablement accordée, et de bonne foy.

III. — Que les Vénitiens et Anglais en la leur, les Espagnols, Portugais, Catalans, Ragousins, Genevois, Napolitains, Florentins, et généralement toutes autres nations, telles qu'elles soient, puissent librement venir trafiquer par nos pays sous l'adveu et seureté de la bannière de France, laquelle ils porteront comme leur sauvegarde; et, de cette façon, ils pourront aller et venir trafiquer par les lieux de nostre Empire, comme ils y sont venus d'ancienneté, obeyssans aux Consuls Français, qui demeurent et résident en nos havres et estapes: voulons et entendons qu'en usant ainsi ils puissent trafiquer avec leurs vaisseaux et galions sans estre inquietez, seulement tant que le dit Empereur de France conservera nostre amitié, et ne contreviendra à celle qu'il nous a promise.

IV. — Voulons et commandons aussi que les subjects dudit Empereur de France et ceux des Princes ses amis alliez, puissent visiter les sainct lieux de Hiérusalem sans qu'il leur soit mis ou donné aucun empeschement, ny faict tort.

V. — De plus, pour l'honneur et amytié d'iceluy Empereur, nous voulons que les Religieux qui demeurent en Hiérusalem et servent l'Eglise du Comame (1) y puissent demeurer, aller et venir sans aucun trouble et empêchement, ains soient bien receus, protégez, aydez, et secourus en la considération susdite.

VI. — Derechef, nous voulons et commandons que les Venitiens et Anglois en cela, et toutes les autres nations alienées de l'amitié de nostre grande Porte, lesquelles n'y tiennent Ambassadeur, voulans trafiquer par nos pays, ayent à y venir sous la bannière et protection de France, sans que l'Ambassadeur d'Angleterre ou autres ayent à les empescher sous couleur que cette capitulation a esté insérée dans les capitulations données de nos pères après avoir esté escrites.

VII. — Ordonnons et voulons que tous commandemens qui se sont donnez ou qui se pourroient donner par megarde contre cet article susdit ne soient observez, ains que cette Capitulation le soit inviolablement.

VIII. — Qu'il soit permis aux marchans François, en considération de la bonne et parfaite amitié que leur Prince conserve avec nostre Porte, d'enlever des cuirs, cordouans, cires, cottons fillez, jaçoit (bien que) qu'ils soient marchandise prohibée et défendue d'enlever: ratifions la permission que nostre

(1) Du turc *Kyâmeh*, résurrection. Certains scribes musulmans ont substitué à ce mot celui de *Koumâmèh*, qui signifie ordure, immondices.

bisayeul Sultan Selim et nostre defunct Père Sultan Mahomet en ont donné.

IX. — Nous voulons aussi que ce qui est porté par cette nostre capitulation, pour la seureté des François, soit dit et entendu en faveur des nations estrangères qui viennent par nos pays, estats et seigneuries sous la bannière de France, laquelle bannière elles porteront et arboreront pour leur seureté et marque de leur protection, comme dit est cy-dessus.

X. — Que les monnoyes qu'ils apportent par les lieux de nostre Empire ne puissent estre prises de nos thrésoriers, sous prétexte et couleur de les vouloir convertir en monnoye otthomane, ny moins voulons qu'il s'en puisse prétendre aucun droict.

XI. — Et parce qu'aucuns subjects de la France navigent sur vaisseaux appartenans à nos ennemis, y chargent de leurs marchandises, estans rencontrez sont faicts le plus souvent esclaves et leur marchandise prise : Nous commandons et voulons que, d'icy en avant, ils ne puissent de semblable façon estre pris, ny leurs facultez confisquées, s'ils ne sont trouvez sur vaisseaux de course : Voulons et commandons que ceux qui l'ont esté soient faits libres et leur marchandise restituée sans aucune réplique.

XII. — Défendons que les vaisseaux François, qui seront rencontrez chargez de victuailles prises ès pays et seigneuries de nos ennemis puissent estre retenus et confisquez, ny leurs marchans et mariniers faicts esclaves.

XIII. — Défendons qu'aux François qui se trouveront sur vaisseaux de nos subjects pris, portans des vivres à nos ennemis, encores que nos dits subjects et vassaux en soient en peine, il ne leur soit ce neantmoins faict et donné aucune fascherie, ains soient relaschez et mis en liberté, sans aucune punition.

XIV. — Défendons que les vaisseaux François, marchans et mariniers qui se trouveront chargez de blé acheté de nosdits subjects, puissent estre faicts esclaves et leurs vaisseaux confisquez, encore que ce soit chose prohibée ; mais bien le blé. Voulons et commandons que ceux qui se trouveront par nostre Empire esclaves de cette façon soient faits libres, et leurs vaisseaux restituez.

XV. — Que les marchandises qui seront chargées en nos mers sur vaisseaux François, appartenans aux ennemis de nostre Porte ne puissent estre prises sous couleur qu'elles sont de nosdits ennemis, puis qu'ainsi est nostre vouloir.

XVI. — Que les marchandises qui seront apportées des marchants François en nos eschelles, havre et ports, ou celles qu'ils auront enlevées d'iceux, ne puissent payer outre commerce, ny estre estimées à plus haut prix que celuy de l'ancienne coustume.

XVII. — Nous voulons et commandons que les marchands François et leurs vaisseaux qui viennent par nos ports et havres, ne soient obligez de payer autre droict que celuy des marchandises qu'ils débarqueront, et puissent les aller vendre en quelle eschelle qu'ils voudront et où bon leur semblera, sans aucun empeschement.

XVIII. — Que lesdits François soient exempts de l'imposition de l'ayde des chairs.

XIX. — Qu'ils ne soient recherchez de payer celui des cuirs.

XX. — Ny aussi celui des buffles.

XXI. — Qu'ils soient aussi exempts de payer aucune chose aux gardes de nos ports et péages.

XXII. — Qu'à la sortie de leurs vaisseaux ils ne puissent estre forcez de payer plus de trois escus sous le nom de bon et heureux voyage.

XXIII. — Et d'autant plus que les coursaires de Barbarie allans par les ports et havres de la France, sont caressez, secourus et aydez à leur besoin, comme de poudre, plomb, et autres choses nécessaires à leur navigation ; et que néantmoins, ils ne laissent, trouvans les vaisseaux François à leur avantage, de les piller et saccager, en faisant les personnes esclaves contre nostre vouloir et celuy du défunct Empereur Mahomet, notre Père, lequel, pour faire cesser les violences et prédations, avoit diverses fois envoyé ses puissances, ordres, et commandemens, et commandé par iceux de mettre en liberté les François détenus et restituer leur facultez, sans que pour cela ils ayent discontinué leurs actes d'hostilité : Nous, pour y remédier, voulons et commandons avec cette nostre Capitulation Impériale, que les François pris contre la foy publique soient faits libres et leurs facultez restituées. Desclarons qu'en cas que lesdits coursaires continuent leurs brigandages, qu'au premier ressentiment qui nous en sera faict de l'Empereur de France, les Vice-Roys et Gouverneurs du pays de l'obéyssance desquels les voleurs et coursaires dépendront, seront obligez de payer les dommages et pertes qu'auront faict les François et seront privez de leurs charges, promettant de donner croyance et adjouster foy aux lettres qui nous en seront envoyées dudit Empereur.

XXIV. — Nous nous contentons aussi, si les coursaires d'Alger et Thunis n'observent ce qui est porté par cette nostre Capitulation, que l'Empereur de France les face courir pour les chastier et les prive de ses ports. Déclarons de n'abandonner pour cela l'amitié qui est entre nos Mayestez Impériales : Approuvons et confirmons les commandemens qui en ont esté donnez de nostre défunct Père à ce sujet.

XXV. — Voulons et commandons que les François nommez et advouez de leur Prince puissent venir pescher du corail et poisson au golphe de Stara Courcouri dépendant d'Alger, et par tous les autres lieux de nos costes de Barbarie, et en particulier sur les lieux de la juridiction de nos royaumes d'Alger et de Thunis, sans qu'il leur soit donné aucun trouble et empeschement, confirmans tous les commandemens qui en ont esté donnez de nos ayeuls, et singulièrement de nostre défunct père pour cette pescherie, sans estre assubjectis à aucune cognoissance que celle qui est faitte d'ancienneté.

XXVI. — Que les interprètes qui servent les Ambassadeurs d'iceluy Empereur soient libres de payer tailles, aydes des chairs, et toutes autres sortes de droicts quels qu'ils soient.

XXVII. — Que les marchans François et ceux qui trafiquent sous leur bannière, ayent à payer les droicts de l'Ambassadeur et Consuls sans aucune difficulté.

XXVIII. — Que nos subjects qui trafiquent ès lieux de nos ennemis soient obligez de payer les droicts de l'Ambassadeur et Consuls François sans contradiction jaçoit qu'ils trafiquent avec leurs vaisseaux ou autrement.

XXIX. — Que survenant quelqne meurtre ou autre inconvénient des marchans François et négocians, les Ambassadeurs et Consuls d'icelle nation puissent selon leurs loix et coustumes en faire justice, sans qu'aucuns de nos officiers en prennent cognoissance et s'en empeschent.

XXX. — Que les Consuls François qui sont establis par les lieux de nostre Empire pour prendre soin du repos et seureté d'iceux trafiquans ne puissent, pour quelque raison que ce soit, estre faits prisonniers ny leurs maisons serrées et bullées : ains, commandons que ceux qui auront prétension contr'eux soient renvoyez à nostre Porte, où il leur sera faict justice.

XXXI. — Que les commandements qui sont donnez ou pourront estre donnez contre cette nostre promesse et capitulation ne soient valables ni observez en aucune façon.

XXXII. — Et pour autant qu'iceluy Empereur de France, est de tous les Roys le plus noble et de la plus haute famille, et le plus parfait amy que nos ayeuls ayent acquis entre lesdits Roys et Princes de la créance de Jésus-Christ, comme il nous a témoigné par les effets de sa saincte amitié; sous ces considérations, nous voulons et commandons que ses Ambassadeurs qui résident à nostre heureuse Porte ayent la préséance sur l'Ambassadeur d'Espagne et sur ceux des Roys et Princes, soit en nostre Divan public ou autres lieux où ils se pourront rencontrer.

XXXIII. — Que les étoffes que les Ambassadeurs d'iceluy Empereur résidans en nostre Porte feront venir pour leur usage à présent ne soient obligées de payer aucuns droicts de commerce.

XXXIV. — Que lesdits Ambassadeurs ne payent aucuns droicts de leurs victuailles, soit pour leur boire, soit pour leur manger.

XXXV. — Que les Consuls François jouissent de ces mesmes privilèges où ils résideront, et qu'il leur soit donné la mesme préséance sur tous les autres consuls de quelque nation qu'ils soient.

XXXVI. — Que les François qui viennent avec leurs vaisseaux et marchandises par les échelles, havres et ports de nos seigneuries et pays, y puissent venir seurement sur la foy publique, et, en cas que la fortune et orage jettât aucuns de leurs vaisseaux aux lieux circonvoisins, nous commandons très expressément aux capitaines d'iceux de les secourir, portans honneur et respect aux Patrons et capitaines d'iceux vaisseaux François, les faisans pourvoir avec leur argent de ce qui leur sera nécessaire pour leur vie et besoin.

XXXVII. — Et en cas qu'aucun desdits vaisseaux facent naufrage, nous voulons que tout ce qui se retrouvera soit remis au pouvoir des marchans à qui les facultez appartiendront, sans que nos Vice-Roys, Gouverneurs, Juges et autres Officiers y contrarient : ains voulons qu'ils les secourent à leur besoin, leur permettant qu'ils puissent aller, venir, retourner et séjourner par tout nostre Empire, sans qu'il leur soit donné aucun empeschement s'ils ne commettent chose contre l'honnesteté et la foy publique.

XXXVIII. — Nous ordonnons et commandons aussi aux capitaines de nos mers, et leurs lieutenans, et à tous ceux qui dépendent de nostre obeyssance, de ne violenter, ny par mer, ni par terre les dits marchans François, ny moins les estrangers qui viennent sur la seureté de leur bannière. Voulons toutesfois qu'ils ayent à payer les droicts ordinaires de nos échelles.

XXXIX. — Qu'iceux marchans ne puissent estre contraincts d'acheter autres marchandises que celles qu'ils voudront et leur seront duisibles.

XL. — En cas qu'aucun d'eux se trouve redevable, la debte ne puisse estre demandée qu'au redevable ou à celuy qui se sera rendu pleige pour luy.

XLI. — Et en cas qu'aucun d'iceux marchans ou autres d'icelle nation meurent par nos pays, que les facultez qui leur seront trouvées soient remises au pouvoir de celuy qu'il aura nommé pour exécuteur de son testament, pour en tenir compte à ses héritiers; mais s'il arrive qu'il meure sans tester, que les Ambassadeurs ou Consuls qui seront par nos échelles, se saisissent de leurs facultez pour les envoyer aux héritiers, comme il est raisonnable, sans que nos Gouverneurs, Juges et autres qui dépendent de nostre obeyssance, puissent s'en empêcher.

XLII. — Que les François, Consuls, ou interprètes, ou ceux des lieux qui dépendent d'eux, ayent en leurs ventes, achapts, pleigeries, et tous autres points, d'en passer acte devant le Juge ou Cadi des lieux où ils se trouveront, au defaut de quoy, nous voulons et commandons que ceux qui auront quelque prétension contr'eux, ne soient escoutez ni receus en leurs demandes, s'ils ne font apparoir par contract public leur prétension et droict. Voulons que les tesmoins qui seront produicts contr'eux et à leur dommage ne soient receus et escoutez que premièrement ils n'ayent suivy acte public de leurs ventes, achapts, ou pleigeries.

XLIII. — Qu'estant dressée quelque embuscade contre les marchans ou autres d'icelle nation, les accusans d'injurie ou blasphème contre nostre saincte Religion produisant de faux tesmoins pour les travailler, nous ordonnons, qu'en semblables occasions, nos Gouverneurs et Juges ayent à se porter prudemment, empeschans que les choses ne se passent plus avant, et qu'iceux François ne soient aucunement molestez.

XLIV. — Si aucun d'eux se trouve redevable, ou ayant commis quelque mauvais acte, s'absente et fuit, nous voulons et commandons que les autres d'icelle nation ne puissent estre responsables pour luy, s'ils ne sont obligez par contract public.

XLV. — Que se trouvant par nostre Empire des esclaves François recogneus pour tels des Ambassadeurs et Consuls, ceux au pouvoir desquels ils se trouveront, faisans refus de les délivrer soient obligez de les emmener, ou les envoyer à nostre Porte, afin qu'il soit faict justice à qui il appartiendra.

XLVI. — Qu'à aucun changement et establissement des Consuls François en nos eschelles d'Alexandrie, de Tripoli, de Syrie, d'Alger et autres pays de nostre obeyssance, nos Gouverneurs et autres ne s'y puissent opposer.

XLVII. — Si aucun de nos subjects a different avec un François, la justice ayant deu prendre cognoissance, nous voulons que le juge ne puisse escouter la demande qu'un interprète de la nation ne soit présent : et si, pour lors, il ne se trouve aucun interprète pour cognoistre et defendre la cause du François, que le Juge remette la cause à un autre temps, jusques à ce que l'interprète se trouve : toutesfois qu'iceluy François soit obligé de trouver l'interprète, afin que l'effect de la Justice ne soit différé.

XLVIII. — S'il naist quelque dispute ou différent entre deux François, que l'Ambassadeur ou les Consuls ayent de terminer ledit différent sans que nos officiers s'en empêchent.

XLIX. — Que les vaisseaux François qui auront faict leur charge à Constantinople ne soient recherchez en autre part, qu'au sortir qu'ils feront des Dardanelles : defendons qu'ils ne soient forcez de le faire à Gallipoli, comme ils ont été recherchez par le passé.

L. — Que les galères, vaisseaux, et armées navales appartenans à nostre Hautesse se rencontrans avec ceux de France, que les capitaines d'une part et d'autre, ayent de s'aider et servir sans se procurer les uns les autres aucun dommage.

LI. — Que tout ce qui est porté par les Capitulations accordées aux Vénitiens soit valable et accordé aux François.

LII. — Que les marchands François, leurs facultez et vaisseaux venans parmy nos mers et terres de nostre Empire, y soient en toute seureté, protégez, defendus et caressez, conforme au devoir qui se doit à la foy publique. Ordonnons qu'ils puissent venir, aller, retourner et séjourner sans aucune contrainte, et si quelqu'un est volé, qu'il se face une recherche très exacte pour le recouvrement de sa perte et du chastiment de celuy qui aura commis le méfait.

LIII. — Que les Admiraux de nos armées navales, nos Vice-Roys, Gouverneurs de nos provinces, Juges, Capitaines, Chastelains, Daciers et autres qui dépendent de nostre obeyssance, ayent de se rendre soigneux d'observer ce mesme traitté de paix et capitulation, puisqu'ainsi est nostre plaisir et commandement.

LIV. — Déclarons que ceux qui contreviendront et contrarieront à cettuy-ci nostre pouvoir, seront tenus pour rebelles, désobeyssans, et perturbateurs du repos public, et pour ce condamnez à un grief chastiment, estans appréhendez sans aucun delay, qu'ils servent d'exemple à ceux qui auront envie de les imiter à mal faire. Et outre la promesse que nous faisons de cette nostre capitulation, nous entendons que celles qui ont esté données de nostre bisayeul Sultan Solyman et consécutivement celles qui ont esté envoyées de temps en temps de nos Ayeuls et Pères (à qui Dieu face miséricorde) soient observées de bonne foy.

LV. — Nous promettons et jurons par la vérité du grand

Tout-puissant Dieu, Créateur du ciel et de la terre, et par l'âme de mes Ayeuls et Bisayeuls, de ne contrarier, ni contrevenir à ce qui est porté par ce traitté de paix et capitulation, tant que l'Empereur de France sera constant et ferme en la considération de nostre amitié, acceptant dès à présent la sienne, avec volonté d'en faire cas et de la chérir, car ainsi est nostre intention et promesse impériale.

Escript environ le 20 may 1604.

Les concessions nouvellement obtenues par cette Capitulation sont contenues dans les articles 4, 5, 17, 18, 19, 20, 21, 22, 23, 24, 33, 34 et 35.

Les fidèles qui accomplissaient le pèlerinage de Jérusalem et les religieux préposés à la garde du Saint-Sépulcre étaient souvent molestés par les juges et les gouverneurs de Jérusalem, qui cherchaient à en tirer profit. Ils reçoivent cette fois l'assurance d'être aidés, secourus et protégés, en considération de l'amitié du roi de France, et c'est l'origine de notre protectorat catholique dans le Levant. Les articles 4 et 5 de la Capitulation de 1604 en marquent le point de départ.

Le 17e article exempte les Français de tout droit sur les marchandises qu'ils n'auraient pas vendues ou qu'ils voudraient envoyer ailleurs.

Les quatre articles suivants dispensent également les Français de tout impôt sur certains articles alors en usage et de certains droits de port et péage; mais cette faveur n'a pu faire loi pour les impôts qui ont été créés depuis.

Par le 25e article, le roi de France est autorisé à châtier les corsaires barbaresques s'ils commettent des excès contre le pavillon français, sans être censé rompre pour cela sa bonne intelligence avec le sultan. Cette clause était vivement réclamée par Henri IV, comme on le verra plus loin par une seconde lettre adressée à M. de Brèves. Malgré le châtiment infligé, quelques années auparavant, par Méhémet III aux pachas de Tunis et d'Alger pour les actes de piraterie commis sur des navires français, les Régences continuaient leurs déprédations, sans tenir compte de la leçon. Elles semblaient avoir secoué le joug de la Porte. Henri IV obtint la faculté de les pourchasser directement, et, de plus, le droit de faire pêcher du poisson et du corail sur la côte d'Alger (art. 26).

Enfin par les articles 33, 34 et 35, on assure la franchise des droits aux effets de l'ambassadeur de France et on étend cette franchise aux consuls, privilège qui s'est maintenu jusqu'à nos jours et qui n'existe qu'en pays de Capitulations.

Cet acte est le dernier que signa le comte de Brèves. Après dix-sept ans de mission bien remplie, il quitta la Turquie, dont il connaissait les mœurs et même la langue, en laissant dans une situation florissante, sinon le commerce, qui ne s'était pas encore relevé des troubles de la Ligue, du moins la navigation française, dont il fit respecter le pavillon et, suivant ses propres expressions, « révoquer tout ce qui avait été concédé contre l'honneur de nostre estendart ». Henri IV lui marqua sa satisfactions en l'appelant à de plus hautes fonctions, mais lui donna l'ordre, avant de rentrer en France, de visiter personnellement les Lieux saints, l'Égypte, Tunis et Alger, afin de le renseigner exactement, au retour, de tout ce qu'il aurait observé dans ce voyage d'inspection. Le regard du monarque embrassait tous les points de l'horizon où les intérêts de la France étaient engagés, ainsi qu'en fait foi la lettre suivante :

Fontainebleau, du 4e aoust 1604.

Monsieur de Brèves, vous m'avez faict service très agréable d'avoir faict renouveller et augmenter noz Capitulations avec ce Seigneur ainsy que vous m'avez escript par vostre lettre du 5 juing que j'ay reçue le 28 de juillet et ay veu par les articles d'icelles dont m'avez envoyé ung double; mêmes m'ont esté très agréables celuy de la seureté du Saint-Sépulchre et l'autre du désadveu des corsaires d'Algier et suis content ainsy que vous visittiez les Saints-Lieux en revenant, affin que vous donniez ordre que les pellerins et relligieux qui y habitent et abordent jouissent par effect de la grâce et protection que vous avez obtenue pour eux à ma réquisition et contemplacion. Vous avez sceu aussi, par mes dernières, combien il est necessaire de réprimer et chastier l'audace des corsaires d'Algier, lesquels contre le voulloir du cadi dudit pais ont rompu les conclusions accordées par les prédécesseurs de ce Seigneur aux miens, d'une possession et jouissance paisible de plus de soixante et tant d'années, et, sans raison et subject quelconque, ont desmoly le bastion de France, pillé et saccagé tout ce qui estoit en icelluy appartenant au cappitaine dudit lieu, mon subject serviteur et par cette insolence et action, offensé tellement ma dignité en l'amityé que j'ay avec la maison Ottomane que, sy ce Seigneur ne m'en faict raison et repparation telle qu'il convient, je veux que vous luy déclariez et à ses ministres, que je n'obtiendray rien à faire pour la prendre entière et telle que mon honneur m'oblige de la rechercher.

Le baron de Salignac sera chargé par son instruction de leur en parler vifvement et comme de chose que j'ay très à cœur. Touteffois d'aultant qu'il est encore icy et qu'il demeurera longtemps en chemin, entreprenez ceste poursuite et me faites encore ce service d'avance que de partir, l'ajoustans à ceux que vous en avez faict depuis que vous en êtes chargé par delà et je le recognoistray à vostre retour selon qu'ilz méritent. J'auray aussy bon égard aux advances que vous m'avez représentées par votre susdicte lettre avoir faict pour mon service, et désire que vous continuiez à m'advertir du progrez des guerres de

Hongrie et de Perse comme des révolutions de l'Asye, et de toutes autres occurrences, jusques à ce que le dict sieur de Salignac soit arrivé par delà, lequel sera chargé de rendre grâces à ce Seigneur de l'octroy des dictes Cappitulations comme d'en demander l'observation et exécution, à faulte de ce, faire les protestations et déclarations requises à ma dignité et au bien de mes subjects, lesquels doibvent s'abstenir d'aller traffiquer en son Empire, comme je dois faire de demeurer chargé par les autres princes de la chrétienté de l'amityé et alliance de Sa Hauterre, s'il faut que les dictes Capitullations continuent d'estre violées par l'avarice et désobéissance de ses esclaves et officiers ainsy que vous remonstrez, en attendant la venue dudict Salignac auquel j'ay commandé de partir et se rendre par delà au plus tost. Au reste vous sçaurez que le roy d'Angleterre a traict celuy d'Espagne, et que ce dernier a faict ce qu'il peut pour se descharger de toutes sortes de despence et querelles en la chrétienté, pour pouvoir mieux et plus fortement entreprendre et s'accroistre contre ce Seigneur, sur les occurrences qui s'en présenteront, chose qui luy seroit facille s'il n'estoit rellevé de la craincte des armes et de la prospérité de mon royaume, ce que vous jugerez estre bien scéant et utile de le faire. Les peuples d'Hollande et Zélande continuent à faire la guerre courageusement audict roi d'Espagne, ayant assailly les archiducz de Flandres dedans leur pais, où ilz ont naguères assiégé une place très importante pour prendre revanche de celle d'Hostande, qu'ilz ont deffendue trois ans ans entiers et gardent encore contre la puissance desdicts princes. Je prie Dieu, monsieur de Brèves, etc.

HENRY.

Le comte de Salignac, dont il est question dans cette lettre, n'arriva à Constantinople qu'en 1607. Il n'eut guère le loisir de poursuivre la politique de son souverain, qui tombait, peu de temps après (1610), sous le couteau d'un fanatique, et Salignac, qui avait pour ce prince un vif attachement, ne put survivre à cette fin tragique. Il mourut à Péra la même année que Henri IV. Le courant d'intérêts et de sympathie qui régnait entre la cour de France et le Divan impérial subit alors un certain temps d'arrêt, en attendant de reprendre avec plus de force et de vigueur.

XI

Les relations de la France et de la Turquie sous le règne de Louis XIII.

Bien qu'aucun traité nouveau n'ait été signé sous le règne du successeur de Henri IV, il ne saurait être superflu d'exposer l'état des relations des deux pays au moment où, sous la main ferme de Richelieu, la situation politique de l'Europe et la politique extérieure de la France reçoivent de si profondes modifications.

Pendant la minorité de Louis XIII, l'échange de vues avec Constantinople parut languir. Le royaume était déchiré par les factions, Marie de Médicis était gouvernée par Concini, et, profitant de cette influence étrangère, l'Espagne, par des intrigues habilement calculées, parvint à reprendre son influence près de la cour de France. Les Turcs, traversés eux-mêmes par des dissensions et des troubles intérieurs, devant des règnes éphémères où leur gouvernement semblait perdre toute sa première énergie, poussèrent si loin l'oubli de leur liaison avec leur ancien allié qu'ils allèrent jusqu'à faire arrêter l'ambassadeur de France et incarcérer son secrétaire. Mais avec le ministère du cardinal de Richelieu les choses changent de face. D'un coup d'œil, le premier ministre de Louis XIII a mesuré la situation et reconnu les erreurs du système. Des trois points politiques de son programme, qui consiste à priver le calvinisme d'une existence offensive, à contraindre les grands à devenir les humbles sujets du roi, et à rehausser la considération extérieure de la France par l'abaissement de la maison d'Autriche, le troisième est celui qui lui tient le plus à cœur. Pendant dix-huit ans, il en poursuivra l'exécution avec une constance qui ne se démentira jamais. Les Turcs sont nécessaires à l'économie de son plan; il se les attache soit par des subsides, soit par des promesses d'extension territoriale, et comme la dignité est la première condition du respect et que le respect est fondé, chez eux, sur la crainte, il exige satisfaction de l'outrage infligé à l'ambassadeur de France et à son secrétaire. Bientôt le sultan envoie à Louis XIII un chiaoux porteur d'une lettre d'excuses et chargé de remettre en activité l'ancienne liaison des deux monarchies. Richelieu n'a garde de repousser pareille proposition. A la vérité, il n'a qu'à se laisser porter par la politique de Henri IV, à remonter plus haut, à marcher dans la voie anciennement tracée par François Ier. Mais de la pensée de rancune et de circonstance qui a été le point de départ de cette doctrine, il en fait une idée de gouvernement, il lui donne l'ampleur d'une théorie et l'élève à la hauteur d'un principe. Dès qu'il prend en main la direction des affaires extérieures, il précise ce point d'axiome gouvernemental et vise au cœur la puissance de la maison d'Autriche. D'une main sûre et ferme, il trace ses instructions aux ambassadeurs près des cours étrangères, et commence sa fameuse dépêche par ces mots connus : « Le Conseil du Roi a changé de maximes, etc. »

Désormais la Turquie devient l'auxiliaire indispensable de sa politique. Il la tient dans sa main comme une arme sûre qu'il dirige, à son gré, ici ou là, tantôt contre les États de l'empereur, tantôt contre ceux du roi d'Espagne, contre chacun d'eux séparément, contre les deux à la fois. Il ne se contente pas de se concerter avec la Porte, il fait appel à ses feudataires. Il apprend que le fils de Ferdinand II se porte candidat à la couronne de Hongrie; tout aussitôt il prescrit à l'ambassadeur du roi à Constantinople de lancer contre l'empereur le prince de Transylvanie, Bethlem-Gabor, et de faire protester par ce prince contre une élection destinée à augmenter la puissance de la maison d'Autriche. De son côté, le roi d'Espagne cherche à se rapprocher de la Porte; dans ce but, il envoie le vice-roi de Naples à Constantinople pour engager des pourparlers destinés à jeter les bases d'un accord désirable. Le comte de Cézy, ambassadeur du roi, en est immédiatement informé, il a l'ordre d'empêcher à tout prix cette négociation d'aboutir. Il faut qu'il use de toute son influence pour contrecarrer l'envoyé du roi d'Espagne; celui-ci échoue, en effet; la politique de Richelieu triomphe.

Toujours et partout, avec la même ténacité, la même suite dans les résolutions, le premier ministre de Louis XIII porte la cognée de l'Islam sur le tronc puissant de la maison d'Autriche. La Turquie est engagée à fond dans une guerre meurtrière avec la Perse, cette guerre l'absorbe et la ruine. Richelieu dépêche au Divan, puis à la cour d'Ispahan, un envoyé spécial, le nommé Deshayes, afin d'offrir sa médiation et faire cesser les hostilités. Pour que la Turquie puisse prêter toute son assistance à la France, il est nécessaire qu'elle soit libre de ses mouvements; il faut donc que cette guerre cesse : elle cessera. Tout aussitôt, Richelieu tourne ses regards du côté des Suédois, alliés de la Porte, et vers le prince de Transylvanie, Ragoczy, successeur de Bethlem-Gabor, auxquels il promet de puissants subsides s'ils consentent à ouvrir des hostilités contre les États impériaux. En même temps, il fait agir à Constantinople pour amener les Turcs à conclure une alliance avec les Vénitiens dans le but d'assaillir les Espagnols dans les Deux-Siciles. L'île de Candie, objet des convoitises du sultan, serait le prix de cette alliance.

Richelieu ne cache pas à l'ambassadeur auquel il donne ces instructions que l'intérêt du roi, dans toutes ces combinaisons, n'est nullement de favoriser les Turcs, mais seulement de s'en servir pour forcer ses ennemis à la paix. De même que François Ier et Henri II, la moralité des moyens ne l'inquiète guère; il ne cherche que l'intérêt de la couronne. Les conséquences de ce système ne se font pas attendre. Par la trame serrée de sa politique, il étreint au cœur la double puissance qu'il s'est promis d'affaiblir et d'amener à résipiscence. L'empereur n'a point d'argent, il a sur les bras les Français, les Turcs et les Suédois, auxquels il peut à peine tenir tête, sans compter divers États confédérés de l'Allemagne protestante qui lèvent l'étendard de la révolte. Quant à l'Espagne, elle est serrée de si près par les armes du roi qu'elle se tient strictement sur la défensive et ne songe plus à porter ses armes au dehors. Tel est le double triomphe de la politique de Richelieu. Il est juste de dire que, dans ses rapports avec la Turquie, il eut la fortune de rencontrer, comme François Ier, un souverain bien fait pour le comprendre et le seconder. Murad IV lui prêta toujours le secours de ses armes et de son instinct de gouvernement. « Ce sultan, écrit le comte de Saint-Priest dans ses

Mémoires sur l'Ambassade de France en Turquie, a été le seul descendant de Soliman, digne à quelques égards de ce grand prince. C'est le dernier empereur guerrier des Turcs, et sa mémoire est encore parmi eux en vénération à cet égard; mais c'était un barbare: dans le cours de son règne, il fit périr Mustapha, son oncle, deux de ses frères et la plupart de ses ministres et de ses généraux. Il osa mettre à mort un khan des Tartares et un muphti, dont les personnes ont toujours été réputées inviolables. »

Un tel potentat était un instrument appréciable dans la main d'un ministre comme Richelieu. Celui-ci, en s'éteignant, put se flatter d'avoir conduit à terme tous les points de son programme, particulièrement celui qui faisait le fond de sa politique extérieure. Après avoir poussé, d'un côté, les Turcs, de l'autre, le roi de Suède Gustave-Adolphe, contre les États impériaux, il intervint directement dans la lutte, et, à la fin de la guerre de Trente ans, il était en possession de l'Alsace, du Roussillon et de l'Artois, conquêtes qui assurèrent à la France la suprématie sur la maison d'Autriche.

Une telle digression pourra paraître étrangère aux Capitulations. Elle nous a paru utile dans ce sens qu'elle montre la superposition des faits et leur concordance dans les événements qui ont suivi et déterminé les nouveaux accords.

XII

Sixième Capitulation entre Méhémet IV et Louis XIV.

La longue période de guerres qui troubla l'Europe sous le règne de Louis XIII ne fut guère favorable au commerce de la France dans le Levant. C'est à peine si Constantinople comptait alors deux négociants français, et les navires de leur nation n'y venaient que très rarement. La brèche faite au privilège du pavillon s'était encore étendue, et là où les Anglais et les Vénitiens avaient été admis à passer les premiers, les États Généraux des Provinces-Unies obtinrent de passer à leur tour, en vertu d'un traité conclu en 1612, ce qui constituait la troisième exception aux stipulations expressément arrêtées en faveur de la France. Le commerce ne paraissait pas mieux protégé. Alep était alors un centre important de transactions avec l'Europe. On y faisait de forts envois de draps, d'indigo, de papier, de sucre en poudre, contre des marchandises de retour, telles que drogues et drogueries, certaines matières premières, toiles et toileries et autres manufactures du pays. Anglais, Vénitiens, Hollandais et Français trafiquaient sur un pied commun ; ces derniers étaient même couverts d'immunités particulières. Cependant, au mépris des Capitulations, ce furent surtout les importations françaises qui furent frappées de droits arbitraires et bien supérieurs à ceux que payaient les Anglais et les Hollandais. Alors qu'on n'exigeait de ces derniers que 3 pour 100 d'entrée, les Français payaient abusivement la douane sur le pied de 5 pour 100. Pour obliger ses compatriotes et rendre leurs charges moins onéreuses, le comte de Cézy, ambassadeur du roi à Constantinople, commit l'imprudence de se rendre caution d'un Juif nommé Melleby Badiey, qui avait affermé la douane d'Alep. Celui-ci fit banqueroute, et les Turcs eurent recours contre l'ambassadeur. Ce conflit fut la source d'une foule d'avanies, d'outrages et de vexations. Le comte de Cézy prit des engagements auxquels il ne put satisfaire et qui grevèrent le commerce d'Alep au lieu de l'alléger. Le roi dut même intervenir pour tirer d'embarras son représentant, mis aux arrêts et menacé de la prison. M. de la Haye, qui avait succédé, à Constantinople, au comte de Cézy, eut de son côté de graves démêlés avec les Turcs pour avoir refusé de payer la valeur d'un chargement de marchandises ottomanes embarquées sur un navire français et que le capitaine de ce navire avait été vendre en Italie. Il fut arrêté, interné aux Sept-Tours et ne sortit de prison qu'après s'être entièrement libéré.

D'autre part, les navires français continuaient à être en butte à toutes les attaques des corsaires d'Alger et de Tripoli. Pour venger les injures faites à son pavillon, Louis XIV avait été jusqu'à faire bombarder la place de Gigeri, sur les côtes d'Algérie, par l'escadre du duc de Beaufort, et le port de Chio, où s'étaient réfugiés des vaisseaux de course tripolitains, par l'escadre placée sous le commandement de Duquesne. Ce dernier menaçait même de forcer le détroit des Dardanelles et d'aller faire une démonstration jusque sous les murs de Constantinople.

Il était temps de mettre un terme à tous ces abus et de donner au commerce ainsi qu'à la navigation la sécurité et la protection qui leur étaient nécessaires. Cette sécurité ne pouvait s'obtenir que par le renouvellement des Capitulations, et Louis XIV, qui exigeait partout des préférences, fit demander par son ambassadeur de telles concessions que les pourparlers traînèrent de longues années et ne paraissaient plus devoir aboutir. Dominés par le sentiment de la cupidité qui se développait chez eux à mesure que s'accentuait la concurrence, les Turcs étaient devenus de plus en plus difficiles et exigeants. Il fallut les brillants succès des armes françaises dans la campagne de 1672 contre les États Généraux pour amener le grand vizir à des ménagements envers la France. La puissance de Louis XIV s'élevait déjà assez haut pour être l'objet de quelques égards. Après de longues négociations et, suivant la réflexion d'un secrétaire de l'ambassade de Constantinople, « beaucoup de patience qui est une vertu fort connuë en ce païs et par laquelle on vient à bout de tout », M. de Nointel signa, le 5 juin 1673, la sixième Capitulation, avec adjonction de nouveaux avantages stipulés en articles additionnels au bas du présent traité.

Capitulation de 1673.

Voicy ce qu'ordonne ce noble signe dont la réputation est si grande, qui vient d'un lieu si relevé, qui est vrayment royal, et le conquerant du monde, qui est Imperial, et qui par le secours divin, la protection d'en haut et les grâces du Liberateur vient à bout de toutes sortes d'entreprises.

LES QUALITEZ DU GRAND-SEIGNEUR

Moy qui suis par les infinies graces du Juste, grand et tout puissant Créateur, Empereur des Empereurs, Distributeur des Couronnes, Serviteur des deux très augustes et sacrées villes de la Mecque et Medine, Protecteur et gouverneur de la sainte Hierusalem, Seigneur de la plus grande partie de l'Asie et de l'Afrique, de Themisvar, de l'Esclavonie, de Segutuar, et de la forteresse inexpugnable d'Agria, de la Caramanie, de l'Arabie, et toute la Sirie, de Rhodes et de Chipres, de Diarbequir, d'Alep, du Caire, de Van, d'Erzerum, de Damas lieu de seureté et de plaisance, Païs de Salut, de Babylone Paradis terrestre, et le sejour des Princes, de Balsora, d'Azac, d'Égypte, rare en son temps et puissante, des villes de Tunis, de la Goulette, de Tripoli de Barbarie, de la ville de Constantinople, lieu de seureté, et le desir des Roys, et de plusieurs autres Pays, villes et seigneuries, des mers Blanche et Noire, Isles, Destroits, Passages, Peuples, Familles, generations, et d'un nombre infini de victorieux hommes de guerre, qui reposent sous l'obeïssance et justice de l'Empereur Mehemet, fils de l'Empereur Ibrahim, neveu de Sultan Murat, successeur des Empereurs Selim et Bajazet, et de l'Empereur Mehemet, par la grâce de Dieu, recours des grands Princes, et refuge des honorables Empereurs.

LES QUALITEZ QUE DONNE LE GRAND-SEIGNEUR AU ROY

La gloire des plus grands Monarques de la terre, de la croyance de Jesus, choisi entre les Princes glorieux de la religion du Messie, la Victoire de toutes les Nations Chrestiennes, Seigneur de Majesté et d'Honneur, Patron de Loüange et de gloire, Louis, Empereur de France, que sa fin soit heureuse.

Nous, ayant receu une lettre sincère par la main du sieur Charles François Olier Marquis De Nointel, de la part dudit Empereur de France son seigneur, comme son Conseiller en tous ses Conseils, et son Ambassadeur à nostre porte Ottomanne, choisi entre les Gentils-Hommes de son Royaume, soustien de la prosperité du plus grand de tous les grands de la croyance du Messie, et son Ambassadeur ordinaire à nostre

Porte, de trouver bon, que les Capitulations qui ont long-temps duré entre nos ayeuls et les Empereurs de France, fussent renouvelées sous cette considération, et par l'inclination que nous avons à conserver cette ancienne amitié; nous avons accordé ce qui suit.

Que les Ambassadeurs qui seront envoyez de l'Empereur de France à nostre Porte, que les Consuls qui resident dans nos Ports, les marchans et les truchemens ne soient point inquiettez en aucune façon que ce soit, mais au contraire receus et honorez avec le soin qui se doït à la foy publique : Voulons de plus qu'outre l'observation de nostre Capitulation, celle qui fut faite et accordée par nôtre feu Père glorieux en sa vie et martyr en sa mort, soit inviolablement observée et de bonne foy, et pour l'honneur et l'amitié que ledit Empereur de France a toûjours eus avec nôtre Porte, Nous luy avons accordé de renouveller les Capitulations qui luy avaient esté données du temps de l'Empereur Mehemet nostre bisayeul, et d'y ajoûter quelques articles sur la demande qui nous a esté faite, que nous avons accordée que elle y fut inserée.

Que les François qui vont et viennent pour visiter les saints lieux ne soient point mal-traittez, et que les religieux qui sont dans l'Église du *Kamam*, *le saint sepulchre,* n'y soient point inquiettez, à cause de l'ancienne amitié que les Empereurs de France ont eue avec nostre Porte.

Permettons aux marchans françois, en considération de la parfaite amitié que leur Prince conserve avec nostre Porte, d'enlever des cuirs, cordoüans, cire, cottons en laine, cottons filez, soit que ce soient marchandise défendües d'enlever; ratifions la permission que nostre bisayeul en a donné, sans que personne puisse les en empêcher.

Que les monnoyes qu'ils apportent de leurs païs dans le nostre ne puissent estre prises de nos Trésoriers ny de nos Monnoyeurs, sous prétexte de la vouloir convertir en monnoye Ottomane; et nous voulons pareillement qu'ils ne puissent prendre aucun droit à cause d'icelles. Et d'autant que aucuns sujets de France navigent sur des vaisseaux appartenans à nos ennemis, y chargeant de leurs marchandise, et lesdits vaisseaux estant rencontrez et pris des nostres, ils sont faits le plus souvent esclaves, et leurs marchandises confisquées; pour empêcher cela, nous commandons et voulons que doresnavant ils ne puissent estre esclaves sous tel prétexte, ny leurs facultez confisquées.

Nous déclarons que ceux qui seront trouvez sur des vaisseaux corsaires seront esclaves de bonne foy.

Nous voulons aussi que les François qui se trouveront pris par les vaisseaux de nos sujets, portans vendre des vivres à nos ennemis, ne puissent être maltraitez ny retenus esclaves, attendu qu'ils seront mariniers gagnans leur vie.

Nous défendons que les vaisseaux François qui seront rencontrez par les nostres, chargez de victuailles prises des païs de nos ennemis, puissent estre retenus ny confisquez, ny les gens faits esclaves, sous prétexte qu'ils les portent à nos ennemis.

Nous ordonnons que les François qui achetent des victuailles de nos vaisseaux pour porter dans leur païs, quand ils sont rencontrez de nos vaisseaux, ne puissent estre retenus esclaves, ny leurs facultez confiquées, et en cas qu'il y en ait de cette façon, nous voulons qu'ils soient mis en liberté, et que leur facultez leur soient rendües.

Que les marchandises qui seront apportées par les marchands François en nos ports, et celles qu'ils y acheteront, ne soient sujettes à payer d'autres droits que ceux qui se payent d'ancienneté.

Nous voulons et déclarons, que lorsque les marchands François qui sont dans nos havres et ports ne pourront point vendre leurs marchandises avantageusement, et qu'ils les veüillent conduire à d'autres ports, qu'ils le puissent faire sans aucun empêchement, ny estre forcez de payer aucun droit que de ce qu'ils auront vendu.

Que lesdits François soient exempts de l'impost nommé *Cassabié*, autrement l'aide de chair, comme aussi celuy des cuirs appelé *reft*, qu'ils ne soient non plus recherchez de payer celuy des bufles, *badj*, et *yasacouli;* qu'ils soient aussi exempts de payer aucune autre chose aux gardes de nos ports et passages, que trois cens aspes, sous le nom de bon et heureux voyage. [1]

Les corsaires de Barbarie allans par les ports et havres de

la France y sont receus, secourus même de poudre, plomb, voiles et autres choses nécessaires. Néanmoins, si sans avoir égard à nos promesses, rencontrant les vaisseaux François en mer à leur avantage, ils les prennent, et font esclaves les marchands et mariniers qui se trouvent sur iceux, contre nostre vouloir et celuy de feu l'Empereur nostre Père, lequel, pour faire cesser leur violence, les a souventes fois menacez, sans que pour cela ils ayent discontinué leurs actes d'hostilité, s'il y a des esclaves pris de cette sorte, nous ordonnons qu'ils soient en liberté, et que leurs facultez leur soient rendües, et déclarons qu'en cas que lesdits corsaires fassent demeure, qu'ils seront tenus des dommages et pertes que lesdits François auront faites, et seront privez de leurs charges, sans qu'il soit besoin d'autres preuves du malfait que la plainte qui nous en sera faite de la part de l'Empereur de France avec des lettres royalles. Nous consentons aussi qu'en cas qu'ils n'observent ce qui est porté par cette nostre Capitulation, que l'Empereur de France les chastie en les privant de ses ports, et protestant de n'abandonner pour cela l'amitié qui est entre nos Majestez Impérialles, approuvons et confirmons les Commandemens qui ont esté donnez de nostre feu Père.

12 Nous permettons aussi que les François puissent venir pescher du poisson, et du corail au golfe et lieux de la Juridiction de Thunis, sans qu'il leur soit fait ny donné aucun trouble ny empêchement, confirmant toutes permissions qui ont esté données par nos ayeuls, et singulièrement par nostre feu Père, touchant cette pesche.

13 Voulons et nous plaist, que les interpretes et truchemens qui servent les Ambassadeurs, soient francs et exempts de payer le *Karatche*, taille personnelle, et tous autres impost tels qu'ils soient.

14 Que nos sujets qui trafiquent au païs de nos ennemis, soient obligez de payer le droit de l'Ambassadeur et Consuls François sans contradiction, jaçoit qu'ils trafiquent avec leurs vaisseaux ou autrement.

15 Que survenant quelque meurtre et inconvénient entre les François, les Ambassadeurs et Consuls d'icelle Nation puissent selon leurs loix et coûtumes faire justice, sans qu'aucun de

nos officiers en prenne aucune connoissance ny juridiction.

Que les Consuls François qui sont establis dans les lieux de nostre Empire, pour avoir soin de ceux qui trafiquent, ne puissent pour quelque cause que ce soit estre faits prisonniers, ny leurs maisons scellées et bullées; mais commandons que ceux qui auront prétention contre eux, soient renvoyées à nostre Porte où il leur sera fait justice.

Que tous Commandemens qui ont esté cy-devant obtenus, ou qu'ils le seront cy-après par mégarde ou surprise contre cette nostre promesse et capitulations soient de nul effet et valeur, et qu'il ny soit ajousté aucune foy.

Et parce que ledit Empereur de France est entre tous les Rois et les Princes Chrestiens, le plus noble de la haute famille, et le parfait amy que nos ayeuls ayent acquis entre lesdits Rois et Princes de la croyance de Jésus, comme il a esté dit cy-dessus, et comme le témoignent les effets de la sincere amitié; en cette considération, *Nous voulons et commandons que son Ambassadeur qui réside à nôtre heureuse Porte ait la préséance sur les Ambassadeurs des autres Roys et Princes, soit à nostre Divan public, ou autres lieux où ils se pourront trouver.*

Que les étoffes que les Ambassadeurs de France residans à nostre Porte feront venir pour leur usage et presens ne soient sujets à aucun dace ou impost.

Que les victuailles et provisions qui seront achetées pour la maison de l'Ambassadeur ne payent point de droit ny d'impost.

Que les Consuls François jouissent du même privilege aux lieux où ils résideront, et qu'ils ayent la préséance sur les autres Consuls quels qu'ils soient.

Que les François qui viennent avec leurs vaisseaux et marchandises dans les ports de notre Seigneurie et païs, y puissent venir seurement sur la foy publique, et en cas que la fortune ou orage jettât quelqu'un de leurs vaisseaux à terre, rencontrant de nos galleres ou vaisseaux, Nous leur ordonnons de les aider et secourir, portant honneur et respect aux patrons ou capitaines desdits vaisseaux François, leur faisant donner pour leur argent, tout ce qui leur sera necessaire, pour leur vie et autres necessitez.

En cas qu'aucuns d'iceux vaisseaux viennent à faire naufrage, Nous voulons que tout ce qui se recouvrera soit remis entre les mains des marchands à qui leurs facultez appartiendront, sans que nos Vices-Rois, Gouverneurs, Juges, et autres Officiers y contreviennent; mais au contraire, Nous voulons qu'ils les secourent à retourner par tout nostre Empire, sans qu'il leur soit donné aucun empêchement.

Nous ordonnons et recommandons aux Capitaines de mer, Lieutenans et tous autres qui dépendent de nostre obeïssance, de ne violenter ny par mer ny par terre lesdits marchands François, ny pareillement les interpretes et truchemens, non plus que les etrangers qui viennent sous la seureté de leur banniere; Voulons toutesfois qu'ils soient tenus de payer les droits ordinaires des ports et havres.

Qu'iceux Marchands ne puissent estre contraints d'acheter autres marchandises que celles qu'ils voudront, et qui leur seront propres et convenables.

Et, en cas qu'aucun d'iceux se trouve redevable, Nous voulons que les dettes ne puissent estre demandées qu'au débiteur, ou à celuy que se sera rendu caution pour luy.

Et si aucuns marchands ou autre d'icelle nation meurent en nos païs, que les facultez qui se trouveront leur appartenir soient remises au pouvoir de celuy qu'ils auront nommé dans leur testament; mais s'il arrive qu'ils meurent *ab intestat*, nous voulons que les Consuls qui sont dans nos païs prennent le soin des facultez du mort pour les envoyer à leurs heritiers, sans que nos Gouverneurs ou Juges en puissent prendre aucune connoissance.

Que les Consuls François, les marchands, les interpretes et leur dépendans ayent en leurs ventes et achats, et responses, à passer actes devant les Juges du lieu où ils seront; au defaut de quoy, nous voulons et commandons, que ceux qui auront quelques pretentions contre eux ne soient écoutez, s'ils ne font paroistre, comme dit est, par contract public, leurs pretensions ou droits.

Voulons que tous les témoins qui seront oüis à leur dommage ne soient receus ny écoutez, si premièrement, comme on dit, il n'apparoist d'actes publics de leurs ventes et achats.

Que l'on ne moleste point lesdits François en leur imputant qu'ils les ont injuriez, afin de pouvoir tirer quelque argent d'eux, puisque c'est contre la noble justice, et que nos Gouverneurs, et Juges l'empeschent.

Et, si aucun d'eux pour dettes, ou pour avoir commis quelque mauvais acte faisoit faute de nos païs, nous voulons, et commandons que ceux d'icelle nation ne puissent estre responsables pour celuy ou ceux qui se seront absentez, s'ils n'y sont obligez, comme dit est, par contract authentique.

Et s'il se trouve par nostre Empire des esclaves François estant reconnus pour tels de l'Ambassadeur ou Consuls, ceux au pouvoir de qui ils se trouveront faisant refus de les livrer, soient obligez de les envoyer à nostre Porte, afin d'estre jugé à qui ils appartiendront.

Que les François qui demeurent dans le païs de nostre Empire soient francs et exempts de *karatche*, c'est-à-dire de tailles.

Qu'au changement et établissement des Consuls François en nos havres d'Alexandrie, Tripoli de Sirie, Alger et autres écheles de nôtre païs, nos Gouverneurs et Officiers ne puissent empescher qu'ils soient établis en charge.

Nous voulons qu'ils soient exempts de l'impost appelé *Hurfié*. Si quelqu'un de nos sujets a différend avec un François, dont la connoissance appartienne à nos juges, ils ne puissent écouter la demande du demandeur qu'un interprète de la nation ne soit présent, et si pour lors il ne se trouve aucun truchement pour comparoistre devant le juge et defendre la cause du François, que les juges remettent la cause à une autre fois, jusques à ce que l'on trouve l'interprète; le François sera toutefois obligé de le faire trouver, afin que l'effet et prompte expédition de la justice ne soient point differez.

Et s'il naist quelque contention ou différend entre deux François, que l'Ambassadeur ou Consuls ayent à les terminer sans que nos Juges, et Officiers les empeschent, et en prennent connoissance.

Nous ordonnons aussi après que la recherche aura esté faite à Constantinople, que les vaisseaux François ne soient plus obligez d'estre foüillez, si ce n'est au sortir des Dardanelles, ou aux Chasteaux du détroit, nous défendons qu'ils le soient à Galipoli, comme ils y ont esté contraints par le passé.

Nos armées navalles, nos galleres se rencontrant avec celles de la France, nous exhortons les Capitaines d'une part et d'autre, qu'ils ayent à s'aider et servir, sans se porter les uns aux autres aucun dommage, mais au contraire secours et confort. Nous voulons aussi qu'ils ne puissent point prendre par force des jeunes enfants, et autres choses semblables sous prétexte de présent.

Nous voulons, et nous plaist que tout ce qui est porté par les Capitulations accordées aux Vénitiens ait lieu pour les François, et qu'iceux avec leurs vaisseaux et marchandises trouvent seurcté par nos mers, et par tous les lieux de nostre Empire, et de nôtre obéissance, et puissent venir, aller, retourner, et séjourner sans aucun empeschement.

Que les Admiraux de nos armées navalles, et nos Vice-Rois, Gouverneurs de nos provinces, Juges, Capitaines, Châtelains, et autres qui dépendront de nostre obéissance, soient soigneux d'observer cette nostre Capitulation, puisque tel est nostre plaisir et commandement.

Déclarons que ceux qui contreviendront à cette noble Capitulation seront déclarez désobéissans, et perturbateurs du repos public, en cette considération, que sous aucune remise, ils soient condamnez à un grief chastiment, afin qu'ils servent d'exemple à ceux qui auront envie de les imiter à mal-faire, et outre les promesses que nous faisons de l'observation de cette nostre Capitulation, nous entendons que celles qui ont esté faites par nostre prédecesseur Sultan Suleïman, auquel Dieu fasse miséricorde, soient observées, et entretenües de bonne foy.

Il fut accordé à l'Empereur de France par les Capitulations qui furent faites avec nos bisayeuls, à qui Dieu fasse miséricorde, que toutes les nations qui n'ont point leur ambassadeur ordinaire à nostre Porte de félicité, pussent trafiquer sous la bannière de France, et visiter les Saints lieux, et puisaprès pour quelque sujet ils en furent privez, et cet article qui estoit dans les Capitulations fut rayé, et effacé; mais quelque temps après ledit ambassadeur de France envoya une lettre à nostre Porte de félicité, par laquelle il prioit que puisque l'on avoit interdit lesdites nations de trafiquer sous la bannière de France, que du moins il leur fust permis de pouvoir aller visiter les Saints lieux de Jérusalem, comme ils faisoient auparavant, sans que personne leur donne aucun trouble ny empeschement, et que si, à l'avenir, il leur permettoit de trafiquer dans les lieux de son Empire, que ce fust encore sous la bannière de France, parce que l'Empereur de France a toujours conservé l'ancienne amitié qu'il avoit avec nos bisayeuls jusqu'à présent ; sa demande luy fut accordée, en commandant que les nations chrétiennes qui n'ont point leurs ambassadeurs à nostre Porte, et qui sont amis dudit Empereur de France, puissent visiter les Saints lieux, comme ils faisoient auparavant avec assurance, et liberté, sans que personne les en empeschât ni les molestât, et puis après que si nous donnons la permission aux susdites nations de trafiquer par les lieux de nostre Empire, que ce soit sous la bannière de France, comme auparavant, et non pas sous celle d'un autre, comme il a esté déclaré par les Capitulations qui ont esté d'ancienneté jusqu'à present présentement de nouveau, *Nous voulons et commandons que les articles mentionnez soient ajoutez, aux nobles Capitulations*. Et premièrement.

ARTICLES NOUVEAUX

Que les Evesques ou autres religieux de secte latine, qui sont sujets à la France, de quelque sorte qu'ils puissent estre, soient dans tous les lieux de nostre Empire, comme ils estoient auparavant, et y faire leurs fonctions, sans que personne les trouble ni les empesche, que les religieux François qui sont en Jérusalem, et qui ont depuis longtemps les Lieux saints tant dehors que dedans, comme aussi ceux qui sont dans le Saint-Sépulchre en jouissent, et le possèdent comme auparavant, sans que personne les moleste, en leur demandant des imposts ou autrement, et s'ils ont quelque procès, ils soient envoyez à nostre Porte de félicité.

Que tous les François, et tous ceux qui sont sous leur protection de quelque sorte qu'ils puissent estre qui vont et viennent en Jérusalem, ne soient point tourmentez ni molestez.

Nous voulons que les Pères Jésuites et Capucins qui sont en Galeta jouissent toujours de leurs églises. Et celle des Capucins ayant esté bruslée, nous donnons permission qu'elle soit rebastie. Nous voulons aussi que l'on ne moleste point les églises des François qui sont à Smirne, à Seyde et à Alexandrie et dans toutes les autres escheles de nostre Empire, ni qu'on leur demande aucun argent pour celle-cy.

Nous permettons qu'ils puissent exercer l'office divin dans l'hospital qui est à Galata, sans que personne les moleste.

Et comme les marchands François avoient toûjours payé cinq pour cent jusques à présent de toutes les marchandises qu'ils apportoient, ou de celles qu'ils emportoient, l'Empereur des François nous a demandé qu'ils ne payassent que trois pour cent, ce que nous luy avons accordé à cause de l'ancienne amitié qu'il a toûjours eüe avec nostre Porte ; et nous avons ajouté aux nobles Capitulations que les doüanniers ne les molestassent point en leur demandant davantage que trois pour cent, nous voulons que les marchands François payent nos doüannes avec la mesme monnoye, comme la prennent nos Trésoriers, et qu'ils ne soient point molestez en leur demandant plus ou moins.

Nous permettons que ceux qui n'ont point leurs Ambassadeurs ou Residants à nostre Porte de félicité, comme Portugal, Sicile, Castillans, Messinois et autres Nations ennemies puissent venir sous la bannière de l'Empereur de France, comme ils faisoient au temps passé, et qu'ils payent la doüanne comme les autres François, sans que personne les moleste, tant qu'ils ne feront choses qui soient contraires à l'accord que nous avons fait.

Nous voulons qu'ils payent la *Mezeterie* de Constantinople et de Galata, de la mesme façon que font les Anglois.

Et si les doüanniers estiment plus les marchandises qu'elles ne valent pour leur profit, Nous ordonnons sans contredit qu'au lieu de l'argent ils prennent des marchandises.

Que quand une fois il auront payé la douanne de soye et autres marchandises, on ne leur demande de rechef.

Que quand les doüanniers auront esté payez de leurs doüanne, qu'ils leur donnent le *teskeret* de leur payement, et ne les empeschent point de les porter à d'autres escheles, et que l'on ne les moleste point derechef dans une autre eschele en leur demandant la doüanne.

Nous ordonnons que les Consuls François, et les religieux qui leur sont sujets, les marchands, et les droguemans puissent faire du vin dans leurs maisons pour leurs provisions, et en puissent apporter de dehors, sans que personne les moleste, ni les empesche.

Si quelqu'un de nos sujets a quelque procès contre quelque François, dont la somme soit plus de quatre mille aspres, nous defendons qu'il soit fait justice autre part que dans notre divan.

Et s'il arrive qu'on tüe quelqu'un dans des quartiers où sont les François, nous defendons qu'ils soient molestez en leur demandant le prix du sang, si ce n'est qu'on prouve en justice que ce sont eux qui ont fait le mal.

Nous accordons aux truchements qui servent les Ambassadeurs les mêmes privileges qu'aux François.

Nous promettons par la vérité du puissant Createur du ciel et de la terre, et par les âmes de nos ayeuls, et bisayeuls de ne contrarier, ny contrevenir à ce qui est porté par les nobles Capitulations, tant que l'Empereur de France sera constant et ferme à la conservation de nostre amitié; acceptons dès à présent la sienne avec volonté de la tenir chere et en faire estime, telle est nostre promesse Impériale.

Fait à Andrinople, le 5 juin 1673.

Ce qui ressort plus particulièrement de cette Capitulation, c'est que la religion catholique y trouve, d'abord, une protection spéciale. Ce n'est plus seulement à Jérusalem et autour du Saint-Sépulcre qu'on maintient les religieux francs dans la possession de leurs sanctuaires; tous les évêques et religieux qui sont dans l'Empire ottoman sont aussi conservés dans la jouissance de leurs biens et admis au libre exercice de leurs cérémonies; les églises sur lesquelles on avait imposé quelque tribut en sont déchargées. La tolérance semble être désormais un article de droit international.

Le commerce reçoit, de son côté, les satisfactions nécessaires. Par le § 5 des articles additionnels, on ramène les droits d'entrée sur les marchandises françaises au taux de 3 pour 100 primitivement fixé, au lieu de 5 pour 100 abusivement perçu. Par le § 6, on étend cette faveur à toute la catégorie des protégés de la nation. Le § 11 reconnaît aux consuls de France, à leurs drogmans, aux religieux et marchands français, le droit de faire fabriquer du vin à leur domicile ou d'en importer librement pour leur usage personnel, précaution nécessaire dans un pays où l'usage du vin était alors rigoureusement proscrit (1). Les §§ 12 et 13 dispensent les Français d'être jugés dans les Échelles lorsqu'ils auront des contestations avec les Turcs, si le montant de la contestation est supérieur à cent francs, et, privilège plus marquant, de payer le prix du sang, qui était alors exigé de tous les habitants d'un quartier où un meurtre avait été commis.

La signature de ce traité fut célébrée en France comme un événement. Elle rejaillit avec éclat sur M. de Nointel. Les mémoires du temps avancent qu'on alla jusqu'à crier dans les rues de Paris des relations imprimées ayant pour titre : « Le renouvellement et la nouvelle alliance du Grand Seigneur avec le Roi par M. de Nointel. »

Cet instrument de protection une fois signé et ratifié, il était réservé à un ministre comme Colbert d'en tirer toutes les conséquences profitables aux intérêts du royaume. C'est sous sa vigilante administration que le

(1) Cet article a été abrogé par la suite. On n'a maintenu le privilège qu'en faveur des consuls.

commerce français dans le Levant reçut sa plus vigoureuse impulsion. Colbert, qui pouvait apprécier mieux que personne l'importance de cette branche de la vie nationale, lui accorda tous ses soins et toute son attention. Déjà la marine de l'État comme la marine marchande avaient reçu, grâce à ses efforts persévérants, un développement qu'elles n'avaient jamais connu. La ville de Marseille, si favorablement située et devenue, depuis les croisades, la clef de notre commerce avec le bassin de la Méditerranée, était le grand foyer où se recrutaient les négociants qui voulaient aller trafiquer dans le Levant. Nul ne pouvait s'y rendre alors sans remplir, au préalable, certaines conditions; il fallait, pour s'y établir et engager des affaires, être commandité par la chambre de commerce de Marseille, fournir à celle-ci un cautionnement de 40 à 60.000 francs et lui donner toutes garanties d'honorabilité. Le contact de races peu scrupuleuses sur les moyens de spéculation rendait ces précautions indispensables. Il fallait une rare finesse pour ne pas se laisser duper par cette foule de commerçants, de marchands et d'interprètes indigènes qui considéraient l'étranger comme une proie.

Le premier soin de Colbert, en arrivant au ministère des finances, fut d'instituer douze bourses en faveur de douze jeunes Français destinés à être envoyés dans le Levant pour se former à la pratique des langues orientales et pouvoir, par la suite, servir eux-mêmes d'interprètes à leurs compatriotes. Cette institution existe encore aujourd'hui, et sa durée est la meilleure preuve de son utilité; les élèves qui y étaient admis prirent longtemps le nom de « jeunes de langue »; ils répondent maintenant à la désignation plus moderne de « drogmans nationaux ».

Reconnaissant l'importance et l'utilité de la ville de Marseille, Colbert lui fit accorder, dès 1669, le privilège de port franc, vivement réclamé par sa chambre de commerce. Il se proposait ainsi d'y attirer le concours des marchandises de tous les pays et d'en faire l'entrepôt de celles du Levant. Après avoir fondé la Compagnie des Indes, il forma une seconde compagnie pour le commerce de la Turquie, à laquelle il sut intéresser de riches financiers. Cette compagnie n'ayant pas réussi, il en créa une seconde sous le nom général de Compagnie de la Méditerranée. On la retrouve, en 1689, en pleine prospérité. L'activité de cet homme d'État s'étend à tout. De même que Richelieu savait tirer de la Turquie les forces qui étaient nécessaires à ses vues politiques, de même Colbert sait en tirer les profits commerciaux qui doivent contribuer à la fortune du royaume. Il sait qu'un des principaux articles du trafic avec le Levant est la draperie ; cet article, par suite de la concurrence, a été supplanté par l'article similaire anglais et hollandais. Il fait aussitôt corriger l'outillage, améliorer les tissus, et lui accorde des privilèges de fabrication et d'exportation. Grâce à ces mesures d'encouragement, les manufactures nationales retrouvent du débit ; les draps français, de qualité grossière, et vendus sous le nom de draps de Pinchinas ou draps de Paris, quoique fabriqués en Normandie, sont remplacés par des draps supérieurs sortis des manufactures de Saptes et de Clermont en Languedoc. Pour mieux faire la concurrence aux draps anglais, qui jouissaient de la faveur des Levantins, on a soin de leur donner le nom de « londrins seconds ».

Ce fut durant cette période de repos assurée par la paix de Nimègue (1679), que le commerce retrouva toute sa prospérité. A Constantinople, à Smyrne, à Alep, en Syrie et en Égypte, les colonies françaises augmentent, et leur trafic l'emporte sur celui des autres nations. Colbert porte ses vues plus loin ; il songe à leur ouvrir l'accès de la mer Noire et de la mer Rouge. Il engage des négociations, à cet effet, avec Constantinople et l'Égypte. Mais il se heurte à un parti pris d'opposition inspiré, d'un côté, par la considération religieuse du voisinage de la Mecque, de l'autre, par la crainte d'établir une concurrence aux marchands du Caire et de Stamboul en faisant baisser le droit de 10 pour 100 imposé aux sujets de la Porte, à celui de 3 pour 100 accordé, par privilège, aux Français. Néanmoins, Colbert obtient d'envoyer dans les Échelles un commissaire spécial, et il confie à M. d'Ortières le soin d'inspecter toutes les colonies du Levant ; un commissaire turc est chargé de l'accompagner avec l'ordre de faire mettre partout en vigueur les dernières Capitulations, et c'est à cette date qu'elles reçurent leur première application en Égypte.

Cependant les événements politiques étaient venus compliquer la situation. Après une période de luttes avec la Russie, les Turcs avaient tourné leurs regards du côté de l'Autriche. Ils avaient alors à la tête de leur gouvernement le fameux Cara Mustapha, et la maxime de ce grand vizir était de faire succéder une guerre à une autre. La trêve de vingt ans conclue entre l'Autriche et la Turquie, après la bataille de Saint-Gothard, étant venue à expirer, l'empereur Léopold avait demandé à la renouveler. Mais le grand vizir refuse avec insolence, et, sans laisser à l'empereur le temps de se reconnaître, il envahit la Serbie, s'empare de Belgrade, traverse le Danube et vient, avec une armée de 200.000 hommes, camper sous les murs de Vienne. C'en était fait de la capitale de l'Autriche, sans la valeur de Jean Sobieski, qui accourut au secours de la place assiégée et eut la gloire de la délivrer (1684).

Ce retour offensif de l'Islam, bien plus grave que les précédents, puisqu'il ouvrait l'Europe à une invasion, avait ramené quelque concorde parmi les nations chrétiennes, restées divisées depuis la glorieuse, mais inutile bataille de Lépante (1572). Sous l'empire de la crainte, elles se concertent et se rapprochent. On sent alors passer sur elles comme un souffle des croisades. L'Autriche, l'Espagne, Venise, la Pologne combinent leurs forces et forment une ligue offensive à laquelle on invite le roi de France à participer.

Mais l'intérêt de Louis XIV est de maintenir sa neutralité tout en maintenant les divisions ; il y voit le meilleur moyen d'épuiser ses ennemis et d'assurer la trêve de vingt ans conclue par le traité de Nimègues. Aussi décline-t-il le rôle de médiateur qui lui est offert et s'applique-t-il à tromper toutes les attentes en se jouant des uns et des autres. Sa neutralité fait sa force. Cette neutralité ne pouvait qu'être profitable à son commerce et à sa navigation. Nous voyons, en effet, par les relations du temps, que la marine française avait détourné, à son profit, tous les bénéfices de la marine vénitienne dans le Levant. Elle s'ouvrit un nouveau débouché à Salonique et préserva Constantinople, en 1686, de la famine qui la menaçait, en y jetant de fortes cargaisons de blé et de vivres.

Cette période de calme et de prospérité ne devait pas durer. La France va s'engager, à son tour, dans la guerre du Palatinat qui la met en rupture ouverte avec la plus grande partie de l'Europe. Cette guerre éclate en 1689. L'entente avec les Turcs ne laisse pas que de subsister; mais les corsaires des nations maritimes pourchassent les navires français et leur font subir de grosses pertes. La Compagnie de la Méditerranée est très éprouvée par ces hostilités. Elle avait obtenu de la Porte l'engagement de fournir aux Échelles toutes les marchandises dont elles auraient besoin. Elle est obligée désormais de restreindre ces envois. La chambre de commerce de Marseille s'était aperçue que l'affluence de ces marchandises dans les Échelles occasionnait des méventes au grand préjudice des négociants et fabricants du royaume, à qui ces marchandises étaient laissées pour compte.

En 1697, la paix de Ryswick amène une trêve favorable au commerce. Les comptoirs profitent du bon aloi des espèces monnayées frappées à la marque du Grand Seigneur, pour faire le retour de leurs marchandises en piastres du pays qui se vendaient couramment à Marseille au taux de quatre francs. Ce répit ne fut encore que de peu de durée. La France s'engage, en 1700, dans la guerre de la Succession d'Espagne qui devait lui être si funeste. Sa marine, déjà chancelante, en fut accablée. Les vaisseaux marchands qui faisaient voile pour le Levant ne trouvaient sur leur route ni aide, ni sécurité. On rejeta sur la chambre de commerce de Marseille le soin de faire escorter ces vaisseaux et de pourvoir à leur protection. Il en résulta pour celle-ci une diminution de droits contre une augmentation de dépenses et son crédit en fut entamé. Par les correspondances de l'époque, on voit que le commerce, presque abandonné à lui-même, ne trouvait plus à emprunter à Constantinople qu'au taux de 18 o/o. Certains armateurs, voyant la route maritime se fermer devant eux, empruntèrent la voie terrestre et réussirent assez pour inquiéter les Anglais devenus les maîtres du marché. Mais leur succès personnel ne suffisait pas à dédommager le commerce en général des pertes qu'il éprouvait. Ce n'est qu'après les traités d'Utrecht et de Rastadt, qui rétablirent le calme en Europe, que les transactions de la France avec la Turquie reprirent leur cours normal et régulier.

XIII

Septième capitulation entre le Sultan Mahmoud Ier et Louis XV.

Le long règne de Louis XIV, en dépit des vicissitudes de ses dernières guerres, avait été, en somme, favorable au commerce. La sagesse et l'expérience de Colbert en matière économique avaient porté leurs fruits. A l'avènement de Louis XV, les exportations de la France dans le Levant avaient suivi une progression ascendante qu'on peut traduire par des chiffres. Suivant les relations officielles de l'époque, le total de ces exportations, en 1682, n'excédait pas la valeur de 600.000 piastres; en 1685, le chiffre monte à la valeur de 4 millions; en 1720, le marquis de Bonac, ambassadeur à Constantinople, les évalue à 12 millions.

Malheureusement, les embarras financiers du royaume et les révolutions du système de Law allaient se répercuter d'une manière désastreuse sur cette situation florissante. Pour établir le cours du papier-monnaie, on dut supprimer et faire porter aux monnaies de France tout l'argent ouvré et monnayé. Afin d'échapper à cette obligation, la plupart des maisons de Marseille employèrent leurs deniers à acheter de grands approvisionnements de marchandises qu'elles expédièrent dans le Levant. Il en résulta une accumulation qui déprécia la valeur de ces marchandises dont la plus grande partie resta invendue ou fut cédée à vil prix. Pour expliquer cet encombrement, il est nécessaire de faire remarquer que, grâce aux mesures de prévoyance et d'encouragement de Colbert, les draps français, qui avaient été en se perfectionnant, étaient parvenus à obtenir la faveur des Levantins et à supplanter, en partie, les draps hollandais et anglais de seconde qualité, ceux de première marque restant toujours d'une incontestable supériorité, mais ne pouvant servir, vu leur prix élevé, qu'à l'usage des classes riches. Ce fut par une précipitation mal calculée que l'offre excéda la demande et que la marchandise resta en souffrance. On compta, à Constantinople, jusqu'à 800 ballots de draps et, à Smyrne, un chiffre beaucoup plus considérable.

Pour remédier aux souffrances du commerce comme aussi pour répondre à ses nouveaux besoins, on songea à renouveler une fois de plus les Capitulations. Celles-ci n'étaient plus en rapport avec les nécessités de l'époque. Le dernier traité signé par M. de Nointel datait de 1673. Or, l'industrie et le commerce avaient faits, depuis, de sensibles progrès, de nouvelles voies leur étaient ouvertes qui en augmentaient l'importance, mais aussi les embarras. Il était indispensable de faire appel à l'instrument de protection qui était la condition de leur existence et de leur prospérité. On confia ce soin au marquis de Villeneuve dont la mission à Constantinople fut brillante à tous les égards. Au commencement, il eut à lutter avec le ministère ottoman qui avait fait enlever et conduire au bagne de la capitale, le consul de France à Milo, nommé Castanier. Les Turcs, devenus de plus en plus arrogants, avaient fini par s'apercevoir que les privilèges exorbitants accordés aux Français par des traités sans réciprocité étaient beaucoup plus onéreux qu'utiles pour le Divan impérial. Mais les fastes du règne de Louis XIV avaient eu un grand retentissement en Orient ; ce prestige rejaillit avec un grand éclat sur le règne suivant. Le marquis de Villeneuve, à part son incontestable mérite personnel, bénéficia certainement de cette situation morale et sut en tirer parti pour le renouvellement des Capitulations. Mais en 1730, au cours de ses négociations, une révolution de palais précipita du trône le sultan Ahmet et, bientôt après, la Porte s'engageait dans une nouvelle guerre avec les Persans, suivie de près par une série de luttes meurtrières avec les cours impériales. Le marquis de Villeneuve prend alors en mains les intérêts de la Turquie et devient l'inspirateur et le conseiller de toutes ses décisions. Ces luttes aboutissent, en 1735, à la paix de Belgrade, due à la glorieuse médiation de l'ambassadeur de France qui prend dès lors, dans les conseils du Divan, une prépondérance, une autorité sans précédents. Cette paix peut être considérée, en effet, comme le chef-d'œuvre de la diplomatie française. Non seulement elle assure à la Turquie la possession de la Moldavie, de la Valachie autrichienne et de la Serbie qu'elle avait perdues, mais l'Empire ottoman, déjà en pleine décadence, sortit gagnant d'une lutte où il avait failli succomber, il continue à faire illusion sur sa vitalité et conserve à la France, par cet artifice ingénieux, un contrepoids nécessaire aux forces de la maison d'Autriche, renforcées désormais de celles de l'empire moscovite.

Le marquis de Villeneuve profita de sa toute puissance pour conclure la Capitulation de 1740 en 85 articles, avec additions de 42 articles nouveaux. Voici le texte de cette dernière Capitulation qui prend un caractère définitif et dont la teneur, dans son ensemble, fait encore autorité.

Traité entre la France et la Porte Ottomane.

L'EMPEREUR SULTAN MAHMOUD,

FILS DU SULTAN MOUSTAPHA,

TOUJOURS VICTORIEUX (1).

Voici ce qu'ordonne ce signe glorieux et impérial, conquérant du monde, cette marque noble et sublime, dont l'efficacité procède de l'assistance divine.

Moi, qui par l'excellence des faveurs infinies du Très-Haut, et par l'éminence des miracles remplis de bénédiction du chef des prophètes (à qui soient les saluts les plus amples, de même qu'à sa famille et à ses compagnons), suis le Sultan des glorieux Sultans, l'Empereur des puissants Empereurs, le distributeur des couronnes aux Cosroès qui sont assis sur les trônes, l'ombre de Dieu sur la terre, le serviteur des deux illustres et nobles villes de la Mecque et de Médine, lieux augustes et sacrés où tous les Musulmans adressent leurs vœux, le protecteur et le maître de la sainte Jérusalem ; le souverain des trois grandes villes de Constantinople, Andrinople et Brousse de même que de Damas, odeur de Paradis, de Tripolie, de Syrie ; de l'Égypte, la rareté du siècle et renommée pour ses délices ; de toute l'Arabie ; de l'Afrique, de Barca, de Cairovan, d'Alep, des Irak Arab et Adgen (2) ; de Bassora, de Lahsa, de Dilem, et particulièrement de Bagdad, capitale des kalifes ; de Rakka, de Mossoul, de Chehrezour, de Diarbekir, de Zulkadrie, d'Erzerum la délicieuse ; de Sébaste, d'Adana, de la Caramanie, de Kars, de Tchildir, de Van ; des îles de Morée, de Candie, Chypre, Chio et Rhodes ; de la Barbarie, de l'Éthiopie ; des places de guerre d'Alger, de Tripoli et de Tunis ; des îles et des côtes de la mer Blanche et de la mer Noire ; des pays de Natolie et des royaumes de Romélie ; de tout le Kurdistan, de la Grèce,

(1) Mots entrelacés dans le chiffre du Grand-Seigneur.
(2) Adjem.

de la Turcomanie, de la Tartarie, de la Circassie, du Cabarta et de la Géorgie; des nobles tribus des Tartares et de toutes les hordes qui en dépendent; de Caffa et autres lieux circonvoisins; de toute la Bosnie et dépendances; de la forteresse de Belgrade, place de guerre; de la Servie, de même que des forteresses et châteaux qui s'y trouvent; des pays d'Albanie, de toute la Valachie, de la Moldavie, et des forts et fortins qui se trouvent dans ces cantons; possesseur enfin de nombre de villes et de forteresses, dont il est superflu de rapporter et de vanter ici les noms : moi qui suis l'Empereur, l'asile de la justice et le roi des rois, le centre de la victoire, le Sultan fils de Sultans, l'Empereur Mahmoud le conquérant, fils de Sultan Mustafa, fils de Sultan Muhammed; moi, qui par ma puissance, origine de la félicité, suis orné du titre d'Empereur des deux Terres, et, pour comble de la grandeur de mon khalifat, suis illustré du titre d'Empereur des deux Mers.

La gloire des grands princes de la croyance de Jésus, l'élite des grands et magnifiques de la religion du Messie, l'arbitre et le médiateur des affaires des nations chrétiennes, revêtu des vraies marques d'honneur et de dignité, rempli de grandeur, de gloire et de majesté, l'Empereur de France et d'autres vastes royaumes qui en dépendent, notre très magnifique, très honoré, sincère et ancien ami LOUIS XV, auquel Dieu accorde tout succès et félicité, ayant envoyé à notre auguste cour, qui est le siège du khalifat, une lettre, contenant des témoignages de la plus parfaite sincérité et de la plus particulière affection, candeur et droiture, et ladite lettre étant destinée pour notre Sublime Porte de félicité, qui, par la bonté infinie de l'Être Suprême incontestablement majestueux, est l'asile de Sultans les plus magnifiques et des Empereurs les plus respectables; le modèle des seigneurs chrétiens, habile, prudent, estimé et honoré ministre, Louis-Sauveur marquis de Villeneuve, son conseiller d'État actuel, et son ambassadeur à notre Porte de félicité (dont la fin soit comblée de bonheur), aurait demandé la permission de présenter et de remettre ladite lettre, ce qui lui aurait été accordé par notre consentement impérial, conformément à l'ancien usage de notre cour; et conséquemment ledit ambassadeur ayant été admis jusque devant notre trône impérial, environné de lumière et de gloire, il y aurait remis la susdite lettre, et aurait été témoin de notre majesté, en participant à notre faveur et grâce impériale ; ensuite la traduction de sa teneur affectueuse aurait été présentée et rapportée, selon l'ancienne coutume des Ottomans, au pied de notre sublime trône par le canal du très honoré Elhadj Mehemmed pacha, notre premier ministre, l'interprète absolu de nos ordonnances, l'ornement du monde, le maintien du bon ordre des peuples, l'ordonnateur des grades de notre empire, l'instrument de la gloire de notre couronne, le canal des grâces de la majesté royale, le très vertueux grand visir, mon vénérable et fortuné ministre lieutenant général, dont Dieu fasse perpétuer et triompher le pouvoir et la prospérité.

Et comme les expressions de cette lettre amicale font connaître le désir et l'empressement de Sa Majesté à faire, comme par ci-devant, tous honneurs et ancienne amitié jusqu'à présent maintenus depuis un temps immémorial entre nos glorieux ancêtres (sur qui soit la lumière de Dieu) et les très magnifiques Empereurs de France; et que dans ladite lettre il est question, en considération de la sincère amitié et de l'attachement particulier que la France a toujours témoignés à notre maison impériale, de renouveler encore, pendant l'heureux temps de notre glorieux règne, et de fortifier et éclaircir, par l'addition de quelques articles, les Capitulations impériales, déjà renouvelées l'an de l'hégire 1084, sous le règne de feu Sultan Mehemmed, notre auguste aïeul, noble et généreux pendant sa vie, et bienheureux à sa mort, lesquelles Capitulations avaient pour but (1) *que les ambassadeurs, consuls, interprètes, négociants et autres sujets de la France soient protégés et maintenus en tout repos et tranquillité*, et qu'enfin il est parvenu à notre connaissance impériale qu'il a été conféré sur ces points entre ledit ambassadeur et les ministres de notre Sublime Porte : les fondements de l'amitié qui, depuis un temps immémorial, subsiste avec solidité entre la cour de France et notre Sublime Porte, et les preuves convain-

(1) Ce passage étant la base de tous les privilèges des Français en Turquie, il sert souvent de motif dans les requêtes des ambassadeurs et de fondement aux firmans du Grand Seigneur.

cantes que Sa Majesté en a données particulièrement du temps de notre glorieux règne, faisant espérer que les liens d'une pareille amitié ne peuvent que se resserrer et se fortifier de jour en jour, ces motifs nous ont inspiré des sentiments conformes à ses désirs : et voulant procurer au commerce une activité, et aux allants et venants une sûreté, qui sont les fruits que doit produire l'amitié, non seulement nous avons confirmé par ces présentes dans toute leur étendue, les capitulations anciennes et renouvelées, de même que les articles insérés lors de la susdite date; mais pour procurer encore plus de repos aux négociants et de vigueur au commerce, nous leur avons accordé l'exemption du droit de *mézeterie* qu'ils ont payé de tout temps, de même que plusieurs autres points concernant le commerce et la sûreté des allants et venants, lesquels ayant été discutés, traités et réglés en bonne et due forme dans les diverses conférences qui se sont tenues à ce sujet entre le susdit ambassadeur, muni d'un pouvoir suffisant, et les personnes préposées de la part de notre Sublime Porte : après l'entière conclusion de tout, mon suprême et absolu grand visir en aurait rendu compte à notre étrier impérial, et notre volonté étant de témoigner spécialement en cette occasion le cas et l'estime que nous faisons de l'ancienne et constante amitié de l'Empereur de France, qui vient de nous donner des marques particulières de la sincérité de son cœur, nous avons accordé notre signe impérial pour l'exécution des articles nouvellement conclus ; et conséquemment les capitulations anciennes et renouvelées, ayant été transcrites et rapportées exactement, mot pour mot au commencement, et suivies des articles nouvellement réglés et accordés, ces présentes capitulations impériales auraient été remises et consignées dans l'ordre susdit, entre les mains dudit ambassadeur : et pour l'exécution d'icelles, le présent commandement impérial serait émané dans les termes suivants, savoir :

I.

L'on n'inquiétera point les Français qui vont et viendront pour visiter Jérusalem, de même que les religieux qui sont dans l'église du Saint-Sépulcre, dite *Kamama*.

2.

Les Empereurs de France n'ayant eu aucun procédé qui pût porter atteinte à l'ancienne amitié qui les unit avec notre Sublime Porte, sous le règne de feu l'empereur Sultan Selim, d'heureuse mémoire, il aurait été accordé aux Français un commandement impérial pour la levée ci-devant prohibée des cotons en laine, cotons filés et cordouans; maintenant, en considération de cette parfaite amitié, comme il a déjà été inséré dans les capitulations, que personne ne puisse les empêcher d'acheter des cires et des cuirs, dont la sortie était défendue du temps de nos magnifiques aïeux, ce privilège leur est confirmé comme par le passé.

3.

Et comme, par ci-devant, les marchands et autres Français n'ont point payé de droits sur les piastres qu'ils ont apportées de leur pays dans nos États, on n'en exigera pas non plus présentement; et nos trésoriers et officiers de la monnaie ne les inquiéteront point, sous prétexte de fabriquer des monnaies du pays avec leurs piastres.

4.

Si des marchands français étaient embarqués sur un bâtiment ennemi, pour trafiquer (comme il serait contraire aux lois de vouloir les dépouiller et les faires esclaves, parce qu'ils se seraient trouvés dans un navire ennemi) (1), l'on ne pourra, sous ce prétexte, confisquer leurs biens, ni faire esclave leur personne, pourvu qu'ils ne soient point en acte d'hostilité sur un bâtiment corsaire, et qu'ils soient dans leur état de marchand.

5.

Si un Français, ayant chargé des provisions de bouche en

(1) Le mot de *harby*, employé ici et dans plusieurs autres endroits des capitulations, ne veut pas dire tout à fait ennemi, et signifie littéralement *militaire* ou *relatif* à la guerre : il s'entend particulièrement des nations chrétiennes qui ne sont point en traité avec la Porte, et généralement de toutes les nations ennemies ou amies, chez lesquelles le musulmanisme n'est pas professé ouvertement. Il reviendrait assez au titre de *barbare* que les Grecs et les Romains donnaient à toutes les nations étrangères.

(Note de M. Duval.)

pays ennemi, sur son propre vaisseau, pour les transporter en pays ennemi, était rencontré par des bâtiments musulmans, on ne pourra prendre le vaisseau, ni faire esclaves les personnes, sous prétexte qu'ils transportent des provisions à l'ennemi.

6.

Si quelqu'un de nos sujets emportait des provisions de bouche, chargées dans les États musulmans, et qu'il fût pris en chemin, les Français qui se trouveraient à la solde dans le vaisseau ne seront point faits esclaves.

7.

Lorsque les Français auront acheté, de plein gré, des provisions de bouche des navires turcs et qu'ils seront rencontrés par nos vaisseaux tandis qu'ils s'en vont dans leur pays, et non en pays ennemi, ces vaisseaux français ne pourront être confisqués, ni ceux qui seront dedans faits esclaves; et s'il se trouve quelque Français pris de cette manière, il sera élargi, et ses effets restitués.

8.

Les marchandises qui, sous le bon plaisir de l'Empereur de France, seront apportées de ses États dans les nôtres par leurs marchands, de même que celles qu'ils emporteront, seront estimées au même prix qu'elles l'ont été anciennement pour l'exaction de douane, qui se percevra de la même façon, sans qu'il soit fait aucune augmentation sur l'estime desdites marchandises.

9.

On n'exigera la douane que des marchandises débarquées pour être vendues, et non de celles qu'on voudra transporter dans d'autres échelles, à quoi il ne sera mis aucun empêchement.

10.

On n'exigera d'eux, ni le nouvel impôt de *kassabié*, *refl*, ni *badj*, ni *yassak kouly*, et pas plus de trois cents aspres pour le droit de bon voyage, dit *selametlik resmy* (1).

(1) D'anciennes traductions, sans autorité du texte, ont attribué ces

11.

Quoique les corsaires d'Alger soient traités favorablement, lorsqu'ils abordent dans les ports de France, où on leur donne de la poudre, du plomb, des voiles, et autres agrès; néanmoins, ils ne laissent pas de faire esclaves les Français qu'ils rencontrent, et de piller le bien des marchands, ce qui leur ayant été plusieurs fois défendu sous le règne de notre aïeul, de glorieuse mémoire, il ne se seraient point amendés; bien loin de donner mon consentement impérial à une pareille conduite, nous voulons que, s'il se trouve quelque Français fait esclave de cette façon, il soit mis en liberté, et que ses effets lui soient entièrement restitués : et si, dans la suite, ces corsaires persistent dans leur désobéissance, sur les informations par lettre qui nous en seront données par Sa Majesté, le beglerbey qui se trouvera en place sera dépossédé, et l'on fera dédommager les Français des agrès qui auront été déprédés. Et comme jusqu'à présent ils ne se sont pas beaucoup souciés des défenses réitérées qui leur ont été faites à ce sujet, au cas que dorénavant ils n'agissent conformément à mon ordre impérial, l'Empereur de France ne les souffrira point sous ses forteresses, leur refusera l'entrée de ses ports; et les moyens qu'il prendra pour réprimer leurs brigandages ne donneront aucune atteinte à notre traité conformément au commandement impérial émané du temps de nos ancêtres, dont nous confirmons ici la teneur, promettant encore d'agréer les plaintes, de même que les bons témoignages de Sa Majesté, sur cette matière.

12.

Nos augustes aïeux, de glorieuse mémoire, ayant accordé aux Français des commandements pour pêcher du corail et du poisson dans le golfe d'Usturgha, dépendant d'Alger et de Tunis, nous leur permettons pareillement de pêcher du corail

droits à la boucherie, aux cuirs, aux buffles et à la garde des ports. Cependant l'expérience ayant fait voir que ces droits ne sont pas restreints à ces articles seulement, et que les Français ont joui de ces immunités indistinctement, il est bien naturel et plus avantageux d'expliquer l'article littéralement, et conséquemment sans restriction.

et du poisson dans lesdits endroits, suivant l'ancienne coutume, et on ne les laissera inquiéter par personne à ce sujet.

13.

Leurs interprètes, qui sont au service de leurs ambassadeurs, seront exempts du tribut dit *kharatch*, du droit du *kassabié*, et des autres impôts arbitraires dits *tekialif-urfié.*

14.

Les marchands français qui auront chargé des effets sur leurs bâtiments, et ceux de nos sujets qui trafiqueront avec leurs navires, en pays ennemi, payeront exactement aux ambassadeurs et aux consuls le droit de consulat et leurs autres droits, sans opposition ni contravention quelconque.

15.

S'il arrivait quelque meurtre ou quelque autre désordre entre les Français, leurs ambassadeurs et leurs consuls en décideront selon leurs us et coutumes, sans qu'aucun de nos officiers puisse les inquiéter à cet égard.

16.

En cas que quelque personne intente un procès aux consuls établis pour les affaires de leurs marchands, ils ne pourront être mis en prison, ni leur maison scellée, et leur cause sera écoutée à notre Porte de félicité ; et si l'on produisait des commandements antérieurs ou postérieurs, contraires à ces articles, ils seront de nulle valeur, et il sera fait en conformité des capitulations impériales.

17.

Et, outre que la famille des Empereurs de France (1) est en possession des rênes de l'autorité souveraine avant les rois et les princes le plus renommés parmi les nations chrétiennes, comme depuis le temps de nos augustes pères et de nos glorieux ancêtres elle a conservé avec notre Sublime Porte une amitié plus constante et plus sincère que tous les autres rois, sans que

(1) Renouvellements et additions accordés par le sultan Ahmed Ier à M. de Brèves, ambassadeur de Henri IV, en 1604.

depuis lors il soit rien survenu entre nous de contraire à la foi des traités et qu'elle a témoigné à cet égard toute la constance et la fermeté possibles, nous voulons que, lorsque les ambassadeurs de France, résidant à notre Porte de félicité, viendront à notre suprême divan, et qu'ils iront chez nos visirs et nos très honorés conseillers, ils aient, suivant l'ancienne coutume, le pas et la préséance sur les ambassadeurs d'Espagne et des autres rois.

18.

On n'exigera d'eux ni douane ni droit de *badj*, sur ce qu'ils feront venir à leur dépens pour leurs présents et habillements, et pour leurs besoins et provisions de boire et de manger; et les consuls de France, qui sont dans les villes de commerce, auront pareillement la préséance sur les consuls d'Espagne et des autres Rois, ainsi qu'il se pratique à notre Porte de félicité.

19.

Comme les Français qui commercent en tout temps avec leurs biens, effets et navires, dans les Échelles et dans les ports de nos États, y vont et viennent sur la bonne foi et sur l'assurance de la paix; lorsque leurs bâtiments seront exposés aux accidents de la mer, et qu'ils auront besoin de secours, nous ordonnons que nos vaisseaux de guerre et autres qui se trouveront à portée aient à leur donner toute l'assistance nécessaire, et que les commandants, chefs, capitaines ou lieutenants, ne manquent pas envers eux aux moindres égards, donnant tous leurs soins et leur attention à leur faire fournir, pour leur argent, les provisions dont ils auront besoin; et si, par la violence du vent, la mer jetait à terre leurs bâtiments, les gouverneurs, juges et autres les secourront, et tous les effets et marchandises sauvés du naufrage leur seront restitués sans difficulté.

20.

Nous voulons que les Français, marchands, drogmans et autres, pourvu qu'ils soient dans les bornes de leur état, aillent et viennent librement par mer et par terre, pour vendre, acheter et commercer dans nos États; et qu'après avoir payé les droits d'usage et de consulat, selon qu'il s'est toujours pratiqué, ils ne puissent être inquiétés ni molestés en allant et venant, par nos amiraux, capitaines de nos bâtiments et autres, non plus que par nos troupes.

21.

On ne pourra forcer les marchands français à prendre, contre leur gré, certaines marchandises, et ils ne seront point inquiétés à cet égard.

22.

Si quelque Français se trouve endetté, on attaquera le débiteur, et l'on ne pourra rechercher ni prendre à partie aucun autre, à moins qu'il ne soit sa caution.

Si un Français vient à mourir, ses biens et effets, sans que personne puisse s'y ingérer, seront remis à ses exécuteurs testamentaires; et s'il meurt sans testament, ses biens seront donnés à ses compatriotes, par l'entremise de leur consul, sans que les officiers du fisc et du droit d'aubaine, comme *beitulmadjy* et *cassam*, puissent les inquiéter.

23.

Les marchands, les drogmans et les consuls français, dans leurs achats, ventes, commerce, cautionnements et autres affaires de justice, se rendront chez le cadi, où ils feront dresser un acte de leurs accords, et le feront enregistrer, afin que si dans la suite il survenait quelque différend, on ait recours à l'acte et aux registres, et qu'on juge en conformité; et si, sans s'être muni de l'une ou de l'autre de ces formalités, l'on veut intenter quelque procès contre les règles de la justice, en ne produisant que des faux témoins, on ne permettra point de pareilles supercheries, et leur demande contraire à la justice ne sera point écoutée; et si, par pure avidité, quelqu'un accusait un Français de lui avoir dit des injures, on empêchera que le Français ne soit inquiété contre les lois de la justice; et si un Français venait à s'absenter pour cause de dette ou de quelque faute, on ne pourra saisir ni inquiéter à ce sujet aucun autre Français qui serait innocent, et qui n'aurait point été sa caution.

24.

S'il se trouve dans nos États quelque esclave dépendant de la France, et qu'il soit réclamé comme Français par les ambassadeurs ou leurs consuls, il sera amené avec son maître ou son procureur à ma Porte de félicité, pour que l'affaire y soit décidée. On n'exigera point de *kharatch*, ou tribut, des Français établis dans mes États.

25.

Lorsqu'ils enverront de leurs gens capables, pour remplacer leurs consuls établis à Alexandrie, à Tripoli de Syrie et dans les autres Échelles, personne ne s'y opposera, et ils seront exempts des impôts arbitraires dits *tekialif-urfié*.

26.

Si quelqu'un avait un différend avec un marchand français, et qu'ils se portassent chez le cadi, ce juge n'écoutera point leur procès, si le drogman français ne se trouve présent ; et, si cet interprète est occupé pour lors à quelque affaire pressante, on différera jusqu'à ce qu'il vienne ; mais aussi les Français s'empresseront de le représenter, sans abuser du prétexte de l'absence de leur drogman. Et s'il arrive quelque contestation entre les Français, les ambassadeurs et les consuls en prendront connaissance, et en décideront selon leurs us et coutume sans que personne puisse s'y opposer.

27.

Il était d'un usage ancien que les bâtiments qui partaient de Constantinople, après y avoir été visités, l'étaient encore aux châteaux des Dardanelles, après quoi on leur permettait de partir : on a introduit depuis, contre l'ancienne coutume, une autre visite à Gallipoli ; dorénavant, conformément à l'ancien usage, ils poursuivront leur route après qu'on les aura visités aux Dardanelles.

28.

Quand nos vaisseaux, nos galères et nos armées navales se rencontreront en mer avec les vaisseaux français, ils ne feront aucun mal ni dommage ; mais au contraire ils se donneront réciproquement toutes sortes de témoignages d'amitié : et si de leur plein gré ils ne font aucun présent, on ne les inquiétera point, et on ne leur prendra par force ni agrès, ni hardes, ni jeunes garçons, ni aucune autre chose qui leur appartienne.

29.

Nous confirmons aussi pour les Français tout ce qui est contenu dans les capitulations impériales accordées aux Vénitiens; et défendons à toutes sortes de personnes de s'opposer par aucun empêchement, contestation ni chicane, au cours de la justice, et à l'exécution de mes capitulations impériales.

30.

Nous voulons que les navires et autres bâtiments français, qui viendront dans nos États, y soient bien gardés et soutenus, et qu'ils puissent s'en retourner en toute sûreté ; et si l'on pillait quelque chose de leurs hardes et de leurs effets, non seulement on se donnera toutes sortes de mouvements pour le recouvrement, tant des biens que des hommes, mais même on punira rigoureusement les malfaiteurs, quels qu'ils puissent être.

31.

Commandons à nos gouverneurs, amiraux, vice-rois, cadis, douaniers, capitaines de nos navires, et généralement tous autres habitants de nos États, d'exécuter ponctuellement tout ce qui est contenu dans cette capitulation impériale, symbole de la justice, sans y apporter la moindre contravention ; de sorte que, si quelqu'un ose s'opposer et s'opiniâtrer contre l'exécution de mon commandement impérial, nous voulons qu'il soit regardé comme criminel et rebelle, et que comme tel il soit châtié sans aucune rémission ni délai, pour servir d'exemple aux autres. Enfin, notre volonté est qu'on ne permette jamais rien de contraire à la bonne foi et aux accords conclus par les capitulations accordées sous les augustes règnes de nos magnifiques aïeux de glorieuse mémoire.

32.

(1) Comme les nations ennemies qui n'ont point d'ambassadeurs décidés à ma Porte de félicité allaient et venaient ci-devant dans nos États sous la bannière de l'Empereur de France, soit pour commerce, soit pour pèlerinage, suivant la permission impériale qu'ils en avaient eue sous le règne de nos aïeux de glorieuse mémoire, de même qu'il est aussi porté par les anciennes capitulations accordées aux Français : et comme ensuite, pour certaines raisons, l'entrée de nos États avait été absolument prohibée à ces mêmes nations, et qu'elles avaient même été retranchées desdites capitulations; néanmoins, l'Empereur de France ayant témoigné par une lettre qu'il a envoyée à notre Porte de félicité, qu'il désirait que les nations ennemies, auxquelles il était défendu de commercer dans nos États, eussent la liberté d'aller et venir à Jérusalem, de même qu'elles avaient coutume d'y aller et venir, sans être aucunement inquiétées; et que, si par la suite il leur était permis d'aller et venir trafiquer dans nos États, ce fût encore sous la bannière de France, comme par ci-devant, la demande de l'Empereur de France aurait été agréée en considération de l'ancienne amitié qui, depuis nos glorieux ancêtres, subsiste de père en fils entre Sa Majesté et ma Sublime Porte, et il serait émané un commandement impérial dont suit la teneur, savoir : Que les nations chrétiennes et ennemies, qui sont en paix avec l'Empereur de France et qui désireront visiter Jérusalem, puissent y aller et venir, dans les bornes de leur état, en la manière accoutumée, en toute liberté et sûreté, sans que personne leur cause aucun trouble ni empêchement; et si, dans la suite, il convient d'accorder auxdites nations la liberté de commercer dans nos États, elles iront et viendront pour lors sous la bannière de l'Empereur de France, comme auparavant, sans qu'il leur soit permis d'aller et de venir sous aucune autre bannière.

Les anciennes capitulations impériales qui sont entre les mains des Français depuis les règnes de mes magnifiques aïeux jusqu'aujourd'hui, et qui viennent d'être rapportées en détail

(1) Renouvellement et additions accordés par le sultan Mehemet IV à M. de Nointel, ambassadeur de Louis XIV, en 1673.

ci-dessus, ayant été maintenant renouvelées avec une addition de quelques nouveaux articles, conformément au commandement impérial, émané en vertu de mon khatti-cherif; le premier de ces articles porte que les évêques dépendants de la France, et les autres religieux qui professent la religion franque, de quelque nation ou espèce qu'ils soient, lorsqu'ils se tiendront dans les bornes de leur état, ne seront point troublés dans l'exercice de leurs fonctions, dans les endroits de notre empire où ils sont depuis longtemps.

33.

Les religieux francs qui, suivant l'ancienne coutume, sont établis dedans et dehors de la ville de Jérusalem, dans l'église du Saint-Sépulcre, appelée *Kamama*, ne seront point inquiétés pour les lieux de visitation qu'ils habitent, et qui sont entre leurs mains, lesquels resteront entre leurs mains comme par ci-devant, sans qu'ils puissent être inquiétés à cet égard, non plus que par des prétentions d'impositions; et s'il leur survenait quelque procès qui ne pût être décidé sur les lieux, il sera renvoyé à ma Sublime Porte.

34.

Les Français, ou ceux qui dépendent d'eux, de quelque nation ou qualité qu'ils soient, qui iront à Jérusalem, ne seront point inquiétés en allant et venant.

35.

Les deux ordres de religieux français qui sont à Galata, savoir, les jésuites et les capucins, y ayant deux églises qu'ils ont entre leurs mains *ab antiquo*, elles resteront encore entre leurs mains, et ils en auront la possession et jouissance; et comme l'une de ces églises a été brûlée, elle sera rebâtie avec permission de la justice, et elle restera comme par ci-devant entre les mains des capucins, sans qu'ils puissent être inquiétés à cet égard. On n'inquiétera pas non plus les églises que la nation française a à Smyrne, à Seyde, à Alexandrie et dans les autres Échelles, et l'on n'exigera d'eux aucun argent sous ce prétexte.

36.

On n'inquiétera pas les Français, quand, dans les bornes de leur état, ils liront l'Évangile dans leur hôpital de Galata.

37.

Quoique les marchands français aient, de tout temps, payé cinq pour cent de douane sur les marchandises qu'ils apportaient dans nos États et qu'ils en emportaient; comme ils ont prié de réduire ce droit à trois pour cent, en considération de l'ancienne amitié qu'ils ont avec notre Sublime Porte, et de le faire insérer dans ces nouvelles capitulations, nous aurions agréé leur demande, et nous ordonnons qu'en conformité on ne puisse exiger d'eux plus de trois pour cent; et lorsqu'ils payeront leur douane, on la recevra en monnaie courante dans nos États, pour la même valeur qu'elle est reçue au trésor inépuisable, sans pouvoir être inquiétés sur la plus ou moins-value d'icelle.

38.

Les Portugais, Siciliens, Catalans, Messinois, Anconois et autres nations ennemies, qui n'ont ni ambassadeurs ni consuls ni agens à ma Sublime Porte, et qui de leur plein gré, comme ils faisaient anciennement, viendront dans nos États sous la bannière de l'Empereur de France, payeront la douane comme les Français, sans que personne puisse les inquiéter, pourvu qu'ils se tiennent dans les bornes de leur état, et qu'ils ne commettent rien de contraire à la paix et à la bonne intelligence.

39.

Les Français payeront le droit de *mézeterie*, sur le pied que le payent les marchands anglais; et les receveurs de ce droit, qui seront à Constantinople et à Galata, ne pourront les molester pour en exiger davantage. Et si les receveurs de la douane, pour augmenter leurs droits, veulent estimer les marchandises à plus haut prix, ils ne pourront refuser de la même marchandise au lieu d'argent; et quand ils auront été payés de la douane sur les soies et les indiennes, ils ne pourront l'exiger une seconde fois; et lorsque les douaniers auront reçu leur douane, ils en donneront l'acquit, et n'empêcheront point les Français de porter leurs marchandises dans une autre échelle, où l'on ne pourra non plus les inquiéter par la prétention d'une seconde douane.

40.

Les consuls de France et ceux qui en dépendent, comme religieux, marchands et interprètes, pourront faire faire du vin dans leurs maisons, et en faire venir de dehors pour leur provision ordinaire, sans qu'on puisse les inquiéter à ce sujet.

41.

Les procès excédant quatre mille aspres seront écoutés à mon divan impérial et nulle part ailleurs.

42.

S'il arrivait quelque meurtre dans les endroits où il y a des Français, tant qu'il ne sera point donné de preuves contre eux, on ne pourra désormais les inquiéter ni leur imposer aucune amende, dite *djérimé*.

43.

Les privilèges ou immunités accordés aux Français auront aussi lieu pour les interprètes qui sont au service de leurs ambassadeurs.

(1) Non seulement j'accepte et confirme les présentes capitulations anciennes et renouvelées, ainsi qu'il a été rapporté ci-dessus, sous le règne de mon auguste aïeul de glorieuse mémoire; mais encore les articles demandés et nouvellement réglés et accordés ont été joints à ces anciennes capitulations dans la forme et teneur ci-après, savoir :

44.

Outre le pas et la préséance portés par le sens des précédents articles, en faveur des ambassadeurs et des consuls du très magnifique Empereur de France : comme le titre d'Empereur a été attribué *ab antiquo* par ma Sublime Porte à Sadite Majesté, ses ambassadeurs et ses consuls seront aussi traités et considérés par ma Porte de félicité avec les honneurs convenables à ce titre.

(1) Renouvellement et additions accordés par le sultan Mahmoud à M. de Villeneuve, ambassadeur de Louis XV, en 1740.

45.

Les ambassadeurs du très magnifique Empereur de France, de même que ses consuls, se serviront de tels drogmans qu'ils voudront, et emploieront tels janissaires qu'il leur plaira, sans que personne puisse les obliger de se servir de ceux qui ne leur conviendraient pas.

46.

Les drogmans véritablement français étant les représentants des ambassadeurs et des consuls, lorsqu'ils interpréteront au juste leur commission et qu'ils s'acquitteront de leurs fonctions, ils ne pourront être ni réprimandés ni emprisonnés; et, s'ils viennent à manquer en quelque chose, ils seront corrigés par leurs ambassadeurs ou leurs consuls, sans que personne autre puisse les molester.

47.

Des domestiques, *raïas* ou sujets de ma Sublime Porte qui sont au service de l'ambassadeur dans son palais, quinze seulement seront exempts des impositions et ne seront point inquiétés à ce sujet.

48.

Ceux qui sont sous la domination de ma Sublime Porte, Musulmans ou raïas, tels qu'ils soient, ne pourront forcer les consuls de France, véritablement français, à comparaître personnellement en justice, lorsqu'ils auront des drogmans; et en cas de besoin, ces Musulmans ou raïas plaideront avec les drogmans qui auront été commis à cet effet par leurs consuls.

49.

Les pachas, cadis et autres commandants ne pourront empêcher les consuls, ni leurs substituts par commandement, d'arborer leur pavillon suivant l'étiquette, dans les endroits où ils ont coutume d'habiter depuis longtemps.

50.

Il sera permis d'employer, pour la sûreté des maisons des consuls, tels janissaires qu'ils demanderont, et ces sortes de janissaires seront protégés par les odabachis et par les autres officiers, sans que pour cela on puisse exiger desdits janissaires aucun droit ni reconnaissance.

51.

Lorsque les consuls, les drogmans et les autres dépendants de la France feront venir du raisin pour leur usage, dans les maisons où ils habitent, pour en faire du vin, ou qu'il leur viendra du vin pour leur provision, nous voulons que, tant à l'entrée que lors du transport, les janissaires aga, bostandgy-bachy, toptchy bachy, vaivodes et autre officiers, ne puissent demander aucun droit ni donative, et qu'on se conforme à cet égard au contenu des commandements qui ont été donnés à ce sujet par les Empereurs nos prédécesseurs, et qu'on a été dans l'usage de donner jusqu'à présent.

52.

S'il arrive que les consuls et les négociants français aient quelques contestations avec les consuls et les négociants d'une autre nation chrétienne, il leur sera permis, du consentement et à la réquisition des parties, se pourvoir par-devant leurs ambassadeurs qui résident à ma Sublime Porte; et tant que le demandeur et le défendeur ne consentiront pas à porter ces sortes de procès par-devant les pachas, cadis, officiers ou douaniers, ceux-ci ne pourront pas les y forcer, ni prétendre en prendre connaissance.

53.

Lorsque quelque marchand français, ou dépendant de la France, fera une banqueroute avérée et manifeste, ses créanciers seront payés sur ce qui restera de ses effets, et pourvu qu'ils ne soient pas munis de quelque titre valable de cautionnionnement, soit de l'ambassadeur, des consuls, des drogmans ou de quelqu'autre Français, on ne pourra rechercher à ce sujet lesdits ambassadeurs, consuls, drogmans ni autres Français, et l'on ne pourra les arrêter en prétendant de les en rendre responsables.

54.

Lorsque les corsaires et autres ennemis de ma Sublime Porte auront commis quelque déprédation sur les côtes de notre empire, les consuls et les négociants français ne seront point inquiétés ni molestés, conformément au contenu des commandements ci-devant accordés ; et comme, pour la sûreté réciproque, il est nécessaire de reconnaître les scélérats appelées *forbans*, afin qu'ils soient tous connus dorénavant, lorsque les bâtiments barbaresques ou autres corsaires viendront dans les échelles de notre empire, nos commandants et autres officiers examineront leurs passeports avec attention, et les commandements ci-devant accordés à ce sujet seront comme par le passé ; à condition néanmoins que les consuls français examineront avec soin, et feront savoir si les bâtiments qui viendront dans nos ports avec le pavillon de France sont véritablement français ; et, après les perquisitions dûment faites de la manière ci-dessus spécifiée, tant nos officiers que les consuls de France s'en donneront réciproquement des avis de bouche et même par écrit, si le cas requiert pour la sûreté réciproque des parties.

55.

La cour de France étant depuis un temps immémorial en amitié et en bonne intelligence avec ma sublime Porte, et le très magnifique Empereur de France, de même que sa cour, ayant particulièrement donné ses soins dans les traités de paix qui sont survenus depuis peu, il a paru que quelque faveur dans certaines affaires de convenances était un moyen de fortifier l'amitié, et un sujet d'en multiplier de plus en plus les témoignages ; c'ést pourquoi nous voulons que dorénavant les marchandises qui seront embarquées dans les ports de France, et qui viendront à notre capitale chargées sur des bâtiments véritablement français, avec manifeste et pavillon de France, de même que celles qui seront chargées dans notre capitale sur des bâtiments véritablement français, pour être portées en France, après qu'elles auront payé le droit de douane et celui de bon voyage, dit *selametlik-resmy*, conformément aux capitulations antérieures, lorsque les Français négocieront ces sortes de marchandises avec quelqu'un, l'on ne puisse exiger d'eux, sous quelque prétexte que ce soit, le droit de *mézeterie*, dont l'exemption leur est pleinement accordée pour l'article de la *mézeterie* tant seulement.

56.

Comme il a été accordé aux marchands français et aux dépendants de la France de ne payer que 3 p. o/o de douane sur les marchandises qu'ils apporteront de leur propre pays dans les États de notre domination, non plus que sur celles qu'ils emportent d'ici dans leur pays; quoique dans les précédentes capitulations on n'ait compris que les cotons en laine, cotons filés, maroquins, cires, cuirs et soieries, nous voulons qu'indépendamment de ces marchandises ils puissent, en payant la douane suivant les capitulations impériales, charger sans opposition toutes celles qu'ils ont coutume de charger pour leur pays, et qui pour cet effet sont spécifiées dans le tarif bullé du douanier, à l'exception toutefois de celles qui sont prohibées.

57.

Les marchands français, après avoir payé la douane aux douaniers, à raison de 3 p. o/o, conformément aux capitulations, et après en avoir pris, suivant l'usage, l'acquit dit *eda tezkeressy*, lorsqu'ils le produiront, il y sera fait honneur, et l'on ne pourra leur demander une seconde douane. Et attendu qu'il nous aurait été représenté que certains douaniers, portés par leur esprit d'avidité, n'exigent en apparence que 3 p. o/o, tandis qu'ils en perçoivent réellement davantage, et que, par la différence qui existe dans l'appréciation des marchandises, il se trouve que, sur le tarif de la douane de Constantinople, de même que dans les tarifs de quelques échelles, et notamment dans celle d'Alep, la douane excède les 3 p. o/o; pour faire cesser toute discussion à cet égard, il sera permis de redresser les tarifs, de façon que la douane des draps que l'on apportera à l'avenir ne puisse excéder les 3 p. o/o, conformément aux capitulations impériales; et lorsqu'ils voudront vendre les marchandises qu'ils auront apportées, à tels de nos sujets et marchands de notre empire qu'ils jugeront à propos, personne autre ne pourra les inquiéter ni quereller, sous prétexte de vouloir les acheter de préférence.

58.

Lorsque les *fess* ou bonnets que les négociants français apportent de France ou de Tunis arrivent à Smyrne, le douanier de la douane des fruits de Smyrne forme toujours des contestations à ce sujet, prétendent que c'est lui qui est l'exacteur de la douane des *fess* : étant donc nécessaire de mettre cet article dans une bonne forme, nous voulons qu'à l'avenir ledit douanier ne puisse exiger la douane des *fess* que les négociants français apporteront, lorsqu'ils ne se vendront pas à Smyrne ; et, en cas qu'ils s'y vendissent, le droit de douane sur ces bonnets sera, selon l'usage exigé par ledit douanier ; et s'ils viennent à Constantinople, le droit de douane en sera payé, selon l'usage, au grand douanier.

59.

Si les marchands français veulent porter en temps de paix des marchandises non prohibées, des États de mon empire, par terre ou par mer, de même que par les rivières du Danube et du Tanaïs, dans les États de Moscovie, Russie et autres pays, et en apporter dans mes états, dès qu'ils auront payé la douane et les autres droits, quels qu'ils soient, comme le payent les autres nations franques, lorsqu'ils feront ce commerce, il ne leur sera fait sans raison aucune opposition.

60.

Ayant été représenté que certains envieux et vindicatifs, voulant molester les négociants français contre les capitulations, et ne pouvant pas exécuter leur dessein, ils attaquent de temps en temps sans raison, et inquiètent leurs censaux, pour troubler le commerce desdits négociants, nous voulons qu'à l'avenir les censaux qui vont et viennent parmi les marchands, pour les affaires desdits négociants, ne soient inquiétés en aucune façon, et que, de quelque nation que soient les censaux dont ils se servent, on ne puisse leur faire violence ni les empêcher de servir. Si certains de la nation juive et autres prétendent d'hériter de l'emploi de censal, les marchands français se serviront de telles personnes qu'ils voudront ; et lorsque ceux qui se trouveront à leur service seront chassés, ou viendront à mourir, on ne pourra rien exiger ni prétendre de ceux qui leur succéderont, sous prétexte d'un droit de retenue nommé *ghédik*, ou d'une portion dans les censeries, et l'on châtiera ceux qui agiront contre la teneur de cette disposition.

61.

Bien qu'il soit expressément porté par les articles précédents que les droits de consulat et de bailliage seront payés aux ambassadeurs et aux consuls de France, sur les marchandises qui seront chargées sur les bâtiments français : cependant, comme il a été représenté que ce point rencontre des difficultés de la part des marchands et des *raïas* sujets de notre empire, nous ordonnons que lorsque les marchands et *raïas* sujets de notre Sublime Porte chargeront sur des bâtiments français des marchandises sujettes à la douane, il soit donné des ordres rigoureux pour que les marchandises dont le droit de consulat n'aura pas été compris dans le nolis, lors du nolissement, ne soient point retirées de la douane, à moins qu'au préalable ledit droit de consulat n'ait été payé conformément aux capitulations.

62.

Comme l'empire ottoman abonde en fruits, il pourra venir de France une fois l'année, dans les années d'abondance des fruits secs, deux ou trois bâtiments, pour acheter et charger de ces fruits, comme figues, raisins secs, noisettes et autres fruits semblables quelconques ; et après que la douane en aura été payée, conformément aux capitulations impériales, on ne mettra aucune opposition au chargement ni à l'exportation de cette marchandise.

Il sera aussi permis aux bâtiments français d'acheter et de charger du sel dans l'île de Chypre et dans les autres Échelles de notre empire, de la même manière que les Musulmans y en prennent, sans que nos commandants, gouverneurs, cadis et autres officiers, puissent les en empêcher, voulant qu'ils soient protégés conformément à mes anciennes capitulations à présent renouvelées.

63.

Les marchands français et autres dépendants de la France pourront voyager avec les passe-ports qu'ils auront pris, sur les attestations des ambassadeurs ou des consuls de France, et, pour leur sûreté et commodité, ils pourront s'habiller suivant l'usage du pays, et faire leurs affaires dans mes États, sans que ces sortes de voyageurs, se tenant dans les bornes de leur devoir, puissent être inquiétés pour le tribut *kharatch*, ni pour aucun autre impôt; et lorsque, conformément aux capitulations impériales, ils auront des effets sujets à la douane, après avoir payé le droit, suivant l'usage, les pachas, cadis et autres officiers ne s'opposeront point à leur passage; et, de la façon ci-dessus mentionnée, il leur sera fourni des passe-ports en conformité des attestations dont ils seront munis, leur accordant toute l'assistance possible par rapport à leur sûreté.

64.

Les négociants français et les protégés de France ne payeront ni droit ni douane sur les monnaies d'or et d'argent qu'ils apporteront dans nos États, de même que pour celles qu'ils emporteront; et on ne les forcera point de convertir leurs monnaies en monnaie de mon empire.

65.

Si un Français ou un protégé de France commettait quelque meurtre ou quelque autre crime, et qu'on voulût que la justice en prît connaissance, les juges de mon empire et les officiers ne pourront y procéder qu'en présence de l'ambassadeur et des consuls ou de leurs substituts dans les endroits où ils se trouveront; et afin qu'ils ne fassent rien de contraire à la noble justice ni aux capitulations impériales, il sera procédé de part et d'autre, avec attention, aux perquisitions et recherches nécessaires.

66.

Lorsque notre *miry* ou quelqu'un de nos sujets, marchand ou autre, sera porteur de lettres de change sur les Français, si ceux sur qui elles sont tirées ou les personnes qui en dépendent ne les acceptent pas, on ne pourra, sans cause légitime, les contraindre au payement de ces lettres, et l'on en exigera seulement une lettre de refus, pour agir en conséquence contre le tireur, et l'ambassadeur de même que les consuls se donneront tous les mouvements possibles pour en procurer le remboursement.

67.

Les Français qui sont établis dans mes États, soit mariés, soit non mariés, quels qu'ils soient, ne seront point inquiétés par la demande du tribut nommé *kharatch.*

68.

Si un Français, marchand, artisan, officier ou matelot, embrasse la religion musulmane, et qu'il soit vérifié et prouvé qu'outre ses propres marchandises il a des effets appartenants à des dépendants des Français, ces sortes d'effets seront consignés à l'ambassadeur ou aux consuls, dans les endroits où il y en aura, pour être ensuite remis aux propriétaires; et, dans les endroits où il n'y aura ni consuls ni ambassadeur, ces effets seront consignés aux personnes qu'ils enverront de leur part avec des pièces justificatives.

69.

Si un marchand français voulant partir pour quelque endroit, l'ambassadeur ou les consuls se rendent sa caution, on ne pourra retarder son voyage, sous prétexte de lui faire payer ses dettes; et les procès qui le concernent, excédant quatre mille aspres, seront renvoyés à ma Sublime Porte, selon l'usage et conformément aux capitulations impériales.

70.

Les gens de justice et les officiers de ma Sublime Porte, de même que les gens d'épée, ne pourront sans nécessité entrer par force dans une maison habitée par un Français; et, lorsque le cas requerra d'y entrer, on en avertira l'ambassadeur ou le consul, dans les endroits où il y en aura, et l'on se transportera dans l'endroit en question, avec les personnes qui auront été commises de leur part; et si quelqu'un contrevient à cette disposition il sera châtié.

71.

Comme il aurait été représenté que les pachas, cadis et autres officiers voulaient quelquefois revoir et juger de nouveau des affaires survenues entre les négociants français et d'autres personnes, quoique ces affaires eussent déjà été jugées et terminées juridiquement et par *hudjet*, et même que le cas était souvent arrivé; de sorte que non seulement il n'y avait point pour eux de sûreté dans un procès déjà décidé, mais même qu'il intervenait dans un même lieu des jugements contradictoires à des sentences déjà rendues; nous voulons que, dans le cas spécifié ci-dessus, les procès qui surviendront entre des Français et d'autres personnes, ayant été une fois vus et terminés juridiquement et par *hudjet*, ils ne puissent plus être revus; et que, si l'on requiert une révision de ces procès, on ne puisse donner de commandement pour faire comparaître les parties, ni expédier commissaire ou huissier, qu'au préalable il n'en ait été donné connaissance à l'ambassadeur de France, et qu'il ne soit venu de la part du consul et du défendeur une réponse avec des informations exactes sur le fait, et il sera permis d'accorder un temps suffisant pour faire venir des informations sur ces sortes d'affaires; enfin, s'il émane quelque commandement pour revoir un procès de cette nature, on aura soin qu'il soit vu, décidé et terminé à ma Sublime Porte; et dans ce cas, il sera libre à ceux qui sont dépendants de la France de comparaître en personne, ou de constituer à leur place un procureur juridiquement autorisé, et lorsque les dépendants de ma Sublime Porte voudront intenter procès à quelque Français, si le demandeur n'est muni de titres juridiques ou de billets, leur procès ne sera point écouté.

72.

On nous aurait aussi représenté que, dans les procès qui surviennent, les dépenses qui se font pour faire comparaître les parties, et pour les épices ordinaires, étant supportées par celui qui a le bon droit, et les avanistes qui intentent injustement des procès, n'étant soumis à aucun frais, ils sont invités par là à faire toujours de nouvelles avanies; sur quoi nous voulons qu'à l'avenir il soit permis de faire supporter les susdits dépens et frais par ceux qui oseront intenter contre la justice un procès dans lequel ils n'auront aucun droit : mais lorsque les Français ou les dépendants de la France poursuivront juridiquement des sujets ou des dépendants de ma Sublime Porte, en recouvrement de quelque somme due, on n'exigera d'eux pour droits de justice ou *mahkemé*, de commissaire ou *mubachirié*, d'assignations ou *ihzarié*, que deux pour cent sur le montant de la somme recouvrée par sentence, conformément aux anciennes capitulations, et on ne les molestera point par des prétentions plus considérables.

73.

Les bâtiments français qui, selon l'usage, aborderont dans les ports de mon empire, seront traités amicalement : ils y achèteront, avec leur argent, leur simple nécessaire pour leur boire et leur manger, et l'on n'empêchera ni l'achat et la vente, ni le transport desdites provisions, tant de bouche que pour la cuisine, sur lesquelles on n'exigera ni droits ni donatives.

74.

Dans toutes les échelles, ports et côtes de mon empire, lorsque les capitaines ou patrons des bâtiments français auront besoin de faire calfater, donner le suif et radouber leurs bâtiments, les commandants n'empêcheront point qu'il leur soit fourni pour leur argent la quantité de suif, goudron, poix et ouvriers qui leur seront nécessaires ; et, s'il arrive que, par quelque malheur, un bâtiment français vienne à manquer d'agrès, il sera permis, seulement pour ce bâtiment, d'acheter mâts, ancres, voiles et matériaux pour les mâts, sans que pour ces articles il soit exigé aucune donative; et lorsque les bâtiments français se trouveront dans quelque échelle, les fermiers, *musselems*, et autres officiers, de même que les *kharatchi*, ne pourront les retenir sous prétexte de vouloir exiger le *kharatch* de leurs passagers qu'il leur sera libre de conduire à leur destination; et s'il se trouve dans le bâtiment des *raïas*, sujets au *kharatch*, ils le payeront audit lieu, ainsi qu'il est de droit, afin qu'à cette occasion il ne soit point fait de tort au fisc.

75.

Lorsque les Musulmans ou les *raïas*, sujets de ma Sublime Porte, chargeront des marchandises sur des bâtiments français, pour les Français, pour les transporter d'une échelle de mon empire à une autre, il n'y sera porté aucun empêchement; et comme il nous a été représenté que les sujets de notre Sublime Porte, qui nolisent de ces bâtiments, les quittent quelquefois pendant la route, et font difficulté de payer le nolis dont ils sont convenus; si, sans aucune raison légitime, ces sortes de nolisataires viennent à quitter en route les bâtiments nolisés, il sera ordonné et prescrit au cadi et autres commandants de faire payer en entier le nolis desdits bâtiments, ainsi qu'il en aura été convenu par le *temessuk* ou contrat, comme faisant un loyer formel.

76.

Les gouverneurs, commandants, cadis, douaniers, vaivodes, *musselems,* officiers, gens notables du pays, gens d'affaires et autres, ne contreviendront en aucune façon aux capitulations impériales : et si, de part et d'autre, on y contrevient en molestant quelqu'un, soit par paroles, soit par voie de fait : de même que les Français seront châtiés par leur consul ou supérieur, conformément aux capitulations, il sera aussi donné des ordres, suivant l'exigence des cas, pour punir les sujets de notre Sublime Porte des vexations qu'ils auraient commises, sur les représentations qui en seraient faites par l'ambassadeur et les consuls ,après que le fait aura été bien avéré.

77.

Si par un malheur, quelques bâtiments français venaient à échouer sur les côtes de notre empire, il leur sera donné toutes sortes de secours pour le recouvrement de leurs effets; et si le bâtiment naufragé peut être réparé, ou que la marchandise sauvée soit chargée sur un autre bâtiment, pour être transportée au lieu de sa destination, pourvu que ces marchandises ne soient pas négociées sur les lieux, on ne pourra exiger sur lesdites marchandises ni douane ni aucun autre droit.

12

78.

Outre que le capitan-pacha, les capitaines de nos vaisseaux de guerre, les beys de galère, les commandants de galiotes et les autres bâtiments de notre Sublime Porte, et notamment ceux qui font le commerce d'Alexandrie, ne pourront détenir ni inquiéter les bâtiments français contre la teneur des capitulations impériales, ni en exiger par force des présents, sous quelque prétexte que ce soit; lorsqu'ils rencontreront en mer des bâtiments français, soit de guerre, soit marchands, ils se donneront réciproquement, suivant l'ancien usage, des marques d'amitié.

79.

Lorsque les bâtiments marchands français voient nos vaisseaux de guerre, galères, sultanes et autres bâtiments du Sultan, il arrive que, quoiqu'ils soient dans l'intention de leur faire les politesses usitées depuis longtemps, ils sont cependant inquiétés pour n'être pas venus sur-le-champ à leur bord, par l'impossibilité où ils sont quelquefois de mettre avec promptitude leur chaloupe à la mer ; ainsi, pourvu qu'on voie qu'ils se mettent en état de remplir les usages pratiqués, on ne pourra les molester, sous prétexte qu'ils auront tardé de venir à bord.

Les bâtiments français ne pourront être détenus sans raison dans nos ports, et on ne leur prendra par force ni leur chaloupe, ni leurs matelots ; et la détention surtout des bâtiments chargés de marchandises, occasionnant un préjudice considérable, il ne sera plus permis à l'avenir de rien commettre de semblable. Lorsque les commandants des bâtiments de guerre susdits iront dans les échelles où il y a des Français établis, pour empêcher leurs Levantis et leurs gens de faire aucun tort aux Français et de les inquiéter, ils ne les laisseront aller à terre qu'avec un nombre suffisant d'officiers, et ils établiront une garde pour la sûreté des Français et de leur commerce ; et, lorsque les Français iront à terre, les commandants des places ou des échelles, et les autres officiers de terre, ne les molesteront en aucune façon contre la justice et les usages; de sorte que, si l'on se plaint qu'à ces égards il ait été commis quelque action contraire aux capitulations impériales, ceux qui seront en faute seront sévèrement punis, après la vérification des faits; et pareillement, de la part des Français, il ne sera nullement permis aucune démarche peu modérée contraire à l'amitié.

80.

Lorsque, pour cause de nécessité, on sera dans un cas urgent de noliser quelque bâtiment français de la part du *miry*, les commandants ou autres officiers qui seront chargés de cette commission en avertiront l'ambassadeur ou les consuls dans les endroits où il y en aura, et ceux-ci destineront les bâtiments qu'ils trouveront convenables; et, dans les endroits où il n'y aura ni ambassadeur ni consul, ces bâtiments seront nolisés de leur bon gré ; et l'on ne pourra, sous ce prétexte, détenir les bâtiments français ; et ceux qui seront chargés ne seront ni molestés, ni forcés de décharger leurs marchandises.

81.

Comme il a été représenté que malgré l'assistance souvent accordée aux Français, conséquemment à l'exacte observation des articles des précédentes capitulations concernant les corsaires de Barbarie, ceux-ci, non contents de molester les bâtiments français qu'ils rencontrent en mer, insultent et vexent encore les consuls et les négociants français qui se trouvent dans les échelles où ils abordent; lorsqu'à l'avenir il arrivera des procédés irréguliers de cette nature, les pachas, commandants et autres officiers de notre empire protégeront et défendront les consuls et les marchands français, et sur les témoignages que rendront les ambassadeurs et les consuls, que les bâtiments qui viendront sous les forteresses et dans les échelles de nos États sont véritablement français, on empêchera de toutes manières que ces corsaires ne les prennent, et l'on ne prendra aucun bâtiment sous le canon; et si ces corsaires causent quelque dommage aux Français, dans les endroits de notre empire où il y aura des pachas et des commandants, il sera permis, pour intimider, de donner des ordres rigoureux pour leur faire supporter les pertes et les dommages qui seront survenus.

82.

Lorsque les endroits, dont les religieux dépendants de la France ont la possession et la jouissance à Jérusalem, ainsi qu'il en est fait mention dans les articles précédemment accordés et actuellement renouvelés, auront besoin d'être réparés, pour prévenir la ruine à laquelle ils seraient exposés par la suite des temps, il sera permis d'accorder, à la réquisition de l'ambassadeur de France résidant à ma Porte de félicité, des commandements, pour que ces réparations soient faites d'une façon conforme aux tolérances de la justice; et les cadis, commandants et autres officiers, ne pourront mettre aucune sorte d'empêchement aux choses accordées par commandement. Et comme il est arrivé que nos officiers, sous prétexte que l'on avait fait des réparations secrètes dans les susdits lieux, y faisaient plusieurs visites dans l'année, et rançonnaient les religieux, nous voulons que, de la part des pachas, cadis, commandants et autres officiers qui s'y trouvent, il ne soit fait qu'une visite par an dans l'église de l'endroit qu'ils nomment le *Sépulcre de Jésus*, de même que dans leurs autres églises et lieux de visitations. Les évêques et religieux dépendant de l'Empereur de France, qui se trouvent dans mon empire, seront protégés, tant qu'ils se tiendront dans les bornes de leur état, et personne ne pourra les empêcher d'exercer leur rit suivant leur usage, dans les églises qui sont entre leurs mains, de même que dans les autres lieux où ils habitent : et lorsque nos sujets tributaires et les Français iront et viendront les uns chez les autres, pour ventes, achats et autres affaires, on ne pourra les molester contre les lois sacrées pour cause de cette fréquentation; et comme il est porté par les articles précédemment stipulés, qu'ils pourront lire l'Évangile dans les bornes de leur devoir, dans leur hôpital de Galata; cependant, cela n'ayant pas été exécuté, nous voulons que dans tel endroit où cet hôpital pourra se trouver à l'avenir, dans une forme juridique, ils puissent, conformément aux anciennes capitulations, y lire l'Évangile dans les bornes du devoir, sans être inquiétés à ce sujet.

83

Comme l'amitié de la cour de France avec ma Sublime Porte est plus ancienne que celle des autres cours, nous ordonnons, pour qu'il soit traité avec elle de la manière la plus digne, que les privilèges et les honneurs pratiqués envers les autres nations franques aient aussi lieu à l'égard des sujets de l'Empereur de France.

84.

L'Ambassadeur, les consuls et les drogmans de France, ainsi que les négociants et artisans qui en dépendent ; plus, les capitaines des bâtiments français et leurs gens de mer, enfin leurs religieux et leurs évêques, tant qu'ils seront dans les bornes de leur état et qu'ils s'abstiendront de toutes démarches qui pourraient porter atteinte aux devoirs de l'amitié et aux droits de la sincérité, jouiront dorénavant de ces anciens et nouveaux articles ci-présentement stipulés lesquels seront exécutés en faveur de quatre états ci-dessus mentionnés ; et si l'on venait à produire même quelque commandement d'une date antérieure ou postérieure, contraire à la teneur des ces articles, il restera sans exécution, et sera supprimé et biffé conformément aux capitulations impériales.

85.

Ma généreuse et Sublime Porte ayant à présent renouvelé la paix ci-devant conclue avec les Français, et pour donner de plus en plus des témoignages d'une sincère amitié, y ayant à cet effet ajouté et fortifié certains articles convenables et nécessaires, il sera expédié des commandements rigoureux à tous les commandants et officiers des principales Échelles et autres endroits où besoin sera, aux fins qu'à l'avenir il soit fait honneur aux articles de ma capitulation impériale, et qu'on ait à s'abstenir de toute démarche contraire à son contenu, et il sera permis d'en faire l'enregistrement dans les *mahkemés*, ou Tribunaux publics. Conséquemment, tant que de la part de Sa Majesté le très magnifique Empereur de France et de ses successeurs il sera constamment donné des témoignages de sincérité et de bonne amitié envers notre glorieux empire le siège du khalifat : Pareillement de la part de Notre Majesté impériale, je m'engage, sous notre auguste serment le plus sacré et le plus inviolable, soit pour notre sacrée personne impériale, soit pour nos augustes successeurs, de même que pour nos suprêmes visirs, nos honorès pachas, et généralement tous nos illustres serviteurs qui ont l'honneur et le bonheur d'être dans notre esclavage, que jamais il ne sera rien permis de contraire aux présents articles : Et afin que de part et d'autre on soit toujours attentif à fortifier et cimenter les fondements de la sincère amitié et de la bonne correspondance réciproque, nous voulons que ces gracieuses capitulations impériales soient exécutées selon leur noble teneur.

Écrit le quart de la lune de Rebiul-ewel, l'an de l'hégire onze cent cinquante-trois.

Dans la résidence impériale de Constantinople la bien gardée.

Ainsi qu'il ressort de la teneur de ces différents articles, la présente Capitulation rappelle, étend et confirme *pour toujours* tous les droits, privilèges et immunités qui avaient été conférés antérieurement aux sujets français par les traités analogues. Contrairement à l'usage de ses prédécesseurs, cette fois le sultan Mahmoud Ier s'engage expressément pour lui et ses successeurs. Il paye ainsi les bons offices que la France venait de rendre à la Turquie dans la conclusion de la paix avec la Russie et l'Autriche.

Désormais, le marquis de Villeneuve domine toute la politique de la Porte et prend, au nom du roi de France, la protection de toute l'Europe chrétienne. Le drapeau blanc aux fleurs de lys d'or abrite les lieux saints de la Palestine et les monastères de tout ordre, la plupart des nations continuent à l'arborer pour y trouver leur sauvegarde et commercer sous sa protection. Dans chacune des Échelles du Levant, il y a un consul français à côté, non pas d'une colonie réléguée dans une sorte de ghetto, mais d'une *nation* française vivant au grand jour, parlant au nom de ses prérogatives et jouissant de tous les égards. Les Européens qui n'ont pas de consuls à eux sont admis à trafiquer sous le patronage des agents du roi et à devenir leurs ressortissants. On a pour clientèle des nations entières; marchands, missionnaires, protégés de toutes sortes et de toute condition reconnaissent l'autonomie suprême de l'Ambassadeur de France et proclament sa suprématie.

C'est là le résultat pratique du traité obtenu en 1740. Ce traité résume, fond et amalgame tous ceux qui ont été conclus jusque-là. Les points saillants dus à l'initiative du marquis de Villeneuve sont à l'article 59 qui ouvre aux Français, par terre et par mer, le commerce du Danube et de la mer Noire, à l'art. 60 qui règle l'état des courtiers de commerce et la liberté de les choisir, à l'art. 70, qui défend aux agents de police d'entrer dans les maisons des Français sans en prévenir l'ambassadeur ou les consuls, à l'art. 83 qui assure aux Français les privilèges des nations les plus favorisées. En résumé, le total des articles que le marquis de Villeneuve a ajoutés aux anciennes Capitulations est de 43 et la collection totale est portée à 85.

Le commerce de la métropole et des Échelles, comme on le pense, y trouva largement son compte. Nous avons exposé les circonstances qui avaient amené une pléthore de l'article draperies. Sur les instigations de l'ambassadeur, il se forme une ligue entre les négociants français de

Constantinople, de Smyrne et de Salonique pour fixer le taux auquel les draps français doivent désormais se débiter; chacun vend à son tour et au moyen d'une prime; le bureau national garantissait la solidité de l'acheteur du pays suivant les renseignements que l'on se procurait sur ses facultés et son crédit. C'est, en quelque sorte, la fonction qu'exercent actuellement nos chambres de commerce à l'étranger. Diverses autres mesures destinées à remédier à la surabondance de fabrication et à pousser les ventes sur le pied d'une répartition proportionnelle, rétablirent la parfaite égalité des prix et des bénéfices.

La chambre de commerce de Marseille ne se cantonne plus dans les envois des anciens articles. En 1727, elle exporte pour la première fois des dorures et des soieries de Lyon qui obtiennent aussitôt, malgré l'élévation de leur prix, la clientèle des consommateurs recherchés. Peu après, elle ajoute le café des colonies françaises d'Amérique qui devient la boisson nationale en Turquie. Bien qu'inférieur au moka, l'article français se met, par la modicité de son prix, beaucoup plus à la portée du consommateur qui devient aussitôt légion et ouvre ainsi à ce commerce un débouché considérable. Le marquis de Villeneuve en favorisa la propagation en obtenant d'en envoyer sur les côtes de la mer Noire et dans la Turquie d'Europe. Les sucres des îles françaises envahirent également les marchés du Levant et arrivèrent sans peine à supplanter les sucres d'Égypte, de qualité inférieure.

Tel fut l'effet du traité signé par le marquis de Villeneuve. Ce traité est le dernier en forme connu sous le nom de Capitulation. Avec l'ancien régime, on voit disparaître cette procédure de droit international; les traités qui vont suivre ne font que confirmer, sans différences appréciables,

les privilèges déjà obtenus ; ils se bornent à régler d'une manière plus particulière les rapports commerciaux et l'échange des produits entre les deux puissances contractantes. En se rapprochant beaucoup plus des formules modernes, ils perdent incontestablement de ce qui faisait l'originalité de leurs devancières ; mais ils forment les derniers anneaux d'une chaîne qui part, d'une manière ininterrompue et sans solution de continuité, du règne de François Ier, pour aboutir jusqu'à nos jours. A ce titre, il convient de les mentionner à cette place, car ils sont, sous une autre forme, l'application des mêmes principes.

XIV

Traité de paix conclu entre la République française et la Porte ottomane le 6 messidor an X (25 juin 1802)

Le traité intervenu le 6 messidor an X entre la République française et la Porte ottomane, à l'instigation de Bonaparte, alors premier Consul, est qualifié de traité de paix. Il mettait un terme, en effet, aux hostilités existant de fait entre la France du Directoire et l'Empire ottoman. Les Turcs, considérés par les hommes de la Révolution comme des barbares et des oppresseurs des peuples, étaient nécessairement voués à la réprobation d'un gouvernement qui se posait en redresseur des torts et en justicier universel. La campagne d'Égypte et de Syrie avait donné à ces hostilités un caractère aigu et ramené les rapports des deux pays aux époques les plus troublées des croisades. Le commerce français en souffrit cruellement. Les assignats perdaient à Marseille 36 o/o et dans d'autres grandes villes, comme Paris, Lyon, Bordeaux, etc., de 60 à 65 o/o. Notre marine marchande, étroitement surveillée par les vaisseaux anglais, en croisière dans la Méditerranée et devenus les auxiliaires des Turcs, fut annulée ou anéantie. Les capitaines qui parvenaient encore à trafiquer étaient obligés de vendre une partie de leurs cargaisons pour nourrir leurs équipages. Toute l'œuvre de Colbert et du marquis de

Villeneuve fut, en quelques années, enrayée ou perdue. La Chambre de commerce de Marseille reçut son coup de grâce. Il ne pouvait convenir au régime issu de la Révolution, ennemi de tous les privilèges et de tous les monopoles, de tolérer l'existenee d'une institution investie d'une omnipotence telle qu'elle constituait véritablement à ses yeux, un État dans l'État. Après avoir mis sa caisse à sac, il la détruisit systématiquement. Une loi du 29 août 1791 avait déjà proclamé la liberté du commerce dans les Échelles du Levant et de Barbarie et rendu ce commerce accessible à tous les Français. C'était une première atteinte portée à des privilèges séculaires. Par un second décret du 27 septembre 1791, l'Assemblée Constituante supprimait toutes les Chambres de commerce du royaume et celle de Marseille était remplacée, sur la demande du Conseil municipal, par un « Bureau provisoire de commerce ». Enfin, un troisième décret de la Convention nationale, du 14 février 1793, enlevait à cette Chambre, ainsi réduite, la juridiction qu'elle possédait *ab antiquo* sur les Consulats du Levant pour placer ces derniers dans les attributions du ministère des affaires étrangères; il supprimait ainsi la perception de la taxe dite *du consulat* destinée au traitement des consuls, et du droit de douane appelé *Cottimo* qui avait pour objet de protéger le commerce contre les corsaires et les forbans qui infestaient la Méditerranée.

Bonaparte, qui n'avait cherché dans l'expédition d'Égypte qu'un piédestal à sa fortune naissante, avait compris de bonne heure l'importance de notre liaison avec la Turquie et la nécessité de convertir la Méditerranée « en un lac français ». Devenu premier Consul, il s'empresse de rétablir, sur de nouvelles bases, la Chambre de commerce de Marseille (1), et de reprendre les rapports primitifs de paix et d'amitié qui ont existé de tout temps entre la France et la Porte ottomane. En dépit des proclamations enflammées et déclamatoires qu'il avait lancées contre elle, quelques années auparavant, en Égypte et en Syrie, il revient au système des Capitulations et fait signer à Paris, le 6 messidor an X, un traité, bref comme un ordre du jour, par lequel il statue de la paix et confirme simplement tous les anciens privilèges qui régissaient les Français dans le Levant.

Traité de paix entre la République française et la Sublime Porte ottomane, signé à Paris le 6 messidor an X [25 juin 1802].

Le premier consul de la République française, au nom du peuple français, et le sublime Empereur ottoman, voulant rétablir les rapports primitifs de paix et d'amitié qui ont existé de tout temps entre la France et la Sublime Porte, ont nommé, dans cette vue, pour ministres plénipotentiaires, savoir :

Le premier consul, au nom du peuple français, le citoyen Charles-Maurice Talleyrand, ministre des relations extérieures de la République française.

Et la Sublime Porte ottomane, Esseid-Mohamed-Said-Ghalib Effendi, rapporteur actuel, secrétaire intime et directeur des affaires étrangères.

Lesquels, après avoir échangé leurs pleins pouvoirs, sont convenus des articles suivants :

ART. 1er.

Il y aura à l'avenir paix et amitié perpétuelles entre la République française et la Sublime Porte ottomane. Les hostilités cesseront désormais et pour toujours entre les deux États.

ART. 2.

Les traités ou capitulations qui, avant l'époque de la guerre,

(1) V. l'arrêté du 3 nivôse an XI (24 décembre 1802).

déterminaient respectivement les rapports de toute espèce qui existaient entre les deux puissances, sont entièrement renouvelés. En conséquence de ce renouvellement et en exécution des articles des anciennes Capitulations, en vertu desquels les Français ont le droit de jouir, dans les États de la Sublime Porte, de tous les avantages qui sont accordés à d'autres puissances, la Sublime Porte consent à ce que les vaisseaux du commerce français, portant pavillon français, jouissent désormais sans aucune contestation du droit d'entrer et de naviguer librement dans la mer Noire.

La Sublime Porte consent de plus à ce que lesdits vaisseaux français, à leur entrée et à leur sortie de cette mer, et pour tout ce qui peut favoriser leur libre navigation, soient entièrement assimilés aux vaisseaux marchands des nations qui naviguent dans la mer Noire.

La Sublime Porte et le gouvernement de la République prendront de concert des mesures efficaces pour purger de toute espèce de forbans les mers qui servent à la navigation des vaisseaux marchands des deux États. La Sublime Porte promet de protéger contre toute espèce de piraterie le commerce des Français qui naviguent dans la mer Noire.

Il est entendu que les avantages assurés aux Français, par le présent article, dans l'empire ottoman, sont également assurés aux sujets et au pavillon de la Sublime Porte, dans les mers et sur le territoire de la République française.

ART. 3.

La République française jouira, dans les pays ottomans qui bordent ou avoisinent la mer Noire, tant pour son commerce que pour les agents et commissaires des relations commerciales, qui pourront être établis dans les lieux où les besoins du commerce français rendront cet établissement nécessaire, des mêmes droits, privilèges et prérogatives dont la France jouissait avant la guerre, dans les autres parties des États de la Sublime Porte, en vertu des anciennes Capitulations.

ART. 4.

La Sublime Porte accepte, en ce qui la concerne, le traité

conclu à Amiens entre la France et l'Angleterre, le 4 germinal an X (22 zilhidjé 1216). Tous les articles de ce traité, qui sont relatifs à la Sublime Porte, sont formellement renouvelés dans le présent traité.

ART. 5.

La République française et la Sublime Porte se garantissent mutuellement l'intégrité de leurs possessions.

ART. 6.

Les restitutions et compensations dues aux agents des deux puissances, ainsi qu'aux citoyens et sujets dont les biens ont été confisqués ou séquestrés pendant la guerre, seront réglées avec équité, par un arrangement particulier, qui sera fait à Constantinople entre les deux gouvernements.

ART. 7.

En attendant qu'il soit pris de concert de nouveaux arrangements sur les discussions qui ont pu s'élever relativement aux droits de douanes, on se conformera, à cet égard, dans les deux pays, aux anciennes Capitulations.

ART. 8.

S'il existe encore des prisonniers qui soient détenus par suite de la guerre dans les deux États, ils seront immédiatement mis en liberté sans rançon.

ART. 9.

La République française et la Sublime Porte ayant voulu, par le présent traité, se placer dans les États l'une de l'autre sur le pied de la puissance la plus favorisée, il est entendu qu'elles s'accordent respectivement, dans les deux États, tous les avantages qui pourraient être ou avoir été accordés à d'autres puissances, comme si lesdits avantages étaient expressément stipulés dans le présent traité.

ART. 10.

Les ratifications du présent traité seront échangées à Paris, dans l'espace de quatre-vingts jours, ou plus tôt, si faire se peut.

Fait à Paris, le 6 messidor an X de la République française (25 juin 1802), et le 24 Safer Ulhaïr 1217.

Signé : Ch. Maur. TALLEYRAND.

ESSEID MOHAMED-SAID-GHALIB EFFENDI.

Ce traité remet en vigueur la doctrine des Capitulations. Mais les campagnes de Napoléon Ier sur le continent ne permirent pas à ce retour aux anciennes traditions de porter tous leurs fruits. Malgré le traité d'Amiens, le commerce était comme paralysé au milieu du fracas des armes qui faisait alors de l'Europe une sorte de camp volant. Chose étrange! L'auteur du Concordat, le restaurateur du culte en France, ne s'était jamais soucié d'appliquer, à l'extérieur, la vigilance qu'il apportait à la protection officielle de ce même culte, à l'intérieur. Ce point de doctrine de nos capitulations avec la Turquie, si cher au cœur d'Henri IV et de ses successeurs, fut relégué au dernier plan des préoccupations impériales. Aussi, l'incendie du Saint-Sépulcre par les Grecs et les profanations dont il fut l'objet, en 1808, c'est-à-dire en pleine apogée de la gloire napoléonienne, passèrent-ils presque inaperçus. Au point de vue des résultats pratiques, le présent traité fut donc à peu près nul.

XV

Traité de commerce conclu entre le gouvernement de Louis-Philippe et la Porte ottomane le 25 novembre 1838.

On serait tenté de croire qu'en reprenant leur couronne héréditaire les Bourbons de la Restauration s'empresseraient de reprendre aussi la tradition de François Ier et de Henri IV et de revenir à une alliance qui formait un des dogmes de leur politique. Il n'en fut rien cependant. L'insolence du dey d'Alger envers le Consul de France, suivie de la conquête de la Régence, la révolte de l'hellénisme contre l'Islam, qui amena l'émancipation de la Grèce, donnèrent aux héritiers de Louis XVI l'occasion d'affirmer leurs préférences. Le bombardement d'Alger et la bataille de Navarin ne pouvaient être considérés comme le prélude de relations amicales entre les deux pays. Aussi le gouvernement de la Restauration garda-t-il une attitude tout au moins réservée à l'égard de la Turquie. Sous Louis XVIII, le marquis de Rivière fut chargé d'une mission spéciale à Constantinople ; il eut la faiblesse de souscrire, sans le consentement de son gouvernement, de nouveaux tarifs qui soumettaient les négociants français à des droits excessifs. Cet acte fut l'objet de vives réclamations de la part de nos Chambres de commerce, du pays et du ministère des affaires étrangères. Il causa de grandes pertes à nos négociants, pertes qui s'aggravèrent encore par les lois de douane si restrictives qui furent adoptées et même exagérées par les Chambres, à dater de 1821.

Il était réservé au régime éminemment pacifique de la monarchie de Juillet de réparer ces erreurs. Aux bouleversements du premier Empire et aux secousses de la Restauration, avait succédé une longue période de repos et de travail. A la faveur de ce calme, le commerce avait repris confiance. Protégé par une législation pénétrée de ses devoirs et dont la sollicitude s'étendait à tous les besoins de la vie nationale, il sut reprendre les chemins délaissés et reconstituer son bilan en souffrance. En 1835, le régime administratif des consulats ayant été profondément modifié, la liberté du commerce dans les Échelles fut proclamée. L'ordonnance royale du 18 avril, qui intervint, faisait connaître les motifs de cette mesure importante. « L'ancien régime sur le commerce du Levant et de la Barbarie, disait le législateur, appartenait à une époque où les Français avaient seuls dans ces contrées des établissements permanents ; alors le commerce des Échelles avec l'Europe était presque exclusivement renfermé dans ces établissements, sortes de colonies dont Marseille pouvait être considérée comme la métropole.

« Le régime légal avait naturellement pour objet le maintien de cet état de choses. Conserver intacts nos privilèges et les soustraire à la concurrence, tel était son but; il réunissait en un seul corps tous les Français du Levant et les soumettait à une même impulsion. Aucun commerçant ne pouvait s'établir dans les Échelles sans l'autorisation de la Chambre de commerce de Marseille, et sans avoir préalablement fourni un cautionnement, qui variait de 40 à 60.000 francs.

« Les progrès naturels du commerce, la concurrence des autres peuples, les événements qui ont tantôt rompu, tantôt altéré nos relations avec la Porte, les changements survenus dans l'État politique du Levant, tout s'est réuni pour renverser ce régime de restriction et de privilège.

« Jusqu'à présent les dépenses d'entretien des établissements publics dans les Échelles du Levant avaient été à la charge de la Chambre de commerce de Marseille, elles figuraient annuellement dans son budget ; il n'existe plus aujourd'hui de raisons d'imposer à cette Chambre une dépense qui lui est étrangère.

« A cette dépense répondait un revenu spécial, produit d'une taxe appelée du *consulat*, que prélevait la Chambre sur les marchandises apportées du Levant. Ce droit est maintenant réduit à 2 o/o ; il n'atteint pas les marchandises expédiées par les maisons cautionnées établies au Levant.

« La dépense que le produit de ce droit devait acquitter (traitement des consuls) sera désormais classée, comme le bon ordre l'exige, parmi les dépenses de l'État. »

Le traité de 1838 vint compléter heureusement ces dispositions libérales. Il est né des progrès incessants du commerce et des besoins créés par l'évolution naturelle des choses. Les questions d'ordre politique ou judiciaire y sont écartées; on se contente de régler tout ce qui a trait aux importations ou aux exportations, au mouvement de la navigation, aux droits d'entrée et de sortie des marchandises en Turquie. C'est que le commerce prime désormais toutes les autres questions ; il est devenu la pierre de touche et le régulateur des relations internationales. Ce n'est plus de monopoles ni de privilèges qu'il s'agit, mais bien d'expansion et de concurrence.

Toutefois, le traité de 1838 contient à son article 1er, cette clause fondamentale, à savoir que « tous les droits, privilèges et immunités qui ont été conférés aux sujets et aux bâtiments français par les Capitulations et les traités existants, sont confirmés aujourd'hui et *pour toujours* ». Il n'est établi d'exception que pour les questions spéciales qui font l'objet de la présente convention et qui ne portent que sur des formalités administratives, douanières ou fiscales. Voici le texte de ce traité qui s'inspire du régime des Capitulations et qui en forme un des corollaires.

Traité de commerce conclu entre la France et la Porte ottomane, le 25 novembre 1838.

Pendant la longue alliance qui a heureusement subsisté entre la France et la Sublime Porte, des Capitulations obtenues de la Porte et des traités conclus entre les deux puissances ont réglé le taux des droits payables sur les marchandises exportées de Turquie, comme sur celles importées dans les domaines du Grand Seigneur, et ont établi et consacré les droits, privilèges, immunités et obligations des marchands français trafiquant ou résidant dans l'étendue de l'empire Ottoman. Cependant, depuis l'époque où les Capitulations ont été revisées pour la dernière fois, des changements de différente nature sont survenus, tant dans l'administration intérieure de l'empire turc que dans ses relations extérieures avec les autres puissances, et Sa Majesté l'Empereur des Français et Sa Hautesse le Sultan sont convenus de régler de nouveau, par un acte spécial et additionnel, les rapports commerciaux de leurs sujets, le tout dans le but d'augmenter le commerce entre leurs États respectifs, comme dans celui de faciliter davantage l'échange des produits de l'un des deux pays avec ceux de l'autre : à cet effet, ils ont nommé pour leurs plénipotentiaires :

Sa Majesté l'Empereur des Français, M. Albin-Reine, baron Roussin, vice-amiral, pair de France, membre de l'Académie des sciences, grand-croix de l'ordre impérial de la Légion d'honneur, décoré du grand ordre de Nicham-Iftikar, grand-croix de l'ordre grec du Sauveur, commandeur de l'Ordre de la la Croix du Sud du Brésil, son ambassadeur près la Sublime Porte.

Et Sa Hautesse le Sultan, le très excellent et très distingué Méhémed Noury Effendi, conseiller d'État au département des affaires étrangères, tenant le porte feuille de ce ministère par intérim, décoré de l'ordre du Nicham-Iftikar de première classe, grand-croix de l'ordre belge de Léopold, — et le très-excellent et très distingué Mustapha Kiani bey, membre du conseil suprême d'État, président du conseil d'utilité publique et du commerce, ministre d'État de première classe, revêtu des décorations affectées à ces deux emplois.

Lesquels, après s'être donné réciproquement communication de leurs pleins pouvoirs, trouvés dans la bonne et due forme, sont tombés d'accord sur les articles suivants :

ARTICLE PREMIER.

Tous les droits, privilèges et immunités qui ont été conférés aux sujets ou aux bâtiments français par les Capitulations et les traités existants sont confirmés aujourd'hui et pour toujours, à l'exception de ceux qui vont être spécialement modifiés par la présente convention, et il est, en outre, expressément entendu que tous les droits, privilèges et immunités que la Sublime Porte accorde aujourd'hui ou pourrait accorder à l'avenir aux bâtiments et aux sujets de toute autre puissance étrangère, seront également accordés aux sujets ou aux bâtiments français, qui en auront de droit, l'exercice et la jouissance.

ART. 2.

Les sujets de Sa Majesté l'Empereur des Français ou leurs ayants cause pourront acheter, dans toutes les parties de l'empire ottoman, soit qu'ils veuillent en faire le commerce de l'intérieur, soit qu'ils se proposent de les exporter, tous les articles sans exception provenant du sol ou de l'industrie de ce pays.

La Sublime Porte s'engage formellement à abolir tous les monopoles qui frappent les produits de l'agriculture et les autres productions quelconques de son territoire, comme aussi elle renonce à l'usage des *tezkérés* demandés aux autorités locales pour l'achat de ces marchandises ou pour les transporter d'un lieu à un autre quand elles étaient achetées; toute tentative qui serait faite par une autorité quelconque pour forcer les sujets français à se pourvoir de semblables permis ou *tezkérés* sera considérée comme une infraction aux traités, et la Sublime Porte punira immédiatement avec sévérité tous vézirs ou autres fonctionnaires auxquels on aurait une pareille infraction à reprocher, et elle indemnisera les sujets français des pertes ou vexations dont ils pourront prouver qu'ils ont eu à souffrir.

ART. 3.

Les marchands français ou leurs ayants cause qui achèteront un objet quelconque produit du sol ou de l'industrie de la Turquie, dans le but de le revendre pour la consommation dans l'intérieur de l'empire Ottoman, payeront, lors de l'achat ou de la vente, les mêmes droits qui sont payés dans des circonstances analogues par les sujets musulmans ou par les *raïas* les plus favorisés parmi ceux qui se livrent au commerce intérieur.

ART. 4.

Tout article produit du sol ou de l'industrie de la Turquie, acheté pour l'exportation, sera transporté libre de toute espèce de charge et de droits à un lieu convenable d'embarquement par les négociants français ou leurs ayants cause. Arrivé là, il payera à son entrée un droit fixe de 9 pour 100 de sa valeur, en remplacement des anciens droits de commerce intérieur supprimés par la présente convention. A sa sortie, il payera le droit de 3 pour 100 anciennement établi, et qui demeure subsistant. Il est toutefois bien entendu que tout article acheté au lieu d'embarquement pour l'exportation, et qui aura déjà payé à son entrée le droit intérieur, ne sera plus soumis qu'au seul droit primitif de 3 pour 100.

ART. 5.

Tout article produit du sol ou de l'industrie de la France et de ses dépendances, et toutes marchandises, de quelque espèce qu'elles soient, embarquées sur des bâtiments français et étant la propriété de sujets français, ou apportées par terre ou par mer, d'autres pays par des sujets français, seront admis comme antérieurement dans toutes les parties de l'empire Ottoman, sans aucune exception, moyennant un droit de 3 pour 100 calculé sur la valeur de ces articles.

En remplacement de tous les droits de commerce intérieur qui se perçoivent aujourd'hui sur lesdites marchandises, le négociant français qui les importera, soit qu'il les vende au lieu d'arrivée, soit qu'il les expédie dans l'intérieur pour les y vendre, payera un droit additionnel de 2 pour 100. Si ensuite ces marchandises sont revendues à l'intérieur ou à l'extérieur, il ne sera plus exigé aucun droit ni du vendeur ni de l'acheteur, ni de celui qui, les ayant achetées, désirera les expédier au dehors.

Les marchandises qui auront payé l'ancien droit d'importation de 3 pour 100 dans un port pourront être envoyées dans un autre port, franches de tous droits, et ce n'est que lorsqu'elles y seront vendues ou transportées de celui-ci dans l'intérieur du pays que le droit additionnel de 2 pour 100 devra être acquitté.

Il demeure entendu que le gouvernement de Sa Majesté l'Empereur des Français ne prétend pas, soit par cet article, soit par aucun autre du présent traité, stipuler au delà du sens naturel et précis des termes employés, ni priver en aucune manière le gouvernement de Sa Hautesse de l'exercice de ses droits d'administration intérieure, en tant, toutefois, que ces droits ne porteront pas une atteinte manifeste aux stipulations des anciens traités et aux privilèges accordés par la présente convention aux sujets français et à leurs propriétés.

ART. 6.

Les sujets français ou leurs ayants cause pourront librement trafiquer dans toutes les parties de l'empire Ottoman des marchandises apportées des pays étrangers; et si ces marchandises n'ont payé à leur entrée que le droit d'importation, le négociant français ou son ayant cause aura la faculté d'en trafiquer, en payant le droit additionnel de 2 pour 100 auquel il serait soumis pour la vente des propres marchandises qu'il aurait lui-même importées, ou pour leur transmission faite dans l'intérieur avec l'intention de les y vendre. Ce payement une fois acquitté, ces marchandises seront libres de tous autres droits, quelle que soit la destination ultérieure qui sera donnée à ces marchandises.

ART. 7.

Aucun droit quelconque ne sera prélevé sur les marchandises françaises produit du sol ou de l'industrie de la France et de ses dépendances, ni sur les marchandises provenant du sol ou de l'industrie de tout autre pays étranger, quand ces deux sortes de marchandises, embarquées sur des bâtiments français appartenant à des sujets français, passeront par les détroits des Dardanelles, du Bosphore ou de la mer Noire, soit que ces marchandises traversent ces détroits sur les bâtiments qui les ont apportées, ou qu'elles soient transportées sur d'autres bâtiments, ou que, devant être vendues ailleurs, elles soient, pour un temps limité, déposées à terre pour être mises à bord d'autres bâtiments et continuer leur voyage.

Toutes les marchandises importées en Turquie pour être transportées en d'autres pays, ou qui, restant entre les mains de l'importateur, seront expédiées par lui dans d'autres pays pour y être vendues, ne paieront que le premier droit d'importation de 3 pour 100; sans que, sous aucun prétexte, on puisse les assujettir à d'autres droits.

ART. 8.

Les firmans exigés des bâtiments marchands français à leur passage dans les Dardanelles et dans le Bosphore leur seront toujours délivrés de manière à leur occasionner le moins de retard possible.

ART. 9.

La Sublime Porte consent à ce que la législation créée par

la présente convention soit exécutable dans toutes les provinces de l'empire Ottoman, c'est-à-dire dans les possessions de Sa Hautesse situées en Europe et en Asie, en Égypte et dans les autres parties de l'Afrique appartenant à la Sublime Porte, et qu'elle soit applicable à toutes les classes de sujets ottomans.

La Sublime Porte déclare aussi ne point s'opposer à ce que les autres puissances étrangères cherchent à faire jouir leur commerce des stipulations contenues dans la présente convention.

ART. 10.

Suivant la coutume établie entre la France et la Sublime Poste, et afin de prévenir toute difficulté et tout retard dans l'estimation de la valeur des articles importés en Turquie ou exportés des États Ottomans par les sujets français, des commissaires versés dans la connaissance du commerce des deux pays ont été nommés, tous les quatorze ans, pour fixer par un tarif la somme d'argent en monnaie du Grand Seigneur qui devra être payée sur chaque article. Or, le terme de quatorze ans, pendant lequel le dernier tarif devait rester en vigueur, étant expiré, les hautes parties contractantes sont convenues de nommer conjointement de nouveaux commissaires pour fixer et déterminer le montant en argent qui doit être payé par les sujets français comme droit de 3 pour 100 sur la valeur de tous les articles de commerce importés et exportés par eux. Lesdits commissaires s'occuperont de régler avec équité le mode de payement des nouveaux droits auxquels la présente convention soumet les produits turcs destinés à l'exportation, et détermineront les lieux d'embarquement dans lesquels l'acquittement de ces droits sera le plus facile.

Le nouveau tarif établi restera en vigueur pendant sept années, à dater de sa fixation. Après ce terme, chacune des hautes parties contractantes aura droit d'en demander la révision. Mais si, pendant les six mois qui suivront l'expiration des sept premières années, ni l'une ni l'autre n'use de cette faculté, le tarif continuera d'avoir force de loi pour sept autres années, à dater du jour où les premières seront expirées, et il en sera de même à la fin de chaque période successive de sept années.

CONCLUSION

La présente convention sera ratifiée; les ratifications en seront échangées à Constantinople, dans l'espace de trois mois ou plutôt si faire se peut, et elle ne commencera toutefois à être mise à exécution qu'au mois de mars mil huit cent trente-neuf.

Les dix articles qui précèdent ayant été arrêtés et conclus, le présent acte a été signé par nous, et il est remis à Leurs Excellences les plénipotentiaires de la Sublime Porte, en échange de celui qu'ils nous remettent eux-mêmes.

Fait à Constantinople, le 25 novembre 1838.

Le Vice-Amiral, Pair de France, Ambassadeur de l'Empereur.

Baron ROUSSIN.

Nous, ayant agréable ladite convention, toutes et chacune des dispositions qui y sont contenues, déclarons, tant pour nos héritiers et successeurs, qu'elle est acceptée, approuvée, ratifiée et confirmée, et par ces présentes, signées de notre main, nous l'acceptons, approuvons, ratifions et confirmons, promettant, en foi et en parole d'Empereur, de l'observer et de la faire observer inviolablement, sans y jamais contrevenir ni permettre qu'il y soit contrevenu directement ni indirectement, en quelque manière et sous quelque prétexte que ce soit. En foi de quoi nous avons apposé notre sceau impérial à ces présentes.

Donné en notre palais impérial des Tuileries, le dix-neuvième jour du mois de janvier de l'an de grâce mil huit cent trente-neuf.

Signé : LOUIS-PHILIPPE.

Par Sa Majesté l'Empereur,

Signé : MOLÉ.

XVI

Traité de commerce conclu entre le gouvernement de Napoléon III et la Porte ottomane en 1861 (1).

Le mouvement économique, qui s'était si heureusement accusé sous la monarchie de Juillet, avait été sans cesse en progressant pour prendre, sous le second Empire, une incomparable expansion, sous l'influence de causes diverses. En premier lieu, la campagne de Crimée, en sauvant le trône des Sultans d'une catastrophe imminente, avait donné au prestige de la France un éclat et un lustre qui semblaient dépasser la période brillante du règne de Louis XIV. Toute la gloire accumulée par l'é-

(1) Ce traité fut élaboré en avril 1861, sous le règne d'Abdul-Médjis; mais il ne fut ratifié que sous le règne de son successeur, Abdul-Aziz, et sa mise en vigueur fut retardée jusqu'au 13 mars 1862. Une note insérée au *Moniteur Universel* du 25 septembre 1861 explique ainsi qu'il suit les causes de cet ajournement :

« Les négociations ouvertes entre la Porte et diverses puissances pour la conclusion de traités de commerce conformes à ceux qu'elle a récemment signés avec la France, l'Angleterre et le royaume d'Italie, n'étant pas terminées, le gouvernement ottoman a demandé que l'application de ces dernières conventions, qui avait d'abord été fixée au 1er octobre prochain, fût reportée au 13 mars 1862.

« Cette proposition, qui a pour objet de prévenir les perturbations que jetterait dans le service des douanes turques, ainsi que dans les transactions commerciales, la diversité qui succéderait tout à coup à l'uniformité qu'ont présentées jusqu'ici le régime conventionnel et le système économique de la Turquie, a été accueilli par le Gouvernement de l'Empereur. Il a donc été convenu, à la suite d'un accord entre la France et la Porte, que la mise en vigueur du Traité de commerce signé à Constantinople le 26 avril dernier et du nouveau tarif des douanes turques qui devait être appliqué simultanément, serait reportée, dans les pays respectifs, au 13 mars 1862.

popée napoléonienne s'était épanouie, aux yeux de ces populations orientales, qui ne mesurent le prestige qu'à la force, en une moisson d'influence au profit de l'action française. D'autre part, l'application croissante de la vapeur à la navigation, l'établissement des chemins de fer, le rayonnement universel du télégraphe électrique venaient puissamment contribuer au développement de nos relations commerciales. Mais ces merveilleuses inventions, dues à la science moderne, ne furent vraiment utilisées et ne donnèrent leur plein et entier effet que grâce à la doctrine du libre-échange dont Richard Cobden s'était fait l'apôtre et dont le gouvernement de Napoléon III sut faire une si heureuse application. Les lois libérales adoptées en 1860, en matière d'économie politique, décuplèrent la fortune de la France et donnèrent à son commerce un rayonnement qu'il n'avait jamais connu. La ville de Marseille, cette boussole de nos relations avec le Levant, reprit, en la dépassant, son ancienne importance. Le chiffre de sa population, qui n'était, en 1832, que de 145.000 habitants, atteignait, dès cette époque, celui de 400.000; le mouvement de son commerce, aidé par les grands travaux exécutés dans ses ports, s'augmentait de plus de deux milliards. Ainsi que le faisait observer un esprit distingué, M. Augustin Féraud, dans les débats soulevés par le renouvellement des traités de commerce, la période qui suivit l'application du régime inauguré en 1860 fut, au point de vue économique, heureuse et prospère entre toutes les périodes de notre histoire. Nous n'avons pas à nous occuper ici des traités intervenus entre le gouvernement impérial et les autres puissances, en vue de favoriser ce débordement de la richesse nationale. Il nous suffit de relater le traité conclu, en 1861, avec la Turquie, en faisant remarquer que, bien que le droit d'entrée de 3 o/o, stipulé par les traités antérieurs, ait été élevé cette fois à 8 o/o, droit commun désormais à toutes les nations, les marchandises de marque française envahirent tous les marchés orientaux et y occupèrent à peu près exclusivement la place qu'occupent aujourd'hui les articles allemands ou belges, malgré l'élévation relative de leurs prix.

Traité de commerce de 1861.

S. M. l'Empereur des Français et S. M. le Sultan, voulant donner par un acte spécial et additionnel une nouvelle extension aux relations heureusement établies entre leurs États par le Traité de commerce du 25 novembre 1838, ont, à l'effet d'atteindre ce but, nommé pour leurs plénipotentiaires, savoir :

S. M. l'Empereur des Français, le sieur *Charles-Jean-Marie-Félix*, marquis de la Valette, sénateur de l'Empire, grand officier de son Ordre Impérial de la Légion d'honneur, décoré des ordres impériaux du Médjidié de première classe et du Nicham-Iftikar, etc., etc., etc., son Ambassadeur près S. M. Impérial le Sultan.

Et S. M. I. le Sultan, *Mouhammed-Emin* Aali Pacha, président du conseil du Tanzimat et son ministre des affaires étrangères par intérim, décoré des Ordres Impériaux du Médjidié et du Mérite de première classe, Grand Croix de l'Ordre Impérial de la Légion d'honneur, etc., etc., etc.

Lesquels, après avoir échangé leurs pleins pouvoirs, trouvés en bonne et due forme, sont convenus des articles suivants :

Art. 1er. — Tous les droits, privilèges et immunités qui ont été conférés aux sujets et aux bâtiments français par les Capitulations et les Traités antérieurs sont confirmés, à l'exception des clauses desdits traités que le présent traité a pour objet de modifier. Il est en outre expressément entendu que les droits, privilèges, immunités que la Sublime Porte accorde aujourd'hui ou pourrait accorder à l'avenir aux sujets et aux bâtiments de toute autre puissance étrangère seront également accordés aux sujets et aux bâtiments français, qui en auront le droit, l'exercice et la jouissance.

Art. 2. — Les sujets de S. M. l'Empereur des Français ou leurs ayants cause pourront acheter dans toutes les parties de l'empire Ottoman, soit qu'ils veuillent en faire le commerce à l'intérieur, soit qu'ils se proposent de les exporter, tous les articles sans exception, provenant du sol ou de l'industrie de ce pays. La S. Porte ayant, en vertu de l'art. 2 du traité du 25 novembre 1838, formellement aboli tous les monopoles qui frappaient les produits de l'agriculture et toutes les autres productions quelconques de son territoire, et ayant aussi renoncé à l'usage des *teskérés* demandés aux autorités locales pour l'achat de ces mêmes marchandises, ou pour les transporter d'un lieu à un autre quand elles étaient achetées, il demeure entendu que tous les engagements stipulés dans l'art. 2 dudit raité restent en pleine vigueur.

Art. 3. — Les marchands français ou leurs ayants cause qui achèteront un objet quelconque, produit du sol ou de l'industrie de la Turquie, dans le but de le revendre pour la consommation dans l'intérieur de l'empire Ottoman, payeront, lors de l'achat ou de la vente, les mêmes droits qui sont payés, dans les circonstances analogues, par les sujets ottomans les plus favorisés parmi ceux qui se livrent au commerce intérieur.

Art. 4. — Tout article produit du sol ou de l'industrie de la Turquie, acheté pour l'exportation, sera transporté, libre de toute espèce de charge et de tous droits, à un lieu convenable d'embarquement, par les négociants français ou leurs ayants cause. Arrivé là, il payera un droit unique de huit pour cent de sa valeur à l'échelle, lequel sera abaissé chaque année de un pour cent, jusqu'à ce qu'il ait été réduit à une taxe fixe et définitive de un pour cent destinée à couvrir les frais généraux d'administration et de surveillance. Tout article acheté au lieu d'embarquement, et qui aurait déjà acquitté le droit d'exportation, ne sera naturellement pas soumis au droit d'exportation, si même il a changé de mains.

Art. 5. — Tout article produit du sol ou de l'industrie de la France et de ses dépendances, et toutes marchandises, de quelque espèce qu'elles soient, embarquées sur des bâtiments français et étant la propriété de sujets français ou apportées, par terre ou par mer, d'autres pays par des sujets français, seront admis, comme antérieurement, dans toutes les parties de l'empire Ottoman, sans aucune exception, moyennant un droit unique et fixe de huit pour cent calculé sur la valeur de ces articles à l'échelle et payable au moment du débarquement, si elles arrivent par mer, et au premier bureau de douane si elles arrivent par voie de terre. Si ces marchandises, après avoir acquitté le droit de 8 o/o, sont vendues, soit au lieu d'arrivée, soit à l'intérieur du pays, il ne sera plus exigé aucun droit, ni du vendeur, ni de l'acheteur. Mais si, n'étant pas vendues pour le consommation de la Turquie, elles étaient réexportées dans l'espace de six mois, elles seraient considérées comme marchandises de transit, et traitées comme il est dit ci-dessous à l'art. 8. L'administration serait, dans ce cas, tenue de restituer immédiatement au négociant qui fournirait la preuve que le droit de 8 o/o a été acquitté, la différence entre ce droit d'importation et celui de transit spécifié dans l'article précité.

Art. 6. — Il est entendu que les articles d'importation étrangère destinés aux Principautés-Unies de Moldo-Valachie et à celle de Servie et traversant les autres parties de l'empire Ottoman n'acquitteront les droits de douane qu'à leur arrivée dans les Principautés, et réciproquement que les marchandises d'importation étrangère traversant ces Principautés pour se rendre dans les autres parties de l'empire Ottoman ne devront acquitter les droits de douane qu'au premier bureau de douane administré directement par la Porte. Il en sera de même pour les produits du sol ou de l'industrie de ces Principautés, aussi bien que pour ceux du reste de l'empire Ottoman destinés à l'exportation qui devront payer les droits de douane, les premiers entre les mains de l'administration douanière de ces Principautés, et les derniers au fisc ottoman ; de telle sorte que les droits d'importation ne pourront, en tous les cas, être perçus qu'une seule fois.

Art. 7. — Aucun droit quelconque ne sera prélevé sur les marchandises, produits du sol ou de l'industrie de la France et de ses dépendances, ni sur les marchandises provenant du sol ou de l'industrie de tout autre pays étranger, quand ces deux sortes de marchandises embarquées sur des bâtiments français appartenant à des sujets français passeront les détroits des Dardanelles, du Bosphore et de la mer Noire, soit que ces marchandises traversent ces détroits sur les bâtiments qui les ont apportées, ou qu'elles soient transbordées sur d'autres bâtiments, ou que, vendues pour l'exportation, elles soient, pour un temps limité, déposées à terre pour être mises à bord d'autres bâtiments et continuer leur voyage. Dans ce dernier cas, les marchandises devraient, à Constantinople, être déposées dans les magasins de la douane dits de *transit*, et partout où il n'y aurait pas d'entrepôt, sous la surveillance de l'administration de la douane.

Art. 8. — La Sublime Porte, désirant accorder des facilités au transit par terre au moyen de concessions graduelles, il a été décidé que le droit de 3 o/o prélevé jusqu'à ce jour sur les marchandises importées en Turquie pour être expédiées dans d'autres pays sera réduit à 2 o/o dès aujourd'hui, et à une taxe fixe et définitive de 1 o/o au bout de la huitième année. La Sublime Porte déclare en même temps se réserver le droit d'établir, par un règlement spécial, les garanties à prendre pour empêcher la fraude.

Art. 9. — Les sujets français ou leurs ayants cause se livrant au commerce des articles produits du sol ou de l'industrie des pays étrangers acquitteront les mêmes taxes et jouiront des mêmes droits que les sujets étrangers trafiquant des marchandises provenant de leur propre pays.

Art. 10. — Par exception aux stipulations de l'art. 5, le tabac, sous toutes ses formes, et le sel cessent d'être compris au nombre des marchandises que les sujets français ont la faculté d'importer en Turquie; en conséquence, les sujets français ou leurs ayants cause qui achèteront ou vendront du sel et du tabac pour la consommation de la Turquie seront soumis aux mêmes règlements et acquitteront les mêmes droits que les sujets ottomans les plus favorisés parmi ceux qui se livreront au commerce de ces deux articles. Comme compensation de cette restriction, aucune taxe quelconque ne sera perçue à l'avenir sur les mêmes produits exportés de la Turquie par des sujets français. Les quantités de tabac et de sel qui seront exportées par des sujets français ou leurs ayants cause devront être déclarées à l'administration des douanes, qui conservera, comme par le passé, ses droits de surveillance sur l'exportation de ces produits, sans que, pour cela, elle puisse prétendre à aucune rétribution, soit à titre d'enregistrement, soit à tout autre titre.

Art. 11. — Les sujets français ne pourront non plus dorénavant apporter ni canons, ni poudre, ni armes, ni munitions de guerre. Le commerce de ces divers articles reste sous la surveillance immédiate et spéciale du Gouvernement ottoman, qui conserve le droit de le réglementer. Ne sont pas compris dans les restrictions précédentes les fusils de chasse, les pistolets et les armes de luxe.

Art. 12. — Les firmans exigés des bâtiments marchands français, à leur passage dans les Dardanelles et le Bosphore, leur seront délivrés de manière à leur occasionner le moins de retard possible.

Art. 13. — Les capitaines des bâtiments de commerce français ayant des marchandises à destination de l'empire Ottoman seront tenus de déposer à la douane, à peine arrivés au port de débarquement, une copie légalisée de leur manifeste.

Art. 14. — Les marchandises introduites en contrebande seront frappées de confiscation au profit du Trésor ottoman lorsque la fraude aura été dûment constatée ; procès-verbal du délit de contrebande sera dressé et communiqué à l'autorité consulaire dont dépendra le sujet étranger auquel appartiendra la marchandise confisquée.

Art. 15. — Toutes les marchandises produits du sol de l'empire Ottoman, importées en France par des bâtiments ottomans, seront traitées comme les produits similaires des pays les plus favorisés.

Art. 16. — Il demeure entendu que le Gouvernement de S. M. l'Empereur des Français ne prétend, par aucun des extraits du présent Traité, stipuler au delà du sens naturel et précis des termes employés, ni entraver, en aucune manière, le Gouvernement de S. M. Impériale le Sultan dans l'exercice de ses droits d'administration intérieure, en tant, toutefois, que ces droits ne porteront pas une atteinte manifeste aux stipulations des anciens traités et aux privilèges accordés par le présent traité aux sujets français et à leurs propriétés.

Art. 17. — Le présent traité sera valable pour vingt-huit ans. Toutefois, chacune des H. P. C. se réserve la faculté de proposer, au bout de la quatorzième et vingt-unième année, les modifications que l'expérience aurait suggérées. Le présent Traité sera exécutoire dans toutes les provinces de l'empire Ottoman, c'est-à-dire dans les possessions de Sa Majesté Impériale le Sultan situées en Europe et en Asie, en Égypte, et dans les autres parties de l'Afrique appartenant à la S. Porte, en Servie et dans les Principautés-Unies de Moldavie et de Valachie. La S. Porte déclare ne point s'opposer à ce que les autres puissances étrangères cherchent à faire jouir leur commerce des stipulations contenues dans le présent Traité.

Les H. P. C. sont convenues de nommer conjointement des commissaires pour établir le tarif des droits de douane à percevoir conformément aux stipulations du présent Traité, tant sur les marchandises de toute espèce provenant du sol, de l'agriculture et de l'industrie de la France et de ses dépendances, et importées par les sujets français dans les États de Sa Majesté Impériale le Sultan, que sur les articles de toute sorte produits du sol, de l'agriculture et de l'industrie de la Turquie que les commerçants français et leurs agents achètent dans toutes les parties de l'empire Ottoman pour les transporter soit en France, soit en d'autres pays. Le nouveau tarif établi restera en vigueur pendant sept ans, à partir du 1er octobre 1861.

Chacune des H. P. C. aura droit, un an avant l'expiration de ce terme, d'en demander la révision. Mais si, à cette époque, ni l'une ni l'autre n'use de cette faculté, le tarif continuera d'avoir force de loi pour sept autres années, à dater du jour où la première période aura été accomplie, et il en sera de même à la fin de chaque période successive de sept années.

Art. 18. — Le présent Traité sera ratifié, et les ratifications en seront échangées à Constantinople dans l'espace de deux mois, ou plus tôt si faire se peut, et il sera mis à exécution à partir du 1er octobre 1861.

En foi de quoi, les Plénipotentiaires respectifs l'ont signé et y ont apposé le sceau de leurs armes.

Fait à Constantinople, le 29me jour d'avril de l'an de grâce 1861.

LA VALETTE. AALI.

On remarquera combien ce traité, aussi bien, d'ailleurs, que celui de 1838, s'éloigne par sa forme et par son esprit des anciennes Capitulations. C'est, dans toute l'acception du terme, un traité de commerce conforme aux formules modernes et aux besoins des temps nouveaux. Toutefois, à l'instar de la précédente convention, il a soin de confirmer les privilèges antérieurs et de maintenir soigneusement toutes les conquêtes du passé, en stipulant même, pour l'avenir, le bénéfice du traitement de la nation la plus favorisée.

Le droit de 8 o/o *ad valorem*, la franchise du transit, des facilités accordées au commerce dans l'intérieur de la Turquie, la confirmation de l'abolition des monopoles, à l'exception du tabac et du sel, telles sont les stipulations essentielles de ce traité. Entré en vigueur en 1862, pour une durée de vingt-huit ans, il prenait fin le 13 mars 1890. Il fut dénoncé à cette époque et les deux puissances contractantes essayèrent de le renouveler, mais la Porte, encouragée par le traité de commerce qu'elle venait d'obtenir de la complaisance de l'Allemagne et contenant l'abandon des franchises stipulées par les Capitulations, voulut faire de ce traité la base de la discussion; aussi, montra-t-elle de telles exigences, ses propositions furent empreintes d'un esprit tellement restrictif, que les négociations, maintes fois poursuivies à Constantinople, furent suspendues et renvoyées *sine die*. C'est donc, jusqu'à ce qu'une entente se soit établie, le traité de 1861, et le tarif des douanes qui en émane, qui continuent à régler les relations commerciales de la France avec la Turquie.

Tel est l'ensemble des lois, traités et règlements que les Français ont le droit d'invoquer en pays de capitulations pour leur sauvegarde personnelle et celle de leurs intérêts commerciaux. Nous en avons fait l'historique et montré l'enchaînement des faits qui leur ont permis de se réaliser; car, pour bien apprécier les événements, il convient de remonter à leur point de départ, de rechercher les raisons profondes qui tiennent à la nature des choses, qui en expliquent la portée et qui s'imposent aux hommes par la vision nette de l'histoire. Il reste maintenant à exposer les conséquences de cette législation et, après en avoir transcrit la lettre et cité les textes, d'en faire connaître l'application.

DEUXIÈME PARTIE

I

État légal créé par les Capitulations

La jurisprudence spéciale établie par les Capitulations ressort du texte même des traités que nous venons de citer et dont le dernier en date est, en quelque sorte, le résumé général. Cette codification de tous les privilèges obtenus par les rois de France en faveur de leurs nationaux a été définitivement consacrée et sanctionnée par les deux derniers traités de 1838 et de 1861. Il y a donc là une situation acquise, en droit et en fait, qu'il convient d'étudier dans son application et dans la juridiction particulière qu'elle a créée.

Aujourd'hui, pour tous les peuples civilisés, c'est un principe incontesté dans le Droit public que, sur le sol d'un État, le gouvernement seul de cet État a le droit de commander, de juger et d'administrer; aucune puissance ne saurait tolérer l'ingérance d'une autorité étrangère dans l'exercice de ces prérogatives inhérentes à la souveraineté.

Il n'en est pas de même en Turquie, et nous en avons indiqué les raisons. L'incompatibilité de mœurs, d'idées et de lois, l'antagonisme de race et de religion, avaient tracé une profonde ligne de démarcation entre chrétiens et musulmans. Ceux-ci consentaient bien à laisser vivre les premiers sur les territoires conquis par la valeur de leurs armes, dans le but surtout de favoriser leur commerce, mais à la condition de leur faire une vie à part. Les Capitulations n'étaient même considérées, à l'origine, que comme des concessions purement gracieuses, temporaires et devenant caduques par la mort des souverains qui les avaient octroyées. Féraud-Giraud estime que de 1535 à 1740, ces conventions furent renouvelées jusqu'à seize fois. Chaque sultan, en effet, à son avènement, devait octroyer cette trêve aux nations chrétiennes, car le Koran fait un devoir de la guerre sans merci contre l'infidèle et n'excuse qu'une paix temporaire jusqu'au triomphe définitif de l'Islamisme. D'où les juges turcs arguent que tout ce qui est dérogatoire à ces préceptes et aux interprétations du livre sacré ne peut être légal ni servir de règle aux étrangers, si ce n'est à titre provisoire. La théocratie, principe de leur gouvernement, n'admet pas de modification dans son exécution.

Comment l'Europe, en présence d'une telle doctrine, aurait-elle pu se désarmer des garanties exceptionnelles que les anciens traités assuraient à ses nationaux dans les Échelles du Levant, pour la sécurité de leurs biens et de leurs personnes? Sans doute, au commencement, ces garanties étaient empreintes d'un caractère provisoire; mais à mesure que les Capitulations se renouvellent on sent qu'elles changent de plus en plus de caractère et qu'au lieu d'être des actes de condescendance, librement consentis, elles deviennent de plus en plus des traités bilatéraux débattus entre les parties contractantes, et même imposés à la Porte par le droit du plus fort. C'est ainsi qu'on arriva à créer une exception dans l'exception et à convertir en droit stable un régime de faveur temporaire. Quel est l'état légal qui en résulte?

De l'ensemble des privilèges concédés par la Porte, il ressort clairement que les Français peuvent désormais vivre en Turquie sous la protection de leurs consuls, avec les avantages qu'ils possèdent dans leur patrie et comme s'ils n'avaient jamais cessé d'y résider. « Sur le territoire musulman, écrit M. A. Benoît, ils continuent à être régis par leurs lois nationales, non seulement au point de vue de leur statut personnel, mais aussi pour tous les actes, traités et conventions qu'ils peuvent faire entre eux. En matière criminelle comme en matière civile, ils ne sont soumis qu'à la juridiction de leur pays. Le pouvoir administratif et la police même sont exercés par le consul délégué de leur gouvernement et sous le contrôle et la surveillance de ce gouvernement. De cette situation exceptionnelle, il résulte pour eux une sorte d'*exterritorialité* analogue à celle qui assure aux ambassadeurs accrédités près les cours étrangères l'indépendance nécessaire à leurs fonctions. Sans doute ici, pour les étrangers domiciliés en Turquie, ce privilège de l'exterritorialité ne saurait être admis par le Droit public que comme une fiction nécessaire, fiction légale pourtant, puisqu'elle résulte des Capitulations mêmes et des conventions internationales, et qu'elle était, du reste, la condition indispensable des relations des chrétiens avec les pays musulmans (1). »

Il suffit, pour se convaincre que cette exterritorialité existait autrefois matériellement aussi bien qu'en droit,

(1) A. Benoît, *Étude sur les Capitulations*.

de se rapporter à ces quartiers de la *fondique* où les colonies franques étaient reléguées à l'origine, et que nous avons eu l'occasion de décrire dans la première partie de ce livre. Ces quartiers, séparés du monde musulman, habités par les seuls étrangers d'un même pays, formaient, pour ainsi dire, un état dans l'état. Les autorités locales n'avaient point à y intervenir et le pouvoir souverain, se déchargeant lui-même de ses droits de juridiction sur ces quartiers, en confiait la police et l'administration aux autorités consulaires.

Grâce à cette fiction, le droit d'être jugé par ses pairs put se maintenir intact et se généraliser sans soulever de difficultés. La Capitulation de 1740 consacre définitivement la juridiction consulaire déjà formellement reconnue par la Capitulation de 1535 (articles 5 et 6); mais elle ne peut, elle ne pouvait poser ni les règles, ni les formes de la produre. L'Édit de juin de 1778 va combler cette lacune et déterminer le mode d'assignation, de signification, de prononcé de jugement, etc. ; il faut y joindre l'ordonnance du 3 mars 1781, qui réglemente plus particulièrement l'organisation de la *nation française.*

On sait que l'usage antique reconnaissait aux étrangers le droit de se réunir et de se grouper autour de leurs consuls pour s'occuper des intérêts de leur commerce; c'était là une conséquence naturelle de l'état de choses créé par les croisades et la vie en commun dans les quartiers isolés de la fondique. Cette réunion d'étrangers issus d'un même pays constituait ce qu'on appelait alors la NATION. Il n'était pas facile d'en faire partie. La nation française, particulièrement jalouse de son bon renom et des privilèges qu'elle avait obtenus, se montrait fort sévère dans l'admission de ses nouveaux membres;

elle en excluait les insolvables, les vagabonds et les aventuriers. Aussi exigeait-elle de tout nouvel arrivant : 1° un passeport en due forme ; 2° l'autorisation de la chambre de commerce de la ville de Marseille ; 3° l'acquit du cautionnement versé qui variait, ainsi que nous l'avons dit, de 40 à 60.000 fr. Il était même prohibé à ceux qui résidaient dans les Échelles du Levant ou de Barbarie, de contracter mariage dans ces Échelles sans l'agrément du Roi. Par ces mesures de précaution, la colonie contribuait non seulement à maintenir intacts sa réputation et son crédit, mais aussi à empêcher les Turcs, trop disposés à faire retomber sur la communauté les écarts d'un seul, d'avoir aucune prise sur les *giaours*. Ces usages, qui ont longtemps contribué à maintenir l'influence française dans le Levant, ont été réglementés par l'ordonnance du 3 mars 1781, qui achève de compléter la législation de l'Édit de juin de 1778 et de la capitulation de 1740 combinés. Il est vrai que les clauses restrictives qu'elle contient sont tombées peu à peu en désuétude. Une ordonnance de 18 avril 1835 finit même par affranchir légalement nos nationaux de l'obligation de se munir de l'autorisation, non pas de la chambre de commerce de Marseille, qui n'avait plus aucune raison d'être, mais de leur gouvernement, ainsi que du cautionnement qui en était la conséquence, pour aller s'établir dans le Levant. Néanmoins, l'ordonnance de 1781 reste encore applicable dans ses grandes lignes, en ce qui concerne l'organisation de la nation française, et met en relief les trois pouvoirs qui concourent à son administration. Ces trois pouvoirs sont : 1° le Consul ; 2° les députés ; 3° l'assemblée générale de la nation. Nous nous occuperons séparément de chacun de ces pouvoirs.

La Capitulation de 1740, qui forme la base de notre législation dans le Levant, est avant tout un traité de commerce. L'article 20 proclame la liberté absolue de trafiquer déjà implicitement concédée aux Français par la capitulation de 1535. Les articles suivants concernant les droits d'importation, d'exportation ou de transit, et les règlements de commerce à l'intérieur et à l'extérieur, ont été encore élargis par les traités beaucoup plus libéraux des 25 novembre 1838 et 29 avril 1861.

Avec le droit d'exister en corps de nation, sous l'administration du Consul, et de vaquer aux intérêts de leur commerce, assurés désormais du régime de la faveur, la Capitulation de 1740 reconnaît, en outre, aux Français pleine liberté de religion et de culte, et concède aux religieux catholiques le droit de jouir en paix des églises et couvents dont ils sont en possession (art. 82, 83).

L'art. 63 leur octroie le droit de circuler librement dans tout l'empire et de prendre à cet effet, s'ils le jugent convenable, le costume du pays, de peur que leurs vêtements européens ne les exposent aux insultes et aux avanies du fanatisme musulman.

L'art. 53 insiste sur le principe de la responsabilité individuelle de chacun pour ses actes, soit qu'en cas de faillite nul autre que le failli ne puisse en être responsable, soit, comme l'indique l'art. 22, que, dans le cas d'un Français se trouvant endetté, il soit expressément interdit de poursuivre tout autre que le débiteur, à moins que ce ne soit la caution.

L'art. 42, en défendant d'inquiéter les Français pour un meurtre qui serait commis dans leur quartier, et de leur faire payer l'amende dite de la *djérimé*, ou prix du sang, met fin à cette punition aveugle infligée à tout un quartier pour un crime anonyme. On sent là combien il était nécessaire de protéger les chrétiens contre le penchant fanatique des musulmans à les rendre, dans la punition, solidaires les uns des autres.

L'art. 70 est un des plus importants; il garantit aux étrangers l'inviolabilité de leur domicile: garantie essentielle dans un pays livré à tous les abus du despotisme et de l'arbitraire. Désormais, nul ne peut entrer sans nécessité dans le domicile d'un Français; fût-on dans la nécessité de le faire, il faut, au préalable, en avertir l'Ambassadeur ou le Consul et n'y pénétrer qu'avec des personnes déléguées par eux. Il convient cependant de faire remarquer que cette dernière formalité, facilement praticable quand toute la colonie vivait sous le regard du consul, groupée dans la fondique, devient parfois très difficile depuis que les étrangers sont dispersés dans tout l'empire. Aussi verrons-nous que le protocole du 9 juin 1868 a dû apporter quelque tempérament à ce principe de l'inviolabilité du domicile.

Une des plus grosses questions à résoudre en pays musulman était celle de la propriété foncière. Cette propriété a toujours été rigoureusement réservée par le gouvernement ottoman, car elle rentre dans le droit religieux. Au siècle dernier et jusqu'à une date récente, il était absolument interdit aux étrangers de posséder des biens-fonds sur la terre sacrée du Prophète. La loi française appuya longtemps à cet égard la prétention de la loi musulmane en défendant à ses nationaux d'acheter des immeubles en Turquie. L'ordonnance de 1781 renouvelle encore cette prohibition, en admettant toutefois une exception pour les négociants qui peuvent au moins acquérir les maisons, magasins, caves nécessaires à leurs marchandises et à leur commerce. Mais les acquisitions ne pouvaient se faire que furtivement, au moyen de prête-noms soit turcs, soit même chrétiens, mais à la condition, dans ce dernier cas, que la mention fût faite au nom d'une femme — la femme en Turquie étant considérée comme n'appartenant à aucune nationalité. Cette loi étant ainsi de plus en plus éludée et condamnée, dans son application, à des subterfuges qui devenaient la source d'une foule d'abus et de complications, le gouvernement ottoman finit par substituer le droit au fait et par admettre à la possession du sol ceux-là mêmes qui étaient le plus aptes à le faire valoir. C'est à partir de 1867 que les chrétiens, au grand scandale des vieux musulmans, furent admis à devenir propriétaires fonciers sur la terre ottomane, mais à la condition de renoncer, dans l'espèce, au bénéfice de leur nationalité et de relever exclusivement des lois du pays.

II

La fonction consulaire et l'organisation de la nation française en pays de Capitulations.

Nous avons analysé, dans la première partie de ce livre, l'institution consulaire chez les peuples anciens et chez les peuples modernes. Avec l'extension des relations commerciales, à mesure que la civilisation faisait prévaloir parmi les peuples les principes de droit international, cette institution est allée en se développant au point de devenir la condition obligée de la représentation nationale et de la protection des intérêts commerciaux. Mais la juridiction particulière établie dans les pays de l'Islam a donné à la fonction consulaire une importance telle qu'il convient de la traiter à part. Elle confère, en effet, à ceux qui en sont investis, les prérogatives les plus larges, les droits les plus étendus, car elle cumule entre leurs mains non seulement l'administration et la police de la colonie au milieu de laquelle ils résident, mais aussi toutes les attributions qui sont confiées, en France, aux préfets, aux maires, aux juges de paix, aux juges de première instance, aux administrateurs et inspecteurs de la marine, aux avoués, aux notaires, aux huissiers et aux officiers de l'état civil.

L'Édit de 1778, confirmant les dispositions de l'ordonnance de Colbert de 1681, institue définitivement la cour d'Aix pour connaître des appels formés sur les jugements de première instance rendus par les tribunaux consulaires du Levant (art. 37), mais laisse à ces derniers le soin de prononcer des sentences exécutoires, nonobstant opposition ou appel, mais moyennant caution, dans les causes où il s'agira de lettres de change, traites, obligations ou comptes-courants (art. 30 et 31). L'exécution des jugements reste confiée aux consuls « par toutes les voies praticables dans les pays où ils auront été rendus » (art. 35); mais la saisie immobilière, à la suite du protocole de 1868, dont nous aurons à nous occuper par la suite, donne lieu à des difficultés d'application en raison de l'idée musulmane qui considère le droit, nouvellement appliqué aux chrétiens, de posséder des biens-fonds en Turquie, comme un abus et une intrusion. Le même Édit de 1778 confiait jadis au consul l'administration et la police du quartier où habitait la *nation française*. Au consul il appartient encore non seulement de veiller à l'exécution des ordonnances et règlements qui régissent les conditions de la résidence des Français en Orient, mais encore d'assurer la police de la colonie. Comme conséquence même de ce droit de police, l'Édit de 1778, dans l'art. 82, attribue au consul le droit de faire arrêter et de renvoyer en France tous Français dont la conduite ou les intrigues pourraient compromettre la paix générale, sauf à justifier sa mesure auprès du ministre des affaires étrangères. Sans doute, cette mesure n'a jamais reçu que de rares applications; elle n'en a pas moins soulevé les protestations les plus vives. Maintes fois on a réclamé contre ce droit exorbitant d'expulsion laissé à l'appréciation du consul. On a objecté que si ce droit pouvait se justifier sous l'ancien régime, quand nos commerçants, pour s'établir dans les Échelles, avaient besoin d'être agréés par la chambre de commerce de Marseille, et de fournir une caution de leur moralité, il semblait maintenant en désaccord avec les principes de notre droit moderne sur la liberté individuelle. Cependant, lors de la discussion de la loi de 1836 sur la justice criminelle à l'endroit des Français en Orient, le ministre de la marine s'obstina à demander, et obtint que le droit d'expulsion fût laissé aux consuls, dans un pays où parfois le moindre scandale peut déterminer les plus graves désordres et entraîner une avanie générale, si l'on n'y remédie sur l'heure. Ce droit discrétionnaire des consuls français est donc resté aujourd'hui encore en vigueur, du moins en principe.

Toutefois, les nations étrangères, tout en maintenant à leurs consuls le droit d'expulsion, ont entouré ce droit de certaines garanties préalables. Ainsi, la loi consulaire italienne n'autorise le consul à prononcer l'expulsion qu'après une première réprimande et sur l'avis conforme du tribunal consulaire réuni en chambre de conseil. La loi anglaise, de son côté, oblige ses consuls, dans ce cas, avant d'exécuter leur sentence d'expulsion, d'en référer au juge supérieur à Constantinople et de lui transmettre le dossier de l'affaire; c'est de ce haut magistrat seul que dépend la décision finale.

Une conséquence de ce droit d'expulsion mis aux mains de nos consuls en Orient, c'est que nous n'avons pas besoin d'un traité d'extradition avec la Turquie. Un arrêt de la Cour de cassation du 18 décembre 1858, après avoir constaté que la Porte a délégué à la France le droit de poursuivre et de faire juger par ses consuls les crimes et délits commis par des Français sur le territoire ottoman, ajoute « qu'il serait contraire à l'esprit « des Capitulations que nos nationaux, rendus justiciables « de nos consuls pour crimes et délits commis dans « toutes les Échelles du Levant, pussent, à l'égard de « crimes commis en France, obtenir un droit de protec- « tion et d'asile sur cette portion de territoire étranger « qui, par la volonté du souverain du pays, a été soumis « à la juridiction française ».

Une autre conséquenee de l'ordonnance de 1781 est la protection du culte telle qu'elle résulte des art. 82 et 83 de la Capitulation de 1740. Il y est dit expressément que « l'ambassadeur du roi à Constantinople, les consuls et « vice-consuls dans les autres Échelles, protégeront tous « les prêtres séculiers et réguliers qui se trouvent en « Levant et en Barbarie à titre de missionnaires, curés « et chapelains français, et tous les religieux qui sont « sous la protection de la France. Ils les feront jouir des « égards dus à leur caractère et des privilèges qui leur « sont accordés par les Capitulations avec la Porte otto- « mane » (art. 134). Et comme conséquence de cette protection, les règlements ajoutent qu'il n'y aura de place de distinction dans les églises ou chapelles consulaires que pour les représentants de la France auxquels on est tenu de rendre les honneurs suivants : « Dans les fêtes « solennelles, les consuls et vice-consuls recevront l'eau « bénite, l'évangile à baiser, l'encens et le flambeau des « mains des ministres de l'autel » (art. 155).

Cette tradition, qui peut paraître, à certains égards, surannée, a été maintenue cependant dans toute son intégrité; elle ne saurait être indifférente dans des pays fortement imprégnés de l'esprit de culte, où la question de nationalité se confond avec celle de religion et en présence des manœuvres étrangères employées à détourner de notre protection cette source incontestable d'autorité et d'influence.

La fonction des consuls en pays de capitulations est donc des plus vastes et des plus variées ; on peut résumer ainsi les attributions diverses qui leur sont aujourd'hui conférées :

1° Régler les différends entre leurs nationaux par l'exercice de la juridiction civile, commerciale et criminelle ;

2° Remplir sans réserve les pouvoirs attribués en France aux officiers de l'état civil ;

3° Exercer le droit de police et d'inspection sur les gens de mer au même titre que les administrateurs et commissaires de la marine dans les ports français ; présider, en conséquence, le tribunal maritime commercial de leur résidence, faire arrêter les délinquants, capitaines ou matelots, réclamer les déserteurs et faire séquestrer les bâtiments ;

4° Procéder aux inventaires des successions des Français qui décèdent dans leur résidence, liquider ces successions et en transmettre le produit au ministère des affaires étrangères ou à la caisse des dépôts et consignations ;

5° Recevoir tous les actes de leurs nationaux, délivrer des passeports, patentes de santé, certificats de vie, recevoir les dépôts et légaliser les actes des autorités territoriales qui doivent être produits en France ;

6° Recevoir les contrats d'affrétement, les déclarations et rapports des capitaines des navires ; autoriser, lorsqu'il y a lieu, les contrats à la grosse aventure, dresser les procédures d'avaries et les règlements auxquels ces avaries peuvent donner lieu ; recevoir et donner acte des délaissements des navires, diriger les sauvetages des navires français et procéder au rapatriement des équipages des navires naufragés ou délaissés ;

7° En temps de guerre, diriger tout ce qui concerne l'administration des prises, et, en cas de force majeure, procéder à la vente des navires capturés et mettre à exécution les décisions du conseil des prises ;

8° Assister personnellement ou par délégation aux marchés pour fournitures quelconques faites aux navires de la marine de l'État ; éclairer les commandants sur les usages de leur localité et les moyens de ravitaillement, faciliter aux officiers le placement de leurs traites et les moyens de justifier leurs dispenses ;

9° Donner à leur gouvernement toutes informations politiques et commerciales ;

10° Veiller, en Turquie d'Europe, à l'application de la loi militaire et aux opérations du conseil de révision, et, en Turquie d'Asie, aux cas d'exemption et de dispense prévus par la dite loi.

Les députés formaient anciennement le second pouvoir qui concourait, avec le consul, à l'administration de la colonie constituée en corps de nation. Leur autorité, quoique fort diminuée, n'en subsiste pas moins tout entière au point de vue de la fonction ; elle ressort de la loi de 1781. Celle-ci dispose qu'au 1er décembre de chaque année on devait procéder à l'élection de deux députés qui entraient en fonctions le 1er janvier suivant. Cette élection était faite par scrutin dans une assemblée tenue en présence de l'ambassadeur ou des consuls. Dans les Échelles où la nation comptait au moins six établissements ou maisons de commerce, on devait élire deux députés dont l'exercice durait deux ans ; il n'en était élu qu'un chaque année, de manière que le plus ancien occupât le rang de premier député, et que le second lui succédât en cette qualité l'année suivante. Dans les Échelles où les négociants n'étaient qu'au nombre de cinq et au-dessous, on ne procédait qu'à l'élection d'un seul député.

Le rôle de ces mandataires de la nation était purement commercial ; il consistait à veiller de concert, avec le consul, aux intérêts de la communauté, de provoquer au besoin la réunion des assemblées et d'informer la chambre de commerce de Marseille de tout ce qui pouvait intéresser la colonie. Il va sans dire qu'on n'admettait à l'honneur de briguer les suffrages de leurs concitoyens que les négociants dont l'honorabilité et le crédit étaient au-dessus de toute atteinte ; on écartait expréssement tous ceux qui avaient fait faillite ou s'étaient compromis dans des spéculations hasardeuses ; ceux-ci n'étaient pas plus éligibles qu'électeurs. Voici, d'ailleurs, à titre de document, les dispositions de la loi de 1781 concernant les députés de la nation.

Art. 49. — Il sera procédé, au premier jour de décembre de chaque année, à l'élection des députés dans les Échelles du Levant et de Barbarie, lesquels entreront en fonctions au 1er janvier suivant.

Art. 50. — Aucun négociant ne pourra être élu député qu'il n'ait atteint l'âge de vingt-cinq ans et qu'il n'ait résidé au moins deux ans dans les Échelles.

Art. 51. — Les négociants qui auront fait faillite dans les Échelles ne pourront être élus députés ni même assister aux élections.

Art. 52. — L'élection des députés sera faite par scrutin dans une assemblée de la nation, tenue en présence de l'ambassadeur du roi et des consuls ou vice-consuls.

Art. 53. — L'ambassadeur et les consuls ou vice-consuls ne pourront proposer aucun négociant pour être élu député, et laisseront la plus entière liberté à l'assemblée pour l'élection. Lorsqu'il y aura partage de voix entre deux ou plusieurs négociants, l'ambassadeur et les consuls ou vice-consuls décideront le partage en faveur de celui qu'ils jugeront le plus capable.

Art. 54. — Dans les Échelles où la nation sera composée de six établissements, il y aura toujours deux députés dont l'exercice durera deux années. Il n'en sera élu qu'un chaque année, de manière que le plus ancien sera premier député, et le second le remplacera en cette qualité l'année suivante, et ainsi successivement à chaque élection.

Dans les Échelles où la nation ne sera que de cinq négociants et au-dessous, il n'y aura qu'un député qui sera remplacé tous les ans de la manière prescrite par les articles ci-dessus.

Art. 55. — En cas de mort ou de retour en France d'un député, pendant son exercice, il sera procédé incessamment à l'élection d'un sujet pour le remplacer.

Art. 56. — Aucun négociant ne pourra être de nouveau élu député que deux ans après être sorti d'exercice, à moins qu'il n'y eût pas sur l'Échelle d'autre sujet éligible.

Art. 57. — Lorsqu'un négociant se sera élu lui-même, ou se sera servi de voies illicites pour être élu député, il sera exclu pour toujours de la députation.

Art. 58. — Les députés seront chargés des affaires de la nation. Ils veilleront à l'intérêt du commerce. Ils pourront demander des assemblées lorsqu'ils le croiront nécessaire, et les consuls et vice-consuls conféreront avec eux sur tous les objets qui leur paraîtront respectivement intéresser la nation.

Art. 59. — Les députés informeront la chambre de commerce de Marseille des événements qui pourront survenir dans les Échelles; et qui intéresseront le commerce et la navigation des sujets du roi. Ils lui enverront tous les trois mois l'état du commerce d'entrée et de sortie de leur Échelle; et, à la fin de chaque année, l'état des dépôts faits en chancellerie.

Pour expliquer cette dernière disposition, nous devons faire remarquer que les consulats, qui depuis Henri IV étaient demeurés l'apanage des secrétaires d'État et qui furent même, sous Louis XIV, octroyés au marquis de Seignelay, lequel avait affermé quarante mille francs par an les droits consulaires qui y étaient attachés, furent attribués, en 1719, à la chambre de commerce de Marseille, à charge par elle de payer aux consuls et aux interprètes des Échelles des appointements réglés. C'est ce qui explique l'importance de cette institution et sa constante intervention dans toutes les questions concernant les consulats et le commerce des Échelles. C'était bien là le système de décentralisation administrative de l'ancien régime.

Enfin, un troisième pouvoir concourait jadis à l'administration de la colonie, c'était l'assemblée générale de la nation. Toutes les fois qu'ils le jugeaient utile pour le bien général et particulier de leurs nationaux, les ambassadeurs à Constantinople, les consuls et vice-consuls dans les Échelles avaient la faculté de convoquer l'assemblée de la nation de leur résidence et d'y appeler, dans les cas extraordinaires, les capitaines ou toutes autres personnes qu'ils jugeraient nécessaire. Ces assemblées étaient généralement composées des négociants établis dans le pays, mais par voie de représentation d'un seul associé par maison de commerce. De même que, pour le mandat de député, tout négociant ayant fait faillite était exclu de ces réunions dont la présidence et la police étaient dévolues aux représentants officiels de la nation. Ceux-ci, sans y avoir voix délibérative, dirigeaient les débats, communiquaient à l'assemblée les ordonnances et édits du roi, la consultaient sur les intérêts qui faisaient l'objet de la délibération et faisaient dresser par leur chancelier un procès-verbal en forme qui était inscrit sur un registre spécial. Les plaintes mêmes qu'on avait à formuler contre les représentants du roi qui avaient abusé de leur autorité ou commis des injustices envers ses sujets étaient ainsi présentées sous une forme solennelle, mais rendaient leurs auteurs passibles des punitions les plus sévères s'il était reconnu que ces plaintes étaient de nature calomnieuse ou tendancieuse.

Telle était la forte organisation des colonies françaises, groupées en masses compactes, serrées, autour de leurs consuls, pour mettre en valeur les forces économiques de la nation. Sans doute, cette organisation avait sa raison d'être dans les conditions d'existence particulières que les Capitulations et les anciennes ordonnances avaient créées aux colonies du Levant. Ces ordonnances sont encore en vigueur en majeure partie. Mais aujourd'hui nos nationaux ont moins besoin qu'autrefois de serrer leurs rangs, les barrières se sont élargies, les communications avec l'ambassadeur et les consuls sont devenues plus faciles. Aussi, l'organisation des négociants français en corps de nation, commune anciennement dans toutes les Échelles, n'existe plus aujourd'hui que dans les grands centres tels que Constantinople, Smyrne, Alexandrie, Beyrouth, Le Caire, où la colonie française est nombreuse et où l'usage d'élire des députés est maintenu comme par le passé; mais la nation ne conserve plus auprès du consul qu'une autorité purement morale.

III

Juridiction consulaire en matière civile et commerciale.

La juridiction consulaire en Turquie est formellement établie par le texte de toutes les Capitulations, dont la dernière, celle de 1740, est expliquée et amplifiée par l'Édit de 1778, qui règle expressément les fonctions judiciaires et de police des consuls de France dans les pays musulmans. Il est vrai que les articles qui vont du n° 39 au n° 81 de cet Édit ont été abrogés par la loi du 20 mai 1836, qui règle plus particulièrement la poursuite et le jugement des contraventions, délits et crimes commis par les Français dans les Échelles du Levant et de Barbarie. Mais l'Édit de juin reste encore souverain en matière civile et commerciale.

C'est un droit absolument réservé à nos consuls par les traités les plus anciens, de connaître des différends entre leurs nationaux, à l'exclusion des tribunaux du pays. La Capitulation de 1740 confirme ce droit à l'art. 26, corroboré par l'Édit de 1778 (art. 2). Ce dernier article fait même « expresse défense aux sujets français de traduire « leurs compatriotes devant les juges et autres officiers « des puissances étrangères, à peine de 1500 livres d'a- « mende ». Cette clause concerne les pays hors chrétienté, car en Europe l'application de ce droit est justement contestée. En Orient, elle a pour but de protéger efficacement et énergiquement les Français, bien qu'en cas d'un commun accord on puisse accepter une décision étrangère, auquel cas la loi française reconnaîtrait en France la validité du jugement, mais maintiendrait l'amende.

La constitution du tribunal consulaire est réglée par le même Édit de 1778. Le consul siège assisté de deux notables comme assesseurs qui prêtent préalablement serment et ont voix délibérative. A défaut de notables, le consul siège seul, mais alors il doit le mentionner expressément dans sa sentence. Le chancelier, également assermenté, siège comme greffier et fait fonctions d'huissier et de notaire, envoie les assignations, etc.

La compétence du tribunal consulaire ainsi constitué est absolue *ratione rei* ou *ratione materiæ* dans toutes les affaires civiles ou commerciales. « Nos consuls, dit l'Édit de juin 1778, connaîtront en première instance des contestations, de quelque nature qu'elles soient, qui s'élèveront entre nos sujets, négociants, navigateurs et autres, dans l'étendue de leurs consulats » (art. 1er). Il n'est pas douteux que, par l'expression *de quelque nature qu'elles soient*, le législateur n'ait visé toutes les affaires civiles et commerciales pouvant naître entre « négociants, navigateurs et autres ».

Néanmoins, certains jurisconsultes ont voulu restreindre cette compétence *ratione rei* aux affaires sommaires. Mais de nombreux arrêts ont maintenu la compétence absolue des tribunaux consulaires, à l'égal de celle de nos tribunaux civils et de commerce. On a également contesté que les questions d'état, nullités et donations ou testaments fussent de leur ressort. Mais la jurisprudence n'a fait aucune distinction entre les questions d'état et les autres affaires civiles. Il a été établi, il est vrai, que nos consuls ne jugeraient en dernier ressort que les affaires de 1.500 fr. Mais en cela ils sont soumis au même principe et à la même assimilation que nos tribunaux civils et de commerce. Il y a même plus de raisons d'appliquer ce dernier ressort aux jugements consulaires qu'aux sentences de tribunaux civils placés bien plus près des cours auxquelles leurs décisions peuvent être déférées.

« Si les lois modernes, bien postérieures à l'édit, écrit « M. Féraud-Giraud, ont établi que les tribunaux civils « et de commerce jugeraient en dernier ressort les affai- « res lorsque la demande n'excéderait par 1.500 fr., les « tribunaux consulaires, appelés dans les Échelles à « remplacer les tribunaux civils et de commerce, sont « soumis à cette règle générale édictée par les juridictions « du premier degré, il y a encore plus de raisons d'ap- « pliquer cette règle aux sentences consulaires rendues « loin du territoire français, qu'aux jugements des tri- « bunaux civils et de commerce rendus à côté des Cours « auxquelles sont déférées leurs décisions (1). »

Quant à la compétence du tribunal consulaire *ratione personæ*, il faut distinguer selon que la contestation a lieu entre Français, ou bien entre Français et étrangers, ou enfin entre Français et indigènes. Car c'est un principe partout accepté que le litige est déféré au tribunal du défendeur, suivant la maxime du droit romain : *Actor sequitur forum rei.*

(1) Féraud-Giraud, *De la juridiction consulaire dans les Échelles du Levant et de Barbarie*, II, p. 312.

IV

Contestations entre Français.

En France, comme, en général, dans tous les pays de chrétienté, c'est le domicile du défendeur qui fixe la compétence du tribunal. En Turquie, c'est souvent sa résidence habituelle constatée par l'immatriculation au Consulat. « Car les Français, ainsi que le fait justement « observer la Cour d'Aix, dans un arrêt du 28 juillet « 1865, n'ayant habituellement qu'une résidence à l'é- « tranger, et conservant leur domicile légal en France, « la juridiction consulaire n'aurait presque jamais été « applicable, si la règle du domicile légal devait être ri- « goureusement appliquée. »

Il est à remarquer, d'ailleurs, que l'Édit de juin ne parle nullement de domicile, mais qu'il se contente d'attribuer pleine juridiction aux consuls pour tout litige entre personnes « qui se trouvent » dans le district de leur consulat. Un arrêt de la Cour d'Aix de 1862 décide même que deux Français, fussent-ils de passage en Orient, sans domicile légal et sans résidence habituelle, leur différend doit être porté au tribunal consulaire le plus voisin du lieu où ils se trouvent.

Cette étendue de juridiction s'explique suffisamment en matière commerciale où les solutions doivent être promptes ; mais, en matière civile, les jurisconsultes exigent une résidence réelle et manifeste. MM. Dalloz et Caumont prétendent même que le défendeur aussi bien que le demandeur doivent résider à la fois dans le ressort de la circonscription consulaire. Toutefois, cette opinion semble contraire à l'esprit de la loi française qui défère expressément tout litige au tribunal du défendeur. Les parties peuvent, il est vrai, préférer d'un commun accord les tribunaux de la métropole. Mais le tribunal consulaire n'a pas une moindre compétence pour en connaître, car ses jugements sont aussi bien exécutoires en France et aussi bien susceptibles d'appel devant une cour française.

La Cour d'appel pour les consulats du Levant et de Barbarie est représentée, ainsi que nous l'avons déjà dit, par la Cour d'Aix, qui a naturellement succédé à l'ancien Parlement d'Aix auquel l'ordonnance de 1681 et l'édit de 1778 avaient attribué cet appel. Sa situation voisine de Marseille, foyer si considérable de notre commerce avec l'Orient, justifie le maintien de l'ancien état de choses.

En principe, la Loi française règne souverainement dans nos tribunaux consulaires du Levant, conformément à l'art. 26 de la Capitulation de 1740, qui édicte que, « s'il arrive quelque contestation entre les Français, les « Ambassadeurs et les Consuls en prendront connaissance « et en décideront selon leurs us et coutumes, sans que « personne puisse s'y opposer ». La Cour d'Aix, dans ses arrêts, a toujours maintenu ce principe. Grâce à la fiction d'exterritorialité résultant des Capitulations, le Français résidant sur la terre ottomane est censé vivre toujours sur le sol de sa patrie et rester soumis à ses lois nationales. Toutefois, on doit toujours tenir compte des usages et des mœurs du pays qu'on doit chercher à concilier, dans une certaine mesure, avec les lois nationales.

« Si les Capitulations, dit M. Féraud-Giraud, ont pour « but de soustraire les Français à l'action de l'adminis- « tration turque, si les anciennes ordonnances de nos « Rois ont été édictées avec la constante préoccupation « de ne pas laisser les chrétiens sous la domination des « infidèles, aucun de ces actes n'a eu pour but de dé- « truire les coutumes des chrétiens d'Orient ; et, si la lé- « gislation moderne s'est efforcée de mettre plus d'ordre « dans certains services, rien n'établit que ces réformes « aient dû s'étendre jusqu'à nos établissements consulai- « res du Levant et de Barbarie, au point de faire dispa- « raître d'anciennes coutumes consacrées par un long « usage (1). »

C'est dans ce même esprit que la Cour de cassation accepte pour bien des actes faits par des Français dans le Levant, l'application de la règle : *Locus regit actum*. De là vient la validité des actes sous seing privé au lieu de la forme authentique, la validité des conventions dont certaines stipulations seraient contraires aux lois françaises, mais conformes aux usages du pays. De là, par exemple, l'exception à la règle de 1807, qui fixe en France le taux d'intérêt à 5 o/o. La Cour d'Aix admet parfaitement que les Français qui résident dans les Échelles peuvent légitimement prétendre au taux d'intérêt de 12 o/o jadis, maintenant de 9 o/o, autorisé par la loi du pays. Ce n'est qu'en cas de silence absolu de la convention que la loi de 1807 s'impose.

Il en est de même pour la lettre de change. La loi française exige, pour que l'endossement soit valable et en transmette la propriété, qu'on y spécifie la valeur four-

(1) Féraud-Giraud, *De la juridiction consulaire dans les Échelles du Levant et de Barbarie*, II, p. 102.

nie et qu'on ne se contente pas d'écrire *valeur reçue*; mais par un arrêt du 24 mai 1858, la Cour d'Aix admet l'expression plus vague de *valeur eue* (valuta avuta) comme suffisante pour rendre l'endossement valable, parce que tel est l'usage dans le commerce de l'Orient.

Le même principe prévaut dans le mariage d'un Français en Orient contracté par acte sous seing privé. Statuant sur l'appel, la Cour d'Aix a confirmé un jugement rendu par le tribunal consulaire de Constantinople, admettant la validité de cet acte, puisque l'usage, depuis un temps immémorial, autorisait les Chrétiens en Orient, à régler par un acte de cette espèce leurs conventions matrimoniales, que cet acte émane d'une autorité religieuse ou d'une autorité civile, pourvu qu'il soit conforme aux usages du pays de résidence. C'est que, tout en restant Français à l'étranger et jouissant d'une quasi-exterritorialité, on n'en subit pas moins les coutumes. La loi française a pour objet de défendre ses ressortissants, non de les gêner.

Ce n'est pas seulement la France qui adhère à l'application de la règle : *Locus regit actum;* d'autres puissances admettent, au même titre, ce principe. Les lois consulaires d'Italie, d'Autriche et de Prusse admettent, en effet, une égale condescendance pour les usages locaux. « Les lois du royaume, dit la loi sarde du 15 août 1858, « seront observées dans tout ce qui n'aura pas été autre- « ment réglé par les traités, par les usages et par la « présente loi. » La loi anglaise admet la même disposition (*Order in council*, 30 nov. 1854, art. 3).

La Capitulation de 1740, comme celles qui la précèdent, reconnaissent aux consuls de France le droit de protéger des sujets étrangers à leur nationalité, sans en excepter même les sujets ottomans qui se trouvent dans des conditions déterminées. Il résulte de là que la juridiction de nos Consuls s'étend également aux étrangers qui n'ont pas de représentants directs auprès de la Porte. Autrefois, les Européens étaient communément désignés par le nom de *Francs;* ils ne voyageaient, ne commerçaient, n'étaient admis en Orient que sous la bannière de *l'empereur* de France; ils relevaient par le fait même de notre juridiction consulaire. Mais aujourd'hui que presque toutes les puissances ont obtenu des capitulations analogues à celles de la France, celle-ci a limité sa protection aux Suisses, aux Belges, aux Polonais et aux religieux d'un grand nombre de couvents, quelle que soit leur nationalité. Encore, certaines catégories de ces protégés, tels que les Suisses, ont-ils la faculté d'opter pour la protection allemande ou même américaine. Jadis, pour être « protégé », il fallait être agréé par la nation et cautionné par elle. Mais ces conditions, qu'on ne trouve écrites nulle part, sont tombées en désuétude, depuis les changements administratifs introduits en 1833 dans le régime des Consulats (1).

Le protégé français, non sujet ottoman, ne perd pas sa nationalité, mais se trouve soumis, comme le Français, à la juridiction française aussi bien à l'étranger qu'en France.

Quant aux raïas, on conçoit facilement les avantages qu'ils trouveraient à jouir des garanties accordées aux étrangers. Cette multitude de sujets non musulmans de la Porte consentiraient volontiers à échapper à la juridiction ottomane pour relever de la juridiction con-

(1) Voir Féraud-Giraud, *De la juridiction consulaire dans les Échelles du Levant et de Barbarie*, II, p. 76.

sulaire; on avait jadis admis quelques-uns à cette faveur, à titre de protégés, tels que les interprètes, les cavas, les sansals ou courtiers des consulats et des légations; mais cette concession avait tourné en abus. Une réforme, dont nous aurons l'occasion de parler plus loin, a été adoptée à leur égard, en 1863, et le nombre de cette catégorie de protégés a été déterminé par un règlement dont il n'est plus possible d'enfreindre l'esprit.

V

Contestations entre Français et étrangers.

Sous l'empire de l'ancienne législation, la France seule ayant une juridiction très étendue et ses sujets aussi bien que les sujets étrangers ayant avantage de se réclamer de cette juridiction, en raison des avantages qu'elle leur assurait, les contestations étaient déférées invariablement à nos tribunaux consulaires. Mais depuis que les autres nations ont obtenu les mêmes avantages, les étrangers peuvent à leur tour recourir à la justice de leur propre pays. Pour la première fois, l'art. 52 de la Capitulation de 1740 distingue entre Français et étrangers; mais cette disposition ne déclare pas quel sera, dans ce cas, le tribunal qui doit être saisi; elle ne fait qu'écarter absolument la justice turque.

Quelle doit être, en effet, dans les contestations qui peuvent naître entre Français et étrangers, la justice compétente? Il serait assez naturel, dans les litiges de cette nature, d'appliquer le principe *actor sequitur forum rei.* Néanmoins, il y a là le grave inconvénient qui peut se présenter du fait de demandes reconventionnelles. La loi anglaise a pris à cet égard une sage précaution ; c'est que l'étranger demandeur contre un Anglais défendeur se munisse préalablement de l'autorisation de son propre consul (*Order in council*, 1864). Cette autorisation permet au consul anglais de condamner, le cas échéant, l'étranger demandeur; elle exige, en outre, des sûretés répondant de l'exécution de la sentence. Une telle pratique a l'avantage sans doute de rendre possibles les demandes reconventionnelles et de prévenir les difficultés d'exécution, mais elle n'est applicable qu'autant que l'étranger demandeur consent à se soumettre à ces conditions préventives et y soit autorisé par son consul.

On a cru concilier tous les intérêts par un moyen terme. On a pensé, pour vider les litiges entre Européens, à instituer des *tribunaux mixtes*, formés de juges de la nation des deux parties. Cette organisation remonte aux croisades et on en trouve la trace dans les institutions dont nous avons parlé au chap. v du liv. Ier. On voit, en effet, dans les *Assises de Jérusalem*, que le roi Amaury Ier avait institué deux nouveaux tribunaux affiliés à la Cour des Bourgeois, l'un pour juger les affaires maritimes, l'autre pour juger les affaires commerciales entre étrangers ou entre étrangers et les gens du pays. Sur les dix juges qui composaient ces tribunaux, quatre étaient des nationaux du pays et deux des étrangers.

C'est cette pensée qui a présidé à l'institution de cette justice mixte. En 1820, on tenta un essai de ces commissions. Voici le texte de la convention verbale conclue à cette date entre les légations de France, d'Angleterre, de Russie et d'Autriche, à laquelle les autres légations adhérèrent tacitement.

1° Les anciens tribunaux mixtes qui étaient chargés de juger les contestations entre étrangers de nationalités différentes sont remplacés par des commissions mixtes dont la procédure aura pour base l'ancienne maxime du droit romain : *Actor sequitur forum rei*, maxime admise par la législation de toutes les puissances chrétiennes ;

2° La légation du pays du défendeur aura seule le droit de convoquer la commission mixte ;

3° Cette commission sera composée de trois juges-commissaires dont deux seront nommés par la légation du défendeur et le troisième par celle du demandeur ;

4° Elle prononce en premier ressort sur les contestations civiles et commerciales portées devant elle ;

5° La sentence rendue sera homologuée par le tribunal de la légation du défendeur qui sera chargé de pourvoir à son exécution ;

6° L'appel doit être porté devant le tribunal compétent pour connaître en dernier ressort des sentences rendues par les juges consulaires de l'appelant.

Ces commissions, si sages dans leur principe, fonctionnèrent jusqu'au 28 novembre 1864. Mais à cette date la Cour d'Aix, qui en avait reconnu l'existence jusque-là, jugea qu'elles n'étaient pas obligatoires pour un Français, que nul texte écrit ne se rencontre pour en sanctionner la compétence et qu'elles n'avaient d'autre autorité que celle qu'elles tenaient de la volonté libre des parties, qu'on pouvait en conséquence refuser de s'y soumettre.

Certains jurisconsultes estiment, au contraire, que ces commissions se justifient légalement, même en dehors de la convention de 1820. Suivant M. Féraud-Giraud (t. II, p. 252), la compétence de ces commissions résulte de l'art. 52 de la Capitulation de 1740 qui règle, en premier lieu, que la justice turque est incompétente tant que toutes les parties ne consentent pas à y recourir, en second lieu, qu'à défaut de ce consentement, les litiges entre chrétiens de nationalité différente doivent être portés devant leurs ambassadeurs. Même les législations étrangères ont réglé pour leurs nationaux le mode de procéder devant ces commissions arbitrales (voir l'*Order of council* du 23 janvier 1893, art. 218 et 237).

En principe, ce serait aux commissions mixtes de juger selon la loi du défendeur. Mais dans la pratique on s'en réfère généralement à la loi française. C'est à cette loi également que le code de commerce ottoman recommande de s'en rapporter, dans le silence de la loi ottomane. Pour donner toute sa valeur à la sentence rendue, il fallait l'homologation du tribunal du défendeur afin de la rendre exécutoire.

Toutefois, ces commissions, en raison des lenteurs infinies de la procédure, présentaient cet inconvénient d'augmenter les complications et les frais, alors qu'en matière commerciale il y a surtout intérêt à aller vite. Dans le cas où il y aurait à juger plusieurs défendeurs de nationalité différente, devait-on se résigner à réunir autant de commissions ? Quelle voie aurait-on suivie s'il y avait demande reconventionnelle ? Que faire si le Consul du défendeur refusait l'homologation ? Toutes ces difficultés n'étaient pas de nature à militer en faveur des commissions mixtes. La Cour d'Aix leur a porté le coup de grâce par son arrêt de 1864. On a donc été amené à revenir à l'ancien principe de droit romain et à porter l'action devant le tribunal du défendeur. Non seulement ce dernier n'est pas fondé à décliner la compétence de son propre tribunal, mais le demandeur y trouve, de son côté, toute garantie d'exécution et pleine sauvegarde de ses droits.

VI

Contestations entre Français et indigènes.

Aucun doute n'est possible dans ce genre de différends. La chose est formellement prévue et précisée par l'art. 26 de la Capitulation de 1740 qui accepte la compétence du tribunal indigène. Toutefois cette concession est entourée d'une garantie essentielle : aucun Français ne comparaîtra devant la justice locale si ce n'est sous la condition expresse qu'il y sera accompagné par le drogman de l'ambassade ou du consulat au courant de la langue et des usages du pays; ce dernier, en prenant en mains les intérêts de l'étranger, se fait non seulement le défenseur naturel de ses droits, mais exerce une sorte de surveillance sur la procédure suivie.

Les tribunaux indigènes ne sont pas susceptibles de connaître de toutes les contestations qui peuvent naître entre les étrangers et leurs ressortissants. La Capitulation de 1740 distingue les causes suivant l'importance des intérêts engagés et par l'art. 41, elle réserve les procès excédant 4000 aspres au Divan impérial ou Cour suprême. Dans les traités plus récents, cette somme est réduite à 500 piastres. Mais ces dispositions ne tardèrent pas à tomber en désuétude. Il était difficile, en effet, d'exiger des réclamants de se rendre à Constantinople de tous les points de l'empire pour faire juger ces cas réservés, alors que les frais de voyage et de procédure auraient été souvent supérieurs à la somme réclamée. Aussi l'art. 41, qui se réfère à cette distinction, peut-il être considéré comme virtuellement abrogé.

Il reste à savoir de quelle façon sera composé le tribunal appelé à juger ces sortes de différends. La Capitulation de 1740 est muette à cet égard; il n'y est fait aucune mention de ces tribunaux mixtes dont l'idée remonte loin dans les Échelles. On remarque, en effet, que, dans les Capitulations antérieures, il est expressément stipulé que les litiges commerciaux entre étrangers et musulmans seraient jugés par le chef de la Douane, assisté de plusieurs assesseurs désignés par le gouvernement turc parmi les notables négociants ottomans, raïas et francs. La présence de ces derniers assesseurs constituait une garantie précieuse pour les Européens. La Porte a cependant essayé plusieurs fois d'éliminer l'élément étranger pour ne garder que des juges musulmans, sans laisser aux Européens d'autre assistance que celle du drogman. Cette manière de juger a été formellement écartée par les ambassades qui se sont refusées à livrer les intérêts de leurs nationaux à l'appréciation d'un tribunal exclusivement ottoman.

Il fallut en venir à un *modus vivendi* et c'est à partir de 1839 que l'institution de ces tribunaux fut régularisée par la création de tribunaux mixtes de commerce, organisés par la Porte dans les principales villes de l'Empire, à Constantinople, à Smyrne, à Beyrouth, à Alexandrie, au Caire, etc. Ces tribunaux furent placés sous la présidence d'un fonctionnaire ottoman, mais leur composition demeura mixte, c'est-à-dire qu'elle comporta la présence d'assesseurs les uns ottomans, les autres européens, choisis parmi les notables des colonies étrangères. Telle était la garantie assurée aux étrangers dans les grands centres de l'empire; mais dans les villes de moindre importance où ces tribunaux mixtes n'avaient point à fonctionner, où se trouvait cette garantie?

Il semble que, là où une telle organisation n'était pas possible, on dût s'adresser à la justice locale et recourir aux tribunaux musulmans. Néanmoins, malgré la teneur des traités, l'usage a prévalu et les indigènes ont souvent préféré recourir à la justice française qu'à leurs propres tribunaux. Seulement, la justice française une fois saisie, l'affaire doit suivre son cours devant les diverses juridictions dans lesquelles se trouve placé le tribunal devant lequel la contestation a été portée, sans que l'une des parties puisse exciper plus tard de l'incompétence (Arrêts de la Cour d'Aix du 23 juillet 1853 et du 11 mai 1864). Il en est résulté qu'en fait la juridiction consulaire s'est à peu près généralement substituée à la justice musulmane et que là encore le principe du droit romain *Actor sequitur forum rei* a prévalu dans la pratique. Aujourd'hui, dans l'usage, sinon en droit, l'Européen, quand il est défendeur, se réclame de son consul et se rend justiciable de ses tribunaux dans les divers degrés de juridiction qu'ils comportent.

VII

Juridiction consulaire en matière pénale.

Un des privilèges les plus précieux de la Capitulation de 1740 c'est, pour les Français résidant dans les Échelles du Levant, de n'être jugés, à raison des crimes ou délits commis par eux dans ces Échelles, que par un tribunal national et selon les lois de leur pays. L'art. 15 stipule en effet que « s'il arrivait quelque meurtre ou « quelque autre désordre entre les Français, leurs am- « bassadeurs et leurs consuls en décideront selon leurs « us et coutumes, sans qu'aucun de nos officiers puisse « les inquiéter à cet égard ».

Il faut distinguer, en cette matière, les délits ou crimes commis par des Français sur d'autres Européens et ceux qui auraient été commis contre des indigènes. Dans le premier cas, les anciennes Capitulations n'y avaient pas pourvu par une prévoyance spéciale. On peut se l'expliquer par cette considération que, tous les Européens étant alors confondus sous la dénomination générale de *Francs*, il appartenait à la justice française de juger tous ceux qui relevaient de sa protection; c'était un usage établi qu'elle était seule compétente pour connaître des affaires de cette nature et mention expresse en est faite dans les plus anciens traités conclus soit avec les Soudans d'Égypte, soit avec les souverains ottomans.

L'usage en a été maintenu et la Cour d'Aix a maintes fois reconnu la légalité de cette pratique. Mais si le délit a été commis par un Français contre un indigène, la Capitulation de 1740 le rend justiciable des tribunaux du pays, toujours avec la garantie de l'assistance du drogman (art. 65).

Néanmoins cette disposition est aussi tombée en désuétude et l'usage a prévalu qu'en matière pénale aussi bien qu'en matière civile, les Européens, quelle que fût la victime du crime ou du délit, Chrétien ou Turc, restassent soumis à la juridiction de leurs consuls, en dehors de l'action des tribunaux du pays. Plus tard, on institua bien à Constantinople des tribunaux correctionnels mixtes à l'instar des tribunaux de commerce appelés à juger les affaires litigieuses où un Européen était impliqué; mais ces tribunaux n'actionnaient les étrangers que quand les consuls ne réclamaient pas le droit de poursuivre. Partout ailleurs, en Turquie, les consuls ont pleine et entière liberté de poursuivre leurs nationaux en matière pénale.

Mais ici une question se pose. La police locale a-t-elle le droit d'arrêter *sur la voie publique*, et conformément aux lois ottomanes, tout étranger qu'elle croit coupable d'un crime ou d'un délit? A-t-elle le droit, la personne une fois arrêtée, d'ouvrir une instruction contre elle et de s'emparer des objets qui peuvent se trouver en sa possession? Cette grave controverse, intéressant toutes les colonies européennes résidant en Turquie, a été soulevée, il y a quelques années, à Constantinople, à l'occasion de l'arrestation d'un missionnaire protestant (1), sujet britannique, accusé de travailler, avec un musulman, à la rédaction d'écrits contraires à l'islamisme; arrêté dans la

(1) Incident Koëlle, janvier 1880.

rue par la police locale, conduit au poste et fouillé de force, il fut confiné pour 24 heures dans une prison commune turque, sans pouvoir communiquer avec son ambassade ou son consulat.

Sur la protestation de l'ambassadeur d'Angleterre, le ministre des affaires Étrangères ottoman répliqua par une note (24 janvier 1880), où, à côté de la question des faits, il posa les principes suivants :

« La police a le droit d'arrêter sur la voie publique, et conformément aux lois ottomanes, tout individu, indigène ou étranger, qu'elle croit coupable d'un crime ou d'un délit. L'arrestation de l'étranger, en dehors de son domicile, n'est interdite par aucune disposition des traités, ni subordonnée à aucune formalité spéciale. Lorsque l'individu arrêté prétend être étranger, le devoir de la police est d'en aviser le consul de la nation à laquelle il dit appartenir, et cette mesure doit être accomplie au plus tard dans le délai de 24 heures, à moins que la résidence du consul ne soit distante de plus de neuf heures du lieu où l'arrestation s'est opérée.

« Enfin, jusqu'à l'arrivée du consul ou de son délégué, l'instruction judiciaire doit être suspendue; mais la police a le droit, moyennant procès-verbal régulier, de s'emparer des objets qui peuvent se trouver en la possession de la personne arrêtée, puisque, dans la plupart des cas, la constatation d'un crime ou d'un délit dépend de cette recherche faite immédiatement sur le prévenu. »

Cette doctrine ne semble pas d'accord avec les traités et Capitulations conclus entre la Porte et les Puissances étrangères, notamment avec l'Autriche en 1718 (art. 5), avec le Danemark en 1756 (art. 12), avec les États-Unis en 1830 (art. 4).

La Capitulation française de 1740 dit expressément :

Art. 65. — Si un Français ou un protégé de France commettait quelque meurtre ou quelque autre crime et qu'on *voulût* que la justice en *prît connaissance*, les juges de mon empire et les officiers ne pourront y procéder qu'en présence de l'Ambassadeur et du consul et de leurs substituts.

Consultés sur l'interprétation de cet article et sur l'usage établi en pareille matière, les premiers drogmans de l'Ambassade de France à Constantinople exprimèrent leur opinion dans des notes diverses dont celle qui suit nous paraît contenir la juste appréciation des choses.

Note

En cas de crime ou de délit, tout individu pris sur le fait, auteur principal ou complice, est arrêté par l'agent de la force publique et conduit au poste le plus voisin où un procès-verbal est immédiatement dressé.

Si toutes les parties sont reconnues, après coup, être étrangères, l'autorité locale remet les prévenus aux mains de la Chancellerie dont ils relèvent.

S'il y a des Ottomans en cause et qu'un prévenu arrêté par la police se prétende être étranger, avis est donné à l'autorité dont il prétend relever, pour qu'elle envoie son délégué et que l'affaire se poursuive et s'instruise en sa présence, conformément à la procédure ottomane.

La police s'empare habituellement des objets appartenant à la personne arrêtée, et il ne saurait en être autrement, puisque la constatation du crime ou du délit dépend, le plus souvent, de cette recherche faite sur le prévenu.

Les arrestations faites dans ces conditions de flagrant délit ont toujours été considérées, non pas seulement comme un droit, mais comme un devoir pour l'autorité chargée de maintenir l'ordre public et de veiller à la sécurité de la vie et des biens des habitants du territoire.

Dans le cas où un étranger est prévenu d'avoir pris part à un crime ou à un délit dont la justice ottomane est déjà saisie, la police prend, en plus, généralement, sur elle, d'arrêter l'inculpé dans la rue, si l'occasion se rencontre; si elle a ses raisons de croire que l'inculpé qu'elle recherche dépend d'une chancellerie étrangère, elle prend soin tout au moins de ne pas agir à l'insu du délégué de cette chancellerie.

Telle est la pratique journalière.

En est-il de même lorsqu'il s'agit, non pas de crimes et de délits ordinaires et de droit commun, mais de faits et d'actes intéressant directement ou indirectement la tranquillité et la sûreté de l'État?

Des cas de ce genre se sont présentés rarement. A en juger par ce qui s'est fait dans une espèce où l'Ambassade de France s'est trouvée mêlée, il y a quelques années, la Porte ne s'est pas toujours reconnu le droit d'arrêter en pleine rue un étranger sur lequel portent ses soupçons. Il s'agissait, à cette époque, d'une trame ourdie contre la personne d'Abdul-Aziz et d'un Français, ancien chef de la police secrète de Napoléon III, qui était soupçonné d'avoir la main dans le complot. L'Ambassadeur en fut prévenu par le grand Vizir et l'arrestation de Griscelli eut lieu directement par la police locale.

La vérité sur cette question de l'arrestation au grand jour de prévenus étrangers est que jamais le gouvernement impérial et les missions étrangères n'ont fixé d'un commun accord les limites exactes de leurs droits respectifs. L'autorité territoriale s'est toujours arrogé le droit de prendre au collet tout individu prévenu, à ses yeux, d'un délit ou d'un crime, quel qu'en soit le caractère. Les missions n'ont reconnu ce droit que dans le cas de flagrant délit. En dehors de cette circonstance, elles se sont réservé le droit de tenir l'autorité responsable des conséquences fâcheuses que pourrait avoir, le cas échéant, l'arrestation purement vexatoire et arbitraire d'un de leurs nationaux.

Dans toutes ces dispositions se manifeste la volonté très

arrêtée de la France de soustraire autant que possible ses nationaux à l'action de la police et de la justice locales; et dans les cas même où des sujets ottomans sont en cause, de n'accepter encore cette compétence qu'avec des garanties exceptionnelles. Cette défiance ne s'explique que par la difficulté de laisser des Chrétiens à la merci de la législation du Koran, laquelle diffère si radicalement des lois européennes, quant au principe même des peines, à la nature des châtiments et aux formes de la procédure. Pour le meurtre, par exemple, le Koran inflige la peine du talion; mais, en général, la punition se borne à une réparation civile sur laquelle la victime ou ses héritiers peuvent transiger à prix d'argent. On sait, en outre, que la législation musulmane ne connaît pas l'action publique. Il n'y a plus lieu à une plainte, ni à la punition légale d'un crime ou d'un délit, quand la victime ou ses héritiers ont été désintéressés par cette réparation pécuniaire. L'autorité locale reste alors désarmée. Elle ne peut plus poursuivre l'étranger coupable; et si les consuls prétendent exercer contre celui-ci l'action publique qu'autorise la loi française, elle n'a nulle raison de s'y opposer.

Cet état de choses ressort de tout le passé de notre jurisprudence. Cependant, depuis la Capitulation de 1740 et l'Édit de 1778, il y eut lieu de modifier profondément, non pas l'esprit de notre législation, mais la procédure à suivre par nos tribunaux consulaires relativement à la poursuite et au jugement des contraventions, délits et crimes, commis par des Français dans le Levant et les pays barbaresques. La Révolution était survenue, et, à la suite de ses réformes politiques et sociales, il était devenu nécessaire en France, au commencement du

XIXe siècle, de refondre les principes du droit criminel. Les vieilles règles de procédure en matière pénale, pratiquées jusqu'alors par nos tribunaux consulaires, ne pouvaient plus s'appliquer, et ces tribunaux, par suite, étaient comme abolis.

« L'instrument à l'aide duquel la justice était rendue « à l'occasion des crimes commis sur le sol de la domi- « nation turque étant brisé, on se trouva sans moyen « de répression (1). »

Une telle situation, aussi déplorable pour la justice que pour la morale, ne pouvait que compromettre le précieux privilège de juridiction que nous assuraient sur nos nationaux les Capitulations passées avec les États musulmans; car les Français coupables échappaient, dans les Échelles, à la répression de leurs lois. Il y avait urgence à y remédier.

On chercha à plusieurs reprises à le faire. Sous la Restauration, en 1826, un projet de loi fut présenté aux Chambres pour régler l'instruction et le jugement des crimes, délits et contraventions commis par les Français dans les Échelles. Mais le gouvernement n'ayant pas donné de suite à ce premier projet, déjà adopté par la Chambre des Pairs, l'œuvre fut reprise en 1833 et 1834. On s'y référait encore à l'Édit de 1778 pour maintes dispositions qui en étaient conservées ; mais en y ajoutant quelques dispositions nouvelles empruntées au Code actuel d'instruction criminelle, afin de mettre cette législation spéciale et surannée mieux en rapport avec les lois modernes. On fondit le tout ensemble, de manière à en faire un Code complet de la matière à l'usage de nos tribunaux consulaires. Il en est résulté que l'Édit de 1778,

(1) Rapport de M. Parant, *Moniteur* du 20 février 1836.

qui est resté en vigueur comme règlement pour les fonctions judiciaires des Consuls en matière civile, demeure abrogé, au contraire, en ce qui concerne leur juridiction criminelle. La loi adoptée par les deux Chambres en 1836 l'indique formellement :

« Sont abrogés les art. 39 et suivants, jusques et y compris l'art. 81 de l'Édit de 1778. »

La nouvelle loi comprend 82 articles répartis en six titres. Le premier est relatif à l'instruction, le second, au jugement des contraventions et délits, le troisième à la mise en accusation, le quatrième, au jugement des crimes, le cinquième, aux peines, le sixième renferme des dispositions générales (1).

Cette loi de 1836, qui réforme la justice pénale de nos tribunaux consulaires dans le Levant, leur impose désormais des formes de procédure criminelle analogues à celles de la métropole, en donnant aux prévenus des garanties conformes à l'esprit général de la législation moderne.

C'est ainsi qu'elle établit, suivant la nature des infractions, trois degrés de juridiction.

1° En matière de *contravention*. Le Consul, faisant fonctions de juge de paix, juge *seul* les contraventions. Chargé des règlements de police dans la colonie, il lui appartient d'en punir la violation par un jugement prompt et sommaire ;

2° En matière de *délit*. Les actes qui relèvent en France des tribunaux de police correctionnelle sont jugés dans les Échelles par le Tribunal consulaire composé du Consul en qualité de Président, de deux assesseurs désignés par lui, pour un an, parmi les notables résidant dans le

(1) V. Féraud-Giraud, II, p. 340.

ressort de son Consulat, et du Chancelier de la résidence remplissant les fonctions de greffier.

3° En ce qui concerne *les crimes*, ils sont jugés, non par le Tribunal consulaire du lieu où ils ont été commis, mais par la première Chambre et la Chambre des appels de Police correctionnelle de la Cour d'Aix. En une matière aussi grave, où le Consul n'a pas souvent sous la main tous les moyens de répression, le législateur a voulu déférer les prévenus à la justice de la métropole. Comme il est impossible cependant, aussi loin du théâtre du crime, de soumettre aux juges un débat oral, on doit y suppléer par l'information écrite, entourée de toutes les garanties possibles. Déjà autrefois, quand les cours de justice en France étaient appelées à juger ainsi sur les seuls procès-verbaux d'instruction, le magistrat chargé de cette instruction, après avoir reçu et consigné par écrit les dépositions des témoins, devait relire à chaque témoin sa déposition, en l'invitant, soit à y persister, soit à y apporter les changements qu'il croirait plus conformes à la vérité. La loi de 1836, non seulement a maintenu cette formalité du récolement; mais encore, comme les anciennes ordonnances, elle exige que le prévenu soit confronté par le juge instructeur avec chaque témoin ; que ce dernier déclare si le prévenu présent est bien celui dont il a entendu parler ; que la déclaration du témoin soit lue au prévenu ; que celui-ci puisse, par l'organe du magistrat instructeur, provoquer chez le témoin l'éclaircissement des faits ou l'explication de ses déclarations, dont il puisse se servir lui-même pour se justifier ; que pareillement, s'il y a plusieurs prévenus, ils soient confrontés les uns avec les autres, après avoir été séparément récolés dans tous leurs interrogatoires. C'est au consul qu'incombe cette instruction préalable.

A toutes ces garanties accordées aux prévenus par les anciennes ordonnations, la loi de 1836 ajoute la faculté pour le prévenu de se faire assister d'un conseil lors de la confrontation. A son défaut, le consul peut même lui désigner un conseil d'office, et pleine liberté est laissée à l'accusé de conférer avec ce conseil (1).

Les formalités de l'instruction une fois achevées, le tribunal consulaire se réunit et délibère sur le caractère délictueux ou criminel de l'affaire qui lui est soumise ; si ce dernier caractère lui est attribué, elle est renvoyée devant la Cour d'Aix.

Il convient d'ajouter que quand cette loi de 1836 fut discutée, on demanda que les procès criminels destinés à être rapportés en France pour y être jugés, au lieu d'être déférés aux Chambres de la Cour d'Aix, fussent, selon le droit commun, soumis à la Cour d'assises de Marseille. Mais cette proposition fut écartée. Car pour juger une affaire criminelle loin des lieux où les faits s'étaient passés, en l'absence de témoins, et seulement d'après une procédure écrite, il n'était pas possible de faire intervenir l'élément du jury. Cette difficulté pourtant n'a pas arrêté le législateur belge qui, par une loi de 1851, a déféré à la Cour d'assises du Brabant les inculpés de crimes commis en pays de non-chrétienté, et a assuré ainsi à ceux-ci toutes les garanties qu'ils auraient trouvées dans leur patrie pour la procédure criminelle.

L'ensemble des Capitulations conclues par la Porte, avec la France d'abord, ensuite avec les diverses puis-

(1) V. Féraud-Giraud, I, p. 76.

sances chrétiennes de l'Europe, et qui constituent aux étrangers cette situation privilégiée, ont toujours été, et restent encore aujourd'hui également en vigueur dans toute l'étendue de l'Empire ottoman, aussi bien dans ces provinces qui ne se rattachent plus maintenant à la Turquie que par un lien fort lâche de suzeraineté, que dans celles qui sont vraiment turques par leur dépendance immédiate du sultan, par leur esprit et par leurs mœurs. Cette extension du régime des Capitulations à tout l'Empire a été de nouveau rappelée par l'art. 9 du traité du 25 novembre 1838 et par l'art. 17 du traité de commerce du 29 avril 1861 :

« Le présent traité, y est-il dit, sera exécutoire dans « toutes les provinces de l'Empire ottoman, c'est-à-dire « dans les possessions de S. M. I. le Sultan, situées en « Europe et Asie, en Égypte et dans les autres parties de « l'Afrique appartenant à la Sublime Porte, en Servie « et dans les Principautés Unies de Moldavie et de Vala-« chie. »

Nous aurons lieu de faire ressortir plus loin les modifications que le temps et les événements politiques ont apportées aux dispositions de cet article. Il suffit de faire observer ici que les Capitulations obtenues de la Porte obligeaient toutes les provinces soumises à sa domination, tant que cette domination était reconnue par les Puissances. On verra dans la troisième partie de ce livre que des Capitulations analogues avaient été aussi conclues par la France avec les divers États Barbaresques qui s'étalent sur le rivage septentrional de l'Afrique, comme le Maroc, Tripoli, Alger, Tunis. Mais en Algérie la conquête de la France, en Tunisie, l'établissement de son protectorat, dans la plupart des provinces des Balkans, en Égypte, à Chypre, en Serbie et en Herzégovine, l'immixtion des puissances européennes ont plus ou moins transformé la législation internationale. Il y a donc lieu d'étudier séparément les conditions de législation particulière qui affectent ces divers États dans leurs rapports d'administration intérieure ou extérieure.

VIII

Les réformes de la Turquie.

Le régime des Capitulations a constitué pour l'Empire ottoman vis-à-vis des puissances européennes avec lesquelles il est en rapport, une situation exceptionnelle qui a fini par devenir aussi humiliante par son amour-propre, que gênante pour son administration intérieure. Non seulement les sujets étrangers étaient admis, en Turquie, au bénéfice d'immunités particulières, mais les propres sujets de la Porte étaient eux-mêmes appelés à profiter d'une situation non moins particulière, créée à dessein par certaines puissances intéressées à s'immiscer dans les affaires intérieures de ce pays.

L'origine de la protection des raïas constitue un des chapitres les plus caractéristiques de cette sorte d'abdication de la souveraineté territoriale. Elle fut imposée par la Russie en 1770, au terme de sa campagne victorieuse en Bessarabie. La Porte, contrainte de signer la paix de Kutchuck-Kainardgi, avait consenti à établir une sorte de protectorat sur ses sujets orthodoxes en faveur de la puissance victorieuse. L'art. 7 de ce traité stipule que « la S. Porte promet une ferme protection à la religion chrétienne et à ses églises et *admet* la Russie à *lui faire des représentations*, qui seront écoutées avec attention, en faveur de l'église gréco-russe de Galata ».

L'art. 8 se réfère aux Lieux-Saints et par l'art. 17, relatif aux chrétiens de l'Archipel, la Porte « promet que la religion chrétienne ne sera plus jamais exposée à aucune persécution, si minime qu'elle soit, que les habitants ne seront plus empêchés de réparer et d'édifier des églises de cette religion. »

Le traité de Kutchuck-Kainardgi fut confirmé en 1812 par le traité de Bucharest et en 1829 par le traité d'Andrinople. Il convient de faire ici remarquer que si la guerre de Crimée éclata en 1854, ce fut sur le refus de la Porte de reconnaître la validité de l'art. 7 du traité de Kutchuck-Kainardgi, et que la France et l'Angleterre, en s'y associant, voulurent surtout supprimer le monopole de la Russie dans la protection des raïas.

Mais cette intrusion des puissances étrangères jusque dans le ressort de son administration intérieure avait enfin éclairé la Porte sur la portée de ses complaisances et de ses concessions. Elle sentit le besoin de ressaisir, sur son territoire, au moins une partie de son autorité ainsi aliénée. Pour l'obtenir, elle s'efforça d'entrer dans le concert des nations et, dans ce but, de s'initier autant que possible à la civilisation européenne, de réformer son administration, de s'adapter aux lois des nations policées, tout au moins dans les règlements de son droit international. « La Turquie, dit Féraud-Giraud, en prenant place dans « le concert européen, a dû entrer dans des voies nou- « velles et faire des concessions dictées par les besoins « de la société européenne à laquelle elle ne refusait « plus de s'allier. Ces concessions, d'une nature toute dif- « férente de celles qu'ont sanctionnées dans le temps les « Capitulations, inspirées par des idées de fusion alors « que les autres naissaient du besoin de l'isolement, ces

« concessions, qui tendent à se développer même en « menaçant les autres, présentent un très grand intérêt « pour les étrangers de passage ou en résidence dans « les Échelles (1). »

Dans cette évolution presque contemporaine de l'Empire ottoman pour se rapprocher de l'Europe civilisée, le *Hatti-Schérif de Gulhané* du 3 novembre 1839 et le *Hatti-Humayoum* du 18 février 1856 sont deux dates mémorables, car elles semblent ouvrir une ère nouvelle à l'histoire du droit international privé dans les Échelles du Levant.

C'est une révolution, en effet, qui s'opère alors, au moins à la surface, dans les institutions de la Turquie. Mahmoud II, vers la fin de son règne, avait commencé cette œuvre de régénération de l'Empire. En même temps qu'il organisait et disciplinait ses troupes à l'européenne, il publiait en 1839 un firman dans lequel il garantissait à tous ses sujets la liberté des cultes et il préparait, par une centralisation nécessaire, l'assiette d'une nouvelle organisation politique, administrative, judiciaire et financière. Il laissa, en mourant, à son fils Abdul-Medjid le soin d'accomplir la réforme par lui conçue.

Le *Hatti-Schérif*, proclamé par ce dernier dans la plaine de Gulhané, le 3 novembre 1839, pose les bases d'un nouveau droit public ottoman (2). Dans cette constitution solennelle, le Sultan assure à tous ses sujets désormais, sans acception de religion :

1° Une entière sécurité, quant à la vie, à leur honneur et à leur fortune ;

(1) Féraud-Giraud, II, p. 259.
(2) V. le *Moniteur* du 29 novembre 1839.

2° Un mode équitable pour l'assiette et la perception régulière des impôts ;

3° Une répartition égale des charges militaires, soit pour la levée des soldats, soit pour la durée du service.

Bientôt après, le *Tanzimat*, ou Charte d'organisation, rendit le Hatti-Schérif obligatoire dans toutes les provinces de l'Empire.

L'Europe put se faire un instant illusion sur la vertu de ces réformes et croire que, par ses efforts pour se rapprocher de la civilisation chrétienne, l'Empire ottoman allait se régénérer. Les jeunes gens destinés aux fonctions publiques étaient élevés en pays chrétien ; des écoles étaient fondées ; on s'habillait à l'européenne ; avec les costumes, les usages sociaux paraissaient changés. Mais cette transformation si laborieuse restait à la surface. Quelqu'effort que tentèrent les gouvernants, ils se heurtèrent contre une force d'inertie et des préjugés invincibles. Cependant, en exécution du Hatti-Schérif de 1839, on essaya d'améliorer à Constantinople et dans les villes les plus considérables de l'Empire, à Smyrne, Beyrouth, Alexandrie, le Caire, les *Tribunaux mixtes de commerce*, chargés de vider les litiges entre les sujets ottomans et les Européens, et qui se composèrent de fonctionnaires de la Porte et de négociants étrangers, choisis par les légations. Ces tribunaux améliorés commencèrent à fonctionner en 1846.

Le *Hatti-Humayoum* du 18 février 1856 renouvela avec éclat et confirma solennellement les promesses du Hatti-Schérif de Gulhané. Au lendemain de la guerre de Crimée, la Turquie, sauvée par la valeur des armes françaises, voulut tenter un nouvel effort pour se rapprocher des Puissances occidentales et se montrer capable, par ses institutions, d'être admise dans le Droit public européen. Par ce nouveau firman, le Sultan assure donc à tous les sujets de l'Empire, sans distinction de classe ni de culte :

1° Toutes les garanties pour la sécurité de leurs personnes, de leurs biens et de leur honneur ;

2° Le libre exercice pour chacun de sa religion ;

3° L'admission égale de tous ses sujets, quelle que soit leur nationalité, aux emplois publics et aux écoles civiles et militaires du Gouvernement ;

4° La soumission des sujets chrétiens et des autres rites non musulmans, au service militaire et leur admission dans l'armée, au même titre que les musulmans ;

5° L'égalité de tous devant l'impôt ;

6° La réorganisation plus complète des *tribunaux mixtes*, pour juger toutes les affaires commerciales, correctionnelles et criminelles entre musulmans et sujets chrétiens ;

7° La promulgation, à l'usage de ces tribunaux, de codes assortis pour en éclairer les devoirs et en régler la procédure (1).

Dans cette seconde Charte, qui confirme et complète la première, il n'est pas de promesse que le Sultan, dans son désir de se concilier la confiance de l'Europe et dans sa bonne volonté de relever son Empire, ne prodigue aux raïas ou chrétiens sujets de la Porte pour les doter d'une organisation digne des nations civilisées.

Cette organisation était, du reste, commandée par les circonstances. Le Congrès de Paris allait se réunir pour régler la situation nouvelle que la guerre de Crimée avait faite aux divers États. Au cours des hostilités, les Puissances neutres, pour arrêter les prétentions moscovites,

(1) V. Féraud-Giraud, I, p. 56.

avaient déjà formulé quatre articles dits de *garantie*. Les 2e et 3e articles se réfèrent à la liberté du Danube et à la mer Noire. Les art. 1er et 4e ont trait au protectorat de la Russie sur les Principautés et à la protection des chrétiens orthodoxes. La France, l'Angleterre et l'Autriche voulurent ainsi supprimer le droit d'intervention de la Russie dans la protection des raïas et améliorer le sort des intéressés, d'où le *Hatti-Humayoum* de 1855, qui devait effacer, par le traité de Paris de 1856, l'ingérence des Puissances étrangères en faveur des sujets du Sultan.

L'art. 9 du dit traité dit :

« S. M. Ie le Sultan, dans sa constante sollicitude pour le bien-être de ses sujets, ayant octroyé un firman qui, en améliorant leur sort, sans distinction de religion ni de race, consacre ses généreuses intentions envers les populations chrétiennes de son Empire, et voulant donner un nouveau témoignage de ses sentiments à cet égard, à résolu de communiquer aux puissances contractantes le dit firman, spontanément émané de la volonté souveraine :

« Les puissances contractantes constatent la haute valeur de cette communication. Il est bien entendu qu'elle ne saurait, en aucun cas, donner le droit aux dites puissances de s'immiscer soit collectivement, soit séparément, dans les rapports de S. M. le Sultan avec ses sujets, ni dans l'administration intérieure de son empire. »

La Porte alla plus loin et réclama non seulement contre cette ingérence, mais aussi contre le privilège, qu'elle avait jadis accordé aux étrangers, d'être régis par les lois de leur pays. Maintes fois déjà, le gouvernement impérial s'était élevé contre la juridiction exceptionnelle que des capitulations d'un autre âge attribuaient aux Consuls sur son territoire, et demandait que cette juridiction fût désormais abolie, ou du moins restreinte, afin qu'elle pût reconquérir le légitime exercice de sa souveraineté dans ses États. Aujourd'hui qu'elle était entrée dans le concert politique européen et que par son récent *Hatti-Humayoum* elle avait reconnu les principes fondamentaux du droit international admis par les puissances de l'Europe, les privilèges stipulés par les anciennes Capitulations dans des conditions si dissemblables avaient-ils encore leur raison d'être? Le 25 mars 1856, la question fut soulevée par les plénipotentiaires réunis au Congrès de Paris.

Les prétentions de la Turquie rencontrèrent quelque faveur. Le comte Clarendon, appuyé par le comte Walewski, fit observer que, du moment que la Turquie était appelée à entrer dans le système politique de l'Europe, les puissances contractantes devaient chercher à s'entendre pour mettre les rapports de leur commerce et de leur navigation en harmonie avec la situation nouvelle de l'Empire ottoman. Le comte Cavour fut un des plus empressés à entrer dans ces vues; il ajouta avec vivacité que l'anarchie qui régnait dans les rapports des étrangers en Turquie dérivait de stipulations nées d'une situation exceptionnelle. De son côté, Ali-Pacha, le plénipotentiaire ottoman, attribua les difficultés qui entravaient les rapports commerciaux de la Turquie et l'action du gouvernement, à des conventions surannées; et il s'attacha à démontrer que les Capitulations nuisaient aux étrangers eux-mêmes, parce qu'elles constituaient une multiplicité de gouvernements qui arrêtaient l'intervention et le pouvoir de l'administration locale, et opposaient un infranchissable obstacle à toutes les améliorations. Le baron de Bourqueney, cependant, tout en reconnaissant qu'il y avait lieu d'aviser, demanda qu'on y apportât une grande circonspection, de façon à proportionner les concessions aux réformes sérieuses introduites par la Turquie dans son administration.

Le protocole de 1856 s'exprime ainsi à ce sujet :

« M. le baron de Bourqueney et les autres plénipo-
« tentiaires avec lui reconnaissent que les Capitulations
« répondent à une situation à laquelle le traité de paix
« tendra nécessairement à mettre fin, et que les privilèges
« qu'elles stipulent pour les personnes circonscrivent l'au-
« torité de la Porte dans des limites regrettables ; qu'il
« y a lieu d'aviser à des tempéraments propres à tout
« concilier ; mais qu'il n'est pas moins important de les
« proportionner aux réformes que la Turquie introduit
« dans son administration, de manière à continuer les
« garanties nécessaires aux étrangers avec celles qui
« naîtront des mesures dont la Porte poursuit l'appli-
« cation (1). »

Après ces explications, les Plénipotentiaires reconnurent unanimement la nécessité de reviser les Capitulations qui fixent les rapports commerciaux de la Porte avec les autres puissances, ainsi que les conditions des étrangers résidant en Turquie; et ils exprimèrent le vœu qu'à cet effet une Conférence fût ouverte à Constantinople, après la conclusion de la paix. Mais ce vœu devait rester encore une fois stérile. Ce ne fut qu'un incident diplomatique. Au moment de s'exécuter, on s'arrêta devant les difficultés d'une solution pratique. La législation civile des musulmans, en effet, est trop compliquée de leur loi religieuse pour que les Européens y puissent être soumis sans réserve ni garantie. Le Koran est fait pour la société mu-

(1) V. Féraud-Giraud., I, p. 56.

sulmane; si l'on entre dans la voie des renonciations partielles aux privilèges de juridiction dont les Européens avaient joui jusqu'à présent, on ajoute à la confusion actuelle, et l'on ne fait que multiplier les difficultés.

Aussi, malgré les espérances que la Porte avait conçues d'après les déclarations bienveillantes des Plénipotentiaires, les Capitulations ont été maintenues. Elles ont même encore été confirmées par les traités postérieurs. C'est ainsi que le traité conclu entre la Turquie et la France, en date du 29 avril 1861, débute par cette déclaration formelle :

« Tous les droits, privilèges et immunités, qui ont été « conférés aux sujets et aux bâtiments français par les « Capitulations et les traités antérieurs, sont confirmés, « à l'exception des clauses desdits traités, que le présent « traité a pour objet de modifier. »

Or, parmi ces modifications, il ne s'en trouve aucune concernant la juridiction. Dans les traités conclus à peu près à la même époque par la Porte avec l'Angleterre, l'Italie, la Russie, l'Autriche, les États-Unis, la Prusse et le Zollverein, même clause maintenant expressément la confirmation des privilèges assurés à leurs nationaux par les Capitulations antérieures (1).

On ne s'explique ces restrictions que par la perception nette de l'incompatibilité absolue entre la civilisation chrétienne et les mœurs musulmanes. La Turquie pourtant avait apporté ici à réaliser ses promesses de réformes, plus de constance et de sincérité qu'elle n'avait fait à aucune époque de son histoire. Ainsi, le Sultan, appréciant l'utilité des Tribunaux mixtes de commerce et des Tribunaux mixtes de police établis à Constantinople, à Smyrne, à Beyrouth, à Alexandrie et au Caire, témoignait, dès 1854,

(1) Gavini, p. 104.

dans un firman, de l'intention qu'il avait d'en étendre le bienfait aux autres parties de son Empire (1). Ainsi encore en 1857, il accordait à tous les colons étrangers qui viendraient s'établir dans les pays de sa domination, non seulement des lots de terre à cultiver, avec exemption plus ou moins prolongée d'impôt et de service militaire, mais encore une pleine liberté dans l'exercice de leur religion, à la condition de devenir sans réserve sujets de l'Empire (2).

Dans le *Hatti-Humayoum* de 1856, le Sultan avait même été jusqu'à promettre d'autoriser enfin les étrangers à acquérir et à posséder des « propriétés immobilières » en territoire ottoman.

« Comme les lois, disait-il, qui régissent l'achat, la « vente et la disposition des propriétés immobilières sont « communes à tous les sujets de mon Empire, il pourra « être permis aux étrangers de posséder des propriétés « foncières dans nos États, en se conformant aux lois et « aux règlements de police, en acquittant les mêmes « charges que les indigènes, et après avoir pris à ce sujet « des arrangements avec les puissances étrangères. »

C'était là une immense concession faite par le Commandeur des croyants et qui avait dû vivement blesser le fanatisme des ulémas. Car la propriété foncière en Turquie rentre dans le droit religieux. L'infidèle est expressément exclu de la Terre du Prophète. Cependant, si, en droit, des Européens n'y pouvaient posséder aucun immeuble, nous avons dit précédemment qu'en fait la loi musulmane était souvent éludée à cet égard. Ce n'étaient pas seulement des établissements religieux qui

(1) V. Féraud-Giraud, I, p. 307.
(2) V. *Moniteur* du 4 avril 1857, p. 374.

y acquéraient des propriétés, mais encore des particuliers parvenaient à le faire au moyen de prête-noms turcs, ou encore en se faisant passer pour Turcs eux-mêmes ; si bien que lorsque la loi de 1867, substituant le droit au fait, autorisa enfin les étrangers à acquérir des immeubles sur le territoire ottoman, la Porte, dans une circulaire qui suivit la loi, permit aux étrangers qui s'étaient donnés pour sujets ottomans afin d'obtenir des titres de propriétés, d'échanger ces titres contre des titres nouveaux où ils reprenaient leur vraie nationalité.

Qu'on remarque cependant que cette loi, qui enfin tenait les promesses du *Hatti-Humayoum* de 1856, s'était fait attendre jusqu'en 1867. Tandis que les Puissances européennes, dans l'intervalle, pressaient le sultan d'accomplir la réforme annoncée, celui-ci ajournait toujours, dans l'espoir d'amener les Puissances à modifier en échange, de leur côté, les Capitulations. Pouvait-il, en effet, disait-il, accorder le droit de propriété sur le sol de l'Empire à des populations qui ne relevaient pas de son autorité et n'étaient pas soumises à ses lois? Toutefois, à la réclamation d'Ali-Pacha du 3 octobre 1862, les ambassadeurs, par une note collective où ils maintenaient toutes les garanties assurées aux étrangers par les traités antérieurs, répondirent que ces immunités pouvaient parfaitement à leurs yeux se concilier avec les droits de l'autorité territoriale.

Devant la résistance unanime des Puissances, la Porte dut céder. Dans l'art. 1er du firman de 1867, il est déclaré que les étrangers sont admis à acquérir des immeubles en Turquie au même titre que les musulmans, à l'exception cependant de la province du « Hedjaz ». On comprend l'exception stipulée pour le Hedjaz, la patrie du Prophète, dont les villes saintes de Médine et de la Mecque conservent les souvenirs. Pouvait-on y tolérer la présence de l'infidèle? Cette pensée eût révolté les sentiments religieux de tout l'Islam. Le même firman stipule, en outre, par l'art. 5, que les sujets étrangers ne pourront bénéficier de cette loi que lorsque leurs gouvernements respectifs auront adhéré aux propositions de la Porte pour l'exercice du droit de propriété. En conséquence de cette disposition, un protocole fut signé l'année suivante (9 juin 1868) entre la France et la Turquie pour constater leur entente à ce sujet. Ce protocole a une portée trop considérable pour qu'il soit permis de n'en citer que des extraits. En voici la teneur *in extenso:*

Protocole du 9 juin 1868.

S. M. l'Empereur des Français et S. M. le Sultan, désirant constater, par un acte spécial, l'entente intervenue entre eux sur l'admission des sujets français en Turquie au droit de propriété immobilière concédé aux étrangers par la loi promulguée en date du 7 Sefer 1284, ont autorisé (suivent les noms) à signer le protocole dont la teneur suit :

La loi qui accorde aux étrangers le droit de propriété immobilière ne porte aucune atteinte aux immunités consacrées par les traités et qui continueront à couvrir la personne et les biens meubles des étrangers devenus propriétaires d'immeubles.

L'exercice de ce droit de propriété devant engager les étrangers à s'établir en plus grand nombre sur le territoire ottoman, le Gouvernement impérial croit de son devoir de prévoir et de prévenir les difficultés auxquelles l'application de cette loi pourrait donner lieu dans certaines localités. Tel est l'objet des arrangements qui vont suivre.

La demeure de toute personne habitant le sol Ottoman étant inviolable et nul ne pouvant y pénétrer sans le consentement du maître, si ce n'est en vertu d'ordres émanés de l'autorité compétente et avec l'assistance du magistrat ou fonctionnaire investi des pouvoirs nécessaires, la demeure du sujet étranger est inviolable au même titre, conformément aux traités, et les agents de la force publique ne pourront y pénétrer sans l'assistance du consul ou du délégué du consul d'où relève cet étranger.

On entend par demeure la maison d'habitation et ses attenants, c'est-à-dire les communs, cour, jardin et enclos contigus, à l'exclusion de toutes les autres parties de la propriété.

Dans les localités éloignées de moins de 9 heures de la résidence consulaire, les agents de la force publique ne pourront pénétrer dans la demeure d'un étranger sans l'assistance du consul, comme il est dit plus haut. De son côté, le consul est tenu de prêter son assistance immédiate à l'autorité locale, de telle sorte qu'il ne s'écoule pas plus de 6 heures entre l'instant où il aura été prévenu et l'instant de son départ ou du départ de son délégué, afin que l'action de l'autorité ne puisse jamais être suspendue durant plus de 24 heures.

Dans les localités éloignées de 9 heures ou de plus de 9 heures de marche de la résidence de l'agent consulaire, les agents de la force publique pourront, sur la réquisition de l'autorité locale et avec l'assistance de trois membres du conseil des anciens de la commune, pénétrer dans la demeure d'un sujet étranger sans être assistés de l'agent consulaire; mais seulement en cas d'urgence et pour la recherche ou la constatation du crime de meurtre, d'incendie, de vol à main armée ou avec effraction ou de nuit, dans une maison habitée, de rébellion armée et de fabrication de fausse monnaie, et ce, soit que le crime ait été commis par un sujet étranger ou par un sujet ottoman, et soit qu'il ait eu lieu dans l'habitation de l'étranger ou en dehors de cette habitation et dans quelque autre lieu que ce soit.

Ces dispositions ne sont applicables qu'aux parties de la propriété qui constituent la demeure telle qu'elle a été définie plus haut. En dehors de la demeure, l'action de la police s'exercera librement et sans réserve; mais dans le cas où un individu prévenu de crime ou de délit serait arrêté et que ce prévenu serait un sujet étranger, les immunités attachées à sa personne devraient être observées à son égard.

Le fonctionnaire ou officier chargé de l'accomplissement de la visite domiciliaire dans les circonstances exceptionnelles déterminées plus haut et les membres du conseil des anciens qui l'assisteront, seront tenus de dresser procès-verbal de la visite domiciliaire et de le communiquer immédiatement à l'autorité supérieure dont ils relèvent, qui le transmettra elle-même et sans retard à l'agent consulaire le plus rapproché.

Un règlement spécial sera promulgué par le S. Porte pour déterminer le mode d'action de la police locale dans les cas prévus plus haut.

Dans les localités distantes de plus de 9 heures de la résidence de l'agent consulaire et dans lesquelles la loi sur l'organisation judiciaire du vilayet sera en vigueur, les sujets étrangers seront jugés, sans l'assistance du délégué consulaire, par le conseil des anciens remplissant les fonctions de juge de paix et par le tribunal du caza, tant pour les contestations n'excédant pas 1.000 piastres que pour les contraventions n'entraînant pas la condamnation à une amende de 500 piastres au maximum.

Les sujets étrangers auront, dans tous les cas, le droit d'interjeter appel par devant le tribunal du sandjak des sentences rendues comme il est dit ci-dessus, et l'appel sera suivi et jugé avec l'assistance du consul, conformément aux traités.

L'appel comprendra toujours l'exécution.

Dans tous les cas, l'exécution forcée des sentences rendues dans les conditions déterminées plus haut ne pourra avoir lieu sans le concours du consul ou de son délégué.

Le Gouvernement impérial édictera une loi qui déterminera les règles de procédure à observer par les parties dans l'application des dispositions qui précèdent.

Les sujets étrangers, en quelque localité que ce soit, sont autorisés à se rendre spontanément justiciables du conseil des anciens ou des tribunaux des cazas, sans l'assistance du consul, dans les contestations dont l'objet n'excède pas la compétence de ces conseils ou tribunaux, sauf le droit d'appel par devant le tribunal du sandjak, où la cause sera appelée et jugée avec l'assistance du consul et de son délégué.

Toutefois, le consentement du sujet étranger à se faire juger, comme il est dit plus haut, sans l'assistance du consul, devra être donné par écrit et préalablement à toute procédure.

Il est bien entendu que toutes ces restrictions ne concernent point les procès qui ont pour objet une question de propriété immobilière, lesquels seront poursuivis et jugés dans les conditions établies par la loi.

Le droit de défense et la publicité des audiences seront assurés en toute matière aux étrangers qui comparaîtront devant les tribunaux ottomans, aussi bien qu'aux sujets ottomans.

Les arrangements qui précèdent resteront en vigueur jusqu'à la révision des anciens traités, révision sur laquelle la S. P. se réserve de provoquer ultérieurement une entente entre elle et les pouvoirs amis.

En foi de quoi, les plénipotentiaires respectifs ont signé le présent protocole et y ont apposé le sceau de leurs armes.

Fait à Constantinople, le 9e jour du mois de juin 1868.

Signé : P. BOURÉE.
FUAD.

Ce protocole a principalement pour but d'ouvrir aux Français l'accès des ressources économiques de la Turquie, par l'acquisition de propriétés et d'immeubles qui sont une des formes de la richesse de ce pays. En assimilant ses nationaux, devenus propriétaires, aux sujets du Sultan, la France s'était pliée à une exigence contraire à ses traditions, mais elle avait compris que c'était là une des conditions essentielles à cette extension de faveur. Les immunités prévues par les Capitulations sont sans doute expressément maintenues et réservées par ce protocole. Mais en ce qui concerne la propriété foncière, les Français, quelles que soient d'ailleurs leurs immunités, sont soumis, à partir de 1868, au payement de tous les impôts sur les immeubles, ils sont obligés de se conformer aux lois et règlements de police qui régissent la matière; et pour les contestations immobilières, ils sont justiciables des tribunaux ottomans.

C'est un principe de droit commun, en effet, que les immeubles, même possédés par des étrangers, sont régis par la loi territoriale. Il n'était pas possible, malgré la défiance qu'inspire la justice turque, que les contestations de cette nature fussent soustraites aux tribunaux ottomans et déférées aux tribunaux consulaires. Certaines Puissances cependant ne consentirent qu'avec peine à cette concession. La France avait signé le protocole dès 1868; mais la Russie n'y apposa sa signature qu'en 1873 et les États-Unis qu'en 1874.

Assurément, la loi de 1867, acceptée successivement par toutes les Puissances, est une dérogation importante au système général des Capitulations. Jusqu'alors, en effet, l'Empire ottoman, dans ses traités avec les puissances chrétiennes, était considéré comme un pays à part, resté en dehors de la civilisation et du droit international privé. Toutes les concessions qu'on lui imposait consacraient l'isolement des étrangers au milieu des populations mahométanes, et les abritaient contre les lois du pays. Mais après les réformes de la Turquie destinées à lui donner une place dans la famille des nations européennes, les traités, au lieu de tendre à maintenir les démarcations et à souligner les divergences, semblent s'inspirer, au contraire, de la pensée de rapprocher des hommes qu'une communauté d'intérêts a mis en rapport les uns avec les autres et force à vivre dans un commerce journalier.

Il faut cependant faire observer que, tout en maintenant formellement le principe si essentiel de l'inviolabilité du domicile des Français établis en Turquie, le protocole du 9 juin 1868 apporte une importante restriction à ce principe en ce qui concerne les Français éloignés de leur circonscription consulaire. L'art. 70 de la Capitulation de 1740 défendait absolument d'entrer dans la demeure d'un Français, et prescrivait, en cas de nécessité, d'avertir l'ambassadeur ou le consul, et de n'y pénétrer qu'avec des personnes commises par eux. Cette mesure était inspirée par ce besoin d'éloignement et de méfiance qui régnait alors entre les deux sociétés en présence. Quand la colonie étrangère était groupée dans ces quartiers isolés où elle était forcée de se cantonner, sous le regard de son consul, on pouvait, en effet, exiger de celui-ci qu'il assistât, lui ou son délégué, aux visites domiciliaires faites par les agents du gouvernement chez un de ses nationaux. Mais aujourd'hui que les étrangers, bien plus nombreux, sont répandus dans toutes les parties de l'Empire, comme on ne pouvait multiplier à l'infini les agences consulaires, on a dû, en certains cas urgents, pour ne pas entraver l'exercice de la police, concéder à l'autorité locale le droit de pénétrer dans le domicile d'un Français trop éloigné de la résidence du consul.

Le protocole de 1868 est une conséquence logique du *Hatti-Humayoum* de 1856. Il complète les réformes arrêtées soit en faveur des sujets de la Porte, soit en faveur des étrangers. Parmi ces réformes libérales, le *Hatti-Humayoum* avait promis que les *tribunaux mixtes* seraient consacrés à nouveau, et qu'on leur déférerait toutes les affaires commerciales, correctionnelles et criminelles entre musulmans et sujets chrétiens ou autres de rites différents; l'audience serait publique; les parties seraient mises en présence, et produiraient leurs témoins, dont les dépositions seraient reçues indistinctement sous un serment prêté par chacun suivant sa loi religieuse. En exécution de cette promesse, un *Code de commerce* fut rédigé à l'usage de ces tribunaux, en consultant les codes et règlements de commerce qui sont en vigueur dans les autres pays, mais principalement le code de commerce français (1). Ce code turc, composé de 325 articles, est divisé en deux parties : la première traite du commerce en général, de la formation des diverses espèces de sociétés, et des lettres de change ; la seconde, des faillites et banqueroutes.

Un supplément, l'*Appendice au Code de commerce*, fut promulgué bientôt après, en 1860, pour régler la constitution des tribunaux de commerce, ou déterminer la compétence, les attributions, le service intérieur et la procédure (2). Au-dessus de ces tribunaux, on constitua au Ministère du Commerce, à Constantinople, une cour de justice à l'effet de réviser les jugements dans les affaires susceptibles d'appel.

Cette législation se complète par un *Code de commerce maritime* (3) divisé en 14 titres et composé de 282 articles, et par un *Code de procédure commerciale*, en 140 articles.

Ainsi, par toutes ces réformes législatives, empruntées aux lois des nations européennes, la Turquie témoignait de sa sérieuse intention d'offrir aux étrangers de solides garanties dans le domaine de sa justice, et d'arriver ainsi à établir avec eux des rapports d'égalité internationale.

(1) Féraud-Giraud, I, p. 312.
(2) Féraud-Giraud, I, p. 366.
(3) Ib., p. 384.

IX

Contestations de la Porte au sujet des Capitulations.

Cette transformation méthodique de la Turquie dans ses institutions fondamentales avait eu pour effet, tout en continuant à augmenter chez elle le courant d'immigration étrangère, de lui donner comme une sorte de main-mise sur les Européens établis sur son territoire. Devenus propriétaires d'immeubles et obligés de passer par toutes les formalités du cadastre, les Français n'étaient plus fondés à demander l'appui de leur autorité consulaire dans les litiges concernant la propriété. La loi de 1867, confirmée par le protocole de 1868, avait dressé une barrière à cet égard. Cette première victoire dans le sens de ses revendications parut à la Porte de nature à lui faire obtenir de plus grandes concessions et à lui permettre d'arriver, par la suite, à l'abolition complète des Capitulations. Dans ce but, elle autorisa l'Égypte, qui faisait partie intégrante de l'Empire, à entrer, par d'habiles négociations avec les Puissances occidentales, dans la voie de la Réforme judiciaire destinée, dans sa pensée, à aboutir nécessairement à l'autonomie judiciaire et à constituer un précédent dont elle pourrait, un jour, se prévaloir elle-même. De son côté, elle se montra de plus en plus difficile dans l'application des Capitulations, notamment en ce qui concerne la protection des indigènes et les prérogatives consulaires. D'ailleurs, les Conférences de 1856 ne l'autorisaient-elles pas à tout espérer de la condescendance des Puissances signataires du traité de Paris ?

Par un mémoire adressé aux ambassadeurs en date du 7 juillet 1869, la Porte proteste formellement contre l'abus des Capitulations.

« Il est connu, y est-il dit, que dans la pratique on leur donne une élasticité qu'elles ne comportent pas et qu'à côté des privilèges déjà exceptionnels accordés par ces actes, il existe des abus manifestes qui occasionnent des difficultés incessantes. »

La Porte conteste aux Puissances étrangères le droit d'étendre leur protection aux sujets ottomans, à titre de *protégés étrangers*, en dehors de ceux qui sont à leur service à titre de drogmans et de yassakdjis ou cavas.

Elle reconnaît que les sujets étrangers sont exempts du payement de la capitation et des taxes arbitraires qui, d'ailleurs, ont disparu; mais elle les soumet aux impôts fonciers dont le payement est une des conditions expresses auxquelles il peut être permis aux étrangers d'acquérir des immeubles en Turquie. Elle prétend même imposer les étrangers, en dehors du commerce extérieur, réglementé par les traités modernes, dans la même mesure que ses propres sujets.

La Porte alla jusqu'à contester aux consuls le droit de prétendre aux prérogatives d'exterritorialité absolue dont jouissent les Représentants directs des Puissances, tant au civil qu'au criminel. A plus forte raison conteste-t-elle ce privilège aux drogmans et employés dits privilégiés.

Elle admet cependant l'inviolabilité du domicile tel

qu'il est établit par l'art. 70 de la Capitulation de 1740, et l'assistance du drogman dans les procès entre étrangers et ottomans, mais en alléguant que le drogman ne peut prétendre d'assister aux délibérations du tribunal, ni qu'il puisse arrêter le cours de la justice en se retirant de l'audience.

« Nous avons maintes fois démontré, ajoute à la fin ce mémoire, *combien l'existence même des Capitulations porte d'entraves au fonctionnement régulier des institutions* et à la marche progressive de la civilisation dans l'Empire. A plus forte raison, le Gouvernement impérial manquerait-il à ses devoirs et à sa dignité en laissant perpétuer ces abus qu'aggravent encore les inconvénients des Capitulations (1). »

Faisons observer qu'en ce qui concerne la protection des sujets ottomans il est difficile d'admettre, en effet, qu'on peut les distraire, en principe, à leur juridiction naturelle et leur donner les garanties accordées aux étrangers. Cela avait d'abord été consenti pour les indigènes dont les services étaient nécessaires pour les légations et les consulats ; mais cela avait donné lieu à bien des abus. Une réforme fut introduite, à cet effet, une première fois, en 1863, entre la Porte et les Puissances. Comme la perspective d'être affranchis de l'action arbitraire des autorités locales a des attraits irrésistibles, les sujets ottomans, ne pouvant être protégés, cherchèrent à se faire naturaliser. Mais la Porte y mit obstacle par une seconde loi qu'elle promulgua en 1869, aux termes de laquelle les sujets ottomans ne peuvent se faire naturaliser à l'étranger sans l'autorisation préalable de leur gouvernement. La France adhéra à cette loi par un avis

(1) Aristarchi Bey, *Codes ottomans*, III.

conforme du ministère des Affaires étrangères (section du contentieux) en date du 27 mai 1869, déclarant que la loi ottomane « n'a rien de contraire au droit internatio- « nal, en général, et qu'elle ne porte aucune atteinte aux « droits et privilèges reconnus par les Capitulations et « consacrés par l'usage (1) ».

Comme cette question de la protection des indigènes a donné lieu à de nombreuses contestations entre la Porte et les Représentants des Puissances étrangères, il n'est peut être pas inutile de citer le texte du règlement de 1863 qui prescrit les limites de cette protection.

Règlement du 23 Sefer 1280 relatif aux Consulats étrangers.

Art. 1. — Les Consulats peuvent employer des indigènes comme employés privilégiés au nombre fixé ci-après :

Les Consulats généraux ou les Consulats des chefs lieux des province, 4 drogmans et 4 yassakdjis.

Les Consulats dépendant des Consulats généraux, 3 drogmans et 3 yassakdjis ; les vice-Consulats ou agences consulaires, 2 drogmans et 2 yassakdjis. Dans le cas où le nombre fixé ci-dessus pour les employés indigènes des consulats ne serait pas suffisant, les consulats auront à s'adresser à leurs représentants à Constantinople qui en préviendront la Sublime Porte et s'entendront avec elle.

Art. 2. — Les Consulats généraux ou agences consulaires peuvent entretenir, en dehors du nombre indiqué dans l'art. 1, des drogmans et yassakdjis, mais il est bien entendu que ces derniers ne seront en aucune manière considérés comme privilégiés, à l'instar des autres mentionnés dans le dit article. Dans le cas cependant de l'entente avec la S. Porte, dont il est fait mention à l'art. 1er, les indigènes ainsi admis en sus du nombre d'employés déterminé, seront privilégiés à l'instar des autres.

(1) V. Cogordan, *la Nationalité au point de vue des rapports internationaux*, p. 228.

Art. 3. — Toutes les fois qu'un Consulat ou un vice-Consulat aura à nommer un drogman indigène privilégié, il sera tenu de s'adresser aux Représentants de son Gouvernement à Constantinople pour obtenir par ce canal une lettre vizirielle adressée au gouvernement du lieu et l'autorisant à reconnaître la personne désignée. Il est désormais interdit aux autorités locales de reconnaître aucun individu en cette qualité sans cette lettre.

Art. 4. — Les Consulats généraux devront notifier, comme cela se pratique à Constantinople, la nomination de leurs yassakdjis avec leurs noms au Gouverneur général qui les fera enregistrer et les reconnaîtra pour autant qu'ils auront complété le nombre fixé ci-dessus.

Les Consulats, les vice-Consulats ou les agences consulaires se référeront aux Consulats généraux respectifs dont ils dépendent pour obtenir, par leur intermédiaire, du Vali de la province, une lettre qui autorise la reconnaissance de leurs yassakdjis par les autorités des lieux où ils résident.

Art. 5. — Les protégés temporaires jouiront des mêmes droits que les protégés ordinaires et, dans les poursuites criminelles, les mêmes formes judiciaires seront employées vis-à-vis des uns comme vis-à-vis des autres, sans que les autorités provinciales puissent s'écarter des règles tutélaires suivies dans la capitale de l'Empire ; de manière enfin à ce que les uns comme les autres puissent, pendant tout le cours de l'instruction dirigée contre eux, recevoir, sans restrictions, l'assistance qui leur est due par l'autorité dont ils relèvent.

La protection des employés privilégiés des Consulats est individuelle et attachée à leurs fonctions. Elle cessera en cas de décès et de cessation de ces fonctions. Cette protection ne pourra point s'étendre pendant leur vie sur leurs parents, leurs fils, ou être transmissible à leurs héritiers après leur mort. Les employés privilégiés jouiront de toutes les immunités que les Capitulations leur accordent, mais leurs propriétés payeront l'impôt foncier, et ils ne pourront être exempts du service militaire ou du droit du remplacement.

Toutefois, pendant cinq années encore, leur service près des Consulats leur sera compté comme accomplissement de leur service militaire et, dans l'avenir, tous ceux qui seront entrés dans les cadres des Rédifs (Réserve), et qui se trouveraient au service des consuls, ne pourront, en cas d'appel, leur être enlevés.

Art. 6. — Aucun indigène ne pourra être nommé Vice-Consul ou Agent Consulaire d'une puissance étrangère. Dans le cas où de puissants intérêts commerciaux nécessiteraient l'entretien d'un Agent consulaire dans un endroit où il serait impossible de confier une pareille charge à une autre personne qu'un sujet de la S. Porte, la puissance intéresssée, pour cette éventualité exceptionnelle, sera admise à s'entendre sur ce point avec la S. Porte par l'intermédiaire de son représentant à Constantinople.

Toutefois, une telle exception ne saurait être admise que pour des cas d'urgence reconnus de part et d'autre et à titre provisoire. Aussitôt que les circonstances qui auront nécessité la nomination exceptionnelle dont il s'agit auront cessé d'exister, on pourvoira au remplacement de l'Agent indigène ainsi nommé. Il est, en outre, entendu que l'indigène en question ne pourra pas invoquer la protection de la puissance au service de laquelle il se sera trouvé, dès le moment où il n'y sera plus.

Art. 7. — Aucun Vice-Consul ou agent consulaire ne pourra exercer ses fonctions sans obtenir un bérat du Divan impérial par l'intermédiaire des autorités supérieures étrangères, bérat qui lui servira, comme par le passé, d'exequatur.

Art. 8. — Aucun sujet ottoman ne pourra être soustrait à la juridiction ottomane par la charge, l'emploi ou le service qu'il tiendrait d'un sujet étranger. Les intérêts étrangers seuls qui se trouveraient confiés entre ses mains jouiront de la protection étrangère.

Pour faire reconnaître ces intérêts aux autorités locales, les sujets étrangers devront, s'ils s'associent avec un sujet ottoman ou s'ils le chargent d'une affaire spéciale, passer un acte en règle au tribunal de commerce du lieu, ou, si le service à rendre n'est pas susceptible d'un acte devant le tribunal de commerce, en prévenir l'autorité locale afin de le faire enregistrer.

Art. 9. — En dehors des intérêts étrangers dont ils seraient chargés, conformément aux dispositions précédentes, les sujets ottomans ne cesseront pas un instant de conserver leur qualité de sujets ottomans et de relever de la juridiction ottomane dans leurs affaires privées et dans leurs personnes. Cette clause est applicable aux associés et hommes d'affaires des sujets étrangers.

Art. 10. — Les consuls, vice-consuls et agents consulaires des puissances étrangères n'exerceront plus aucune protection sur les boutiques ou les boutiquiers sujets de S. M. le Sultan, sous aucun prétexte quelconque.

Art. 11. — Il est bien entendu que la protection dont les employés privilégiés doivent ainsi être investis est, comme il est dit dans les articles précédents, toute personnelle et conséquemment affectée au service effectif; elle ne saura donc être accordée, en aucun cas, à titre honorifique, ou s'étendre sur les personnes qui auront cessé d'être employées, non plus que sur leurs parents, bien qu'ils doivent se considérer comme à l'abri de toute poursuite qui prendrait son origine dans les services que les consulats en auraient reçus. Les autorités locales veilleront de concert avec les consuls à ce que les impôts dus par cette classe de protégés sur leurs propriétés foncières soient acquittés régulièrement pour qu'ils ne soient pas exposés, à l'expiration de leur service, à des poursuites d'arriérés envers le Trésor. Il va sans dire que les protégés ne doivent acquitter, tant qu'ils jouissent de la protection, que l'impôt foncier ou les charges auxquelles les étrangers sont soumis. Ils ne pourront, en conséquence, être poursuivis, après la cessation de la protection, pour des arriérés d'impôts auxquels ils n'étaient pas légalement soumis à l'époque où ils jouissaient de la protection.

Art. 12. — Les domestiques indigènes des consuls n'appartenant pas à la catégorie des employés privilégiés n'auront aucun droit à la protection. Toutefois, il ne sera procédé à leur sujet que dans les formes compatibles avec les égards dus au consul et ils ne pourront être arrêtés qu'après que celui-ci en aura été prévenu, en due forme et en temps utile.

Il ressort de ce règlement, qui reste toujours en vigueur, que la Porte se montre de plus en plus jalouse de son autorité et qu'elle restreint dans de strictes limites le droit de protection, autrefois exercé si largement par les consuls, sur une catégorie de ses nationaux.

Reconquérir son autorité sur ses propres sujets n'était, après tout, pour le Gouvernement impérial, qu'un droit strict qu'on ne pouvait songer sérieusement à lui contester. Mais une mesure bien plus grave, qui menace d'atteindre le régime des Capitulations jusque dans ses clauses fondamentales, consiste dans la prétention nouvellement émise par ce Gouvernement d'imposer les étrangers, en dehors du commerce intérieur, dans la même mesure que ses propres sujets.

Un des plus précieux avantages des anciennes stipulations était précisément la faculté d'exonérer les Français de toutes ces taxes que l'arbitraire des autorités locales accumulait sur la tête des indigènes. Il résulte de là que la Porte est obligée d'avoir le consentement des Puissances pour modifier son système d'impôts, si la modification doit atteindre les étrangers. L'examen attentif du texte même des Capitulations et leur parfaite concordance démontrent avec quel soin les négociateurs de ces accords écartaient, pour leurs propres nationaux, l'obligation de payer le *Karatch*, le *Kassabié*, le *Tekialif-Urfié*, le *Yassak-Kouly*, le *Selametlitk-resmy*, le droit du *Bedj*, etc. Assurément, à mesure que la Turquie entrait dans le concert des nations, elle était amenée à modifier l'assiette de ses propres impôts, à remplacer les taxes anciennes et abusives par des charges plus rationnelles. Mais on ne doit pas perdre de vue qu'en matière de contributions directes ou indirectes les Capitulations ont consacré cette immunité essentielle : l'exemption de l'étranger du payement du *Karatch*, c'est-à-dire du tribut personnel ou de tout impôt qui, sous une dénomination quelconque, ne serait qu'un *Karatch* déguisé, c'est-à-dire une capitation. Cela est tellement vrai que, lorsqu'en 1875 la Porte souleva la question du droit des patentes qu'elle voulait imposer aux étrangers, elle eut recours aux conseils de légistes qui n'osèrent contester la question de principe. Ils établirent, il est vrai, une distinction. « Aucune disposition des Capitulations, arguèrent-ils, n'exonère l'étranger d'une manière générale et absolue des contributions qui pouvaient être établies dans l'avenir, pourvu qu'elles n'aient point le caractère d'une capitation ou impôt personnel. » Ils en conclurent que la patente, n'étant qu'une condition et une charge de l'exercice d'une profession, était loin d'avoir le caractère d'un impôt personnel proprement dit. Mais il fallut reconnaître en même temps qu'il était impossible de refuser l'intervention des légations étrangères dans les contestations auxquelles pouvait donner lieu l'application ou la perception du droit de patente. Les étrangers ont droit, en effet, à cette intervention dans toutes les questions qui intéressent leurs personnes ou leurs biens. La seule exception à cette règle concerne les immeubles dont les étrangers sont propriétaires en Turquie. Cette exception fut la condition même du droit de propriété qui leur était refusé, et qui leur fut accordé conformément à une convention acceptée par toutes les Puissances.

Une autre immunité consacrée par les conventions internationales, et notamment par les traités de commerce, est relative aux marchandises importées de l'étranger en Turquie, ou exportées de la Turquie à l'étranger, lesquelles ne peuvent être grevées d'aucune autre charge que celles du droit d'entrée et du droit de sortie, suivant les tarifs internationaux. La Porte prétendit que cette stipulation n'a nullement le caractère d'un privilège en faveur de l'étranger; qu'elle ne concerne que la marchandise, abstraction faite de la nationalité de celui qui en fait l'objet d'un trafic; de telle sorte qu'un produit étranger introduit en Turquie par un sujet ottoman est autant et aussi bien protégé contre toute charge ou contribution autre que celle du droit d'entrée, que si ce produit appartenait à un étranger. Une taxe particulière devrait donc atteindre, non pas la marchandise qui reste soumise au droit d'entrée ou de sortie stipulé aux traités de commerce, mais tout individu indigène ou étranger qui voudra se livrer habituellement au commerce d'importation ou d'exportation.

Cependant, malgré les démarches réitérées de la Porte, la Commission instituée par les légations étrangères pour examiner le projet de loi sur l'application de la patente aux étrangers exerçant des industries ou métiers dans l'Empire ottoman repoussa ce projet comme altérant le caractère des Capitulations et portant atteinte aux immunités accordées aux étrangers par les traités existants.

Il est vrai que le projet de loi sur le timbre rencontra moins d'opposition de la part des légations. Un accord intervenu en 1894 accepta le principe de cette taxe et une circulaire de la Porte et des Ambassades la rendit obligatoire, l'année suivante, pour tous les étrangers résidant en territoire ottoman. Désormais, tout acte public, administratif, judiciaire ou notarié, adressé aux autorités ou administrations locales, est soumis, en Turquie, au droit du timbre, suivant une échelle proportionnelle, aussi bien pour les Européens que pour les indigènes. Il n'est fait d'exception que pour les actes adressés par les étrangers à leurs Légations ou Consulats respectifs, actes qui relèvent d'un tarif spécial. Toutetois, cette dérogation au principe de la capitation ou impôt personnel, s'explique par cette considération qu'elle a été admise, non pas pour créer une nouvelle ressource au Trésor public ottoman, mais seulement pour augmenter le revenu de la Dette publique ottomane. On sait que cet important service a été institué en Turquie, en 1881, à la suite de l'effondrement de ses finances, pour assurer les droits des porteurs des titres étrangers, et qu'il est placé alternativement sous la présidence d'un délégué français et anglais, au sein d'un conseil composé de délégués de toutes les nations intéressées. C'est donc la sauvegarde des intérêts de leurs nationaux, dans un pays soumis, en partie, à leur tutelle financière, qui a décidé les Puissances à consentir à l'établissement d'une contribution dont le principe semble en contradiction avec l'esprit et la lettre des anciens traités.

Pour mettre mieux en évidence les nouvelles dispositions du Gouvernement ottoman à l'égard de ces traités, nous relaterons le conflit qu'il crut devoir soulever, en 1895, au sujet de la présence des drogmans aux délibérations des tribunaux civils.

Toutes les Capitulations françaises, corroborées par les Capitulations étrangères, avaient consacré ce principe tutélaire que, dans les cas de différend, de litige, de débat, de dispute, de contestation, de procès en matière civile, de toute autre instance judiciaire, et pour quelque cause que ce soit, entre sujets ou protégés étrangers et sujets ottomans, aucune requête de ces derniers ne serait admise, aucune de leurs demandes ne serait accueillie et écoutée en justice, et leurs dénonciations ne seraient reçues par le juge local et devant les tribunaux ottomans, la contestation ne serait examinée, le procès ne serait informé, la cause ne serait ouïe, décidée et jugée, la sentence ne serait passée, et aucun jugement ne serait prononcé qu'en présence de l'Ambassadeur, du Consul et du drogman, et avec l'assistance et la défense de ce dernier (1).

Mais en 1875, à l'occasion d'un procès intenté à un Italien par un indigène devant le tribunal ottoman de Constantinople, une circulaire du ministère de la Justice enjoignit aux présidents des tribunaux civils de ne plus admettre à leurs délibérations les drogmans des missions étrangères. Sans aller jusqu'à contester à ces derniers le droit d'assister aux débats et de soutenir les droits de leurs nationaux, cette circulaire n'admettait pas que, lorsque les juges se retiraient pour délibérer, les drogmans eussent la faculté de pénétrer dans le lieu où s'élabore la sentence. C'était là, ajoutait-elle, un principe élémentaire de droit, inscrit dans toutes les législations, et si jusque-là on y avait dérogé, c'était par tolérance, par abus, et l'abus ne pouvait faire loi.

A une pareille interprétation des traités, les missions étrangères répondirent unanimement en invoquant le texte même de leurs traités. Les drogmans, arguèrent-elles, représentent l'autorité dont relève le justiciable qu'il accompagne au tribunal, et son mandat consiste à veiller

(1) V. les Capitulations françaises de 1535 (art. 4), 1569 (art. 4), 1581 (art. 11), 1604 (art. 34), 1673 (art. 36), 1740 (art. 26), les Capitulations hollandaises de 1612 (art. 28), de 1680 (art. 36), les Capitulations anglaises de 1675 (art. 15 et 24), la Capitulation autrichienne de 1718 (art. 5), la Capitulation vénitienne de 1718 (art. 18), Suédoise de 1737 (art. 6), napolitaine de 1740 (art. 5), danoise de 1756 (art. 10), prussienne de 1761 (art. 5), espagnole de 1782 (art 5), russe de 1783 (art. 53), le traité sarde de 1823 (art. 8), américain de 1830 (art. 4), belge de 1838 (art. 8), hanséatique de 1839 (art. 8), portugais de 1843 (art. 8), grec de 1855 (art. 24).

à ce que la procédure soit fidèlement observée. Or, cette surveillance n'est jamais plus nécessaire qu'au moment où l'influence du président peut agir sur les membres du tribunal, délibérant avec lui à huis clos. Cette ingérence est prévue par les actes internationaux qui n'admettent pas que l'étranger soit jugé en dehors de la présence de son consul et de son drogman. On a pu objecter que l'institution des nouveaux tribunaux avait abrogé ce droit. Mais les légations n'admettent nullement cette interprétation, car l'acte, d'ordre intérieur, de l'institution des nouvelles cours de justice, en remplacement du *Kadi* et du *Houzour*, mentionnés dans les Capitulations, n'a nullement invalidé les garanties internationales stipulées en faveur des étrangers justiciables de ces anciens tribunaux. Bien avant l'institution du *Tidjaret*, les drogmans étaient présents aux délibérations des commissions qui se réunissaient à la Douane pour connaître des affaires mixtes. Leur présence était des plus utiles et on n'avait jamais songé à s'en plaindre. Comme à l'époque de l'institution des nouveaux tribunaux, la Porte n'a conclu avec les Puissances aucun arrangement pour modifier ces clauses, il demeure évident que les traités où ces clauses ont été inscrites, sont maintenus intégralement, quelle que puisse être la dénomination des cours de justice par lesquelles le Gouvernement turc a voulu remplacer le *Kadi* et le *Houzour*.

« Le droit et l'intérêt de la Justice exigent donc impérieusement le maintien du principe salutaire de la présence du drogman aux débats, et surtout aux délibérés des tribunaux ottomans, dans les procès ou contestations, en quelque matière que ce soit. Ce régime ne dérive pas d'un abus commis par les légations étrangères et toléré par la Porte, non plus que d'un usage qui, d'ailleurs, serait devenu de droit commun par son ancienneté et par l'uniformité de sa pratique; ce régime découle tout naturellement de l'exercice traditionnel et constant d'un droit strict et incontestable inscrit dans la lettre même des Capitulations depuis plus de trois siècles, ainsi que dans les traités plus récents formant appendice aux Capitulations et stipulant, à leur art. 1er, la confirmation de tous les droits, privilèges et immunités conférés aux étrangers par les Capitulations et par les traités antérieurs. »

Ainsi s'exprimait, à l'occasion de cette controverse, M. E. de Longeville, premier drogman de l'Ambassade de France à Constantinople. A ce jugement d'un fonctionnaire bien placé pour juger de l'esprit et de la lettre des Capitulations et qui avait acquis, dans la longue pratique de ses fonctions, l'autorité qu'impose l'expérience, nous joindrons l'interprétation émise par notre chargé d'affaires, en 1873, sur la même question. A la prétention élevée déjà à cette époque, par le Président civil de Péra, d'exclure désormais les drogmans des délibérations, l'Ambassade de France réplique qu'elle ne saurait admettre une telle innovation entièrement en désaccord avec les traités existants. « En effet, écrit M. Le Sourd, chargé d'affaires de France, à Rachid Pacha, ministre des Affaires étrangères, les tribunaux civils de 1re instance jugent aujourd'hui les causes déférées antérieurement aux tribunaux de police, au tribunal municipal du VIe cercle et à l'*ébnié medjlicy* (Conseil d'Édilité publique). Ces deux derniers tribunaux, ainsi que les tribunaux de police, ont toujours discuté et jugé les causes qui leur étaient déférées, avec l'assistance du drogman, sans qu'on ait jamais eu la pensée de modifier cet état de choses.

« Les tribunaux qui les ont remplacés doivent, en même temps, hériter de leurs attributions et de leur procédure : ils y sont d'autant plus tenus, dans le cas présent, qu'ils ont été acceptés par l'Ambassade sous la réserve expresse que leur compétence serait limitée à celle de l'ancien tribunal municipal et de l'*ébnié medjlicy*.

« Je prends, en conséquence, la liberté d'appeler la plus sérieuse attention de la Porte sur les tendances du tribunal civil de Péra, et je prie V. E. de vouloir bien faire en sorte que les instructions les plus catégoriques soient transmises à qui de droit pour faire cesser un état de choses si peu conforme aux règles et aux usages suivis jusqu'à ce jour. »

Les contestations soulevées par la S. Porte eurent pour résultat de confirmer la doctrine des Capitulations. Mais cette polémique est instructive. Si elle dénote avec quelle fermeté la plupart des missions étrangères, et en particulier l'Ambassade de France, défendent les situations acquises, elle n'indique pas moins avec quelle insistance le gouvernement ottoman cherche à battre en brèche les garanties les plus essentielles qui résultent des anciens traités.

Si on veut une nouvelle preuve de l'hostilité de la Turquie à l'égard de la tutelle des Puissances, on la trouvera dans les négociations qui se sont ouvertes, il y a quelques années, à Constantinople, pour le renouvellement des traités de commerce. Seule, parmi les Puissances occidentales, l'Allemagne fit aboutir ces négociations, en 1890, par la renonciation expresse aux privilèges que lui assurent les Capitulations. C'était une concession énorme et bien faite pour étonner — car c'est la première atteinte portée aux vieux principes — s'il n'était aisé d'en deviner les motifs. « On comprit tout de suite à Constantinople, écrit M. Georges Gaulis, dans un récent article de la *Revue de Paris*, que l'Allemagne faisait, au fond, peu de cas d'une législation créée par les Puissances latines et d'un traité dont elle n'avait bénéficié que comme État secondaire et sous un autre nom. Elle avait des colonies restreintes, un faible intérêt dans la navigation et des idées assez jeunes sur les difficultés de la vie pacifique et commerciale dans le Levant. Aussi les négociateurs turcs avaient-ils obtenu très facilement d'elle l'abandon des franchises dont jouit la navigation européenne. Quelque illusoires que fussent les avantages ainsi remportés sur l'Europe, le Sultan en eut une joie profonde. Aucun de ses prédécesseurs n'a souffert autant que lui des entraves imposées à sa souveraineté. Comme la date du renouvellement des traités approchait, il n'avait qu'une préoccupation : en répudier désormais le caractère unilatéral, imposer à chacun des engagements réciproques et corrélatifs, en biffer les formules qui faisaient, pour ainsi dire, l'Europe suzeraine en Turquie. L'Allemagne favoriserait ses tendances sans marchander. Aussi put-il, dans les négociations avec les autres pays, imposer le fait accompli, le traité allemand, comme base de la discussion, et obtenir de quelques-uns d'entre eux un certain adoucissement des termes et une restriction des droits consacrés par les actes antérieurs (1). »

Dans cet ordre d'idées, la Porte, dominée par la politique d'Yldiz-Kiosk, ne pouvait pas ignorer que les Puissances les plus intéressées ne céderaient jamais sur le principe des Capitulations, et c'est ce qui explique l'échec de ses négociations avec la France à l'endroit du

(1) Les Allemands à Constantinople, *Revue de Paris*, 15 mars 1898.

renouvellement du traité de 1861. Au surplus, quelle satisfaction, sinon platonique, pouvait-elle retirer de l'acte bien plus politique que commercial, conclu avec l'Allemagne, en 1890, puisque cet acte reste suspendu, frappé de nullité par la clause de la nation la plus favorisée, jusqu'au jour où tous les États auront traité à leur tour dans les mêmes conditions?

X

Immunités douanières accordées aux Consuls et aux établissements religieux en Turquie.

Parmi les questions soulevées par les projets de réforme de la Porte, depuis qu'elle essaye de ressaisir le libre exercice de sa souveraineté, deux surtout étaient de nature à attirer plus particulièrement son attention.

La première concerne les privilèges reconnus aux Consuls en matière douanière. Dans les pays de chrétienté, c'est un principe admis que la franchise douanière ne doit affecter que les représentants directs des Puissances, Ambassadeurs ou chefs de mission. Il n'en est pas de même dans les Échelles du Levant et de Barbarie. Les plus anciennes Capitulations reconnaissent indistinctement à tous les consuls, commerçants ou non, la prérogative de faire entrer librement tous les objets ou effets mobiliers destinés à leur usage personnel. Mais cette faculté était mal définie, mal interprétée et donnait souvent lieu à des plaintes. Il était urgent d'y remédier.

La seconde question intéresse les établissements religieux. Des privilèges particuliers avaient été accordés *ab antiquo* aux diverses communautés placées sous le protectorat de la France. L'exemption des droits de douane constituait le principal et le plus important de ces privilèges. Mais pour en déterminer les limites et ne laisser place, autant que possible, à aucune équivoque, il était nécessaire de faire intervenir un règlement spécifiant la nature et la valeur des objets exemptés, le nombre des établissements sujets à cette exemption, l'importance de leur personnel, etc. Un iradé impérial est venu combler cette lacune.

Il nous paraît utile de donner ici le texte de ces deux règlements; ils n'ont pas seulement l'intérêt qui s'attache aux documents de consultation, ils ont surtout la valeur qui résulte de l'exception — d'une exception sans analogie et sans équivalent, en matière de dispositions douanières. A ce titre, leur place se trouve indiquée dans la série des actes inspirés par le régime des Capitulations.

Règlement relatif aux immunités et formalités douanières touchant les objets et effets arrivant à l'adresse des consuls généraux, consuls et vice-consuls des Puissances étrangères (le 15 temouz 1285 — 15-27 juillet 1869).

Art. 1. — Les consuls généraux, consuls et vice-consuls ne faisant pas le commerce sont exemptés de tous droits de douane pour les objets ou effets destinés à leur usage personnel. Leurs caisses ou colis ne seront soumis à aucune formalité d'ouverture ni de visite.

Art. 2. — Les consuls généraux, consuls et vice-consuls faisant le commerce sont exemptés des droits de douane pour les objets ou effets destinés à leur usage personnel jusqu'à la limite d'une valeur annuelle de 25.000 piastres pour les consuls généraux, 20.000 pour les consuls et 10.000 piastres pour les vice-consuls.

Art. 3. — Toutes les caisses ou colis renfermant des objets ou effets destinés aux consuls généraux, consuls et vice-consuls mentionnés aux articles précédents, seront directement débarqués et transportés à la douane locale.

Art. 4. — Les consuls généraux, consuls et vice-consuls non

commerçants adresseront à la douane, pour obtenir la franchise des droits, une déclaration, avec la traduction turque en regard, indiquant le nombre des colis, les marques et numéros, la nature, la quantité et la valeur des objets ou effets, revêtue de la signature et d'un sceau du Consulat.

Art. 5. — Les consuls généraux, consuls et vice-consuls commerçants adresseront également à la douane une déclaration analogue à celle de l'article précédent. Leurs caisses ou colis seront soumis aux formalités de l'ouverture et de la visite dans les magasins de la douane. Les employés de la douane seront tenus d'observer des égards particuliers dans l'accomplissement de ces formalités.

Lorsque les sommes fixées dans l'art. 2 seront dépassées, les consuls généraux, consuls et vice-consuls commerçants ne pourront plus retirer leurs caisses ou colis que contre payement des droits établis.

Il va sans dire que les effets, meubles et autres objets de première installation, ne sont pas compris dans les sommes ci-dessus déterminées.

Art. 6. — Les consuls généraux, consuls et vice-consuls commerçants seront traités par la douane, à l'égard de leurs marchandises et effets de commerce, sur le même pied que les négociants de la nation qu'ils représentent.

Art. 7. — Les caisses ou colis retirés de la douane en franchise de droits seront accompagnés jusqu'au domicile du destinataire par un préposé de l'administration de la douane.

Art. 8. — Les caisses ou colis des consuls et vice-consuls résidant dans les villes de l'intérieur seront retirés de la douane de l'Échelle, par l'entremise de l'agent représentant sur les lieux la nation du destinataire. Cet agent donnera, à défaut du destinataire, une déclaration provisoire conforme à celle qui est prescrite par l'art. 4.

Les formalités de l'ouverture et de la visite, s'il y a lieu, seront remplies à la douane de l'Échelle. L'agent qui retirera, après les formalités remplies, les caisses ou colis, s'engagera par écrit à faire tenir à la douane, dans un nombre de jours déterminé, la déclaration définitive du destinataire, annonçant que les caisses ou colis lui sont réellement parvenus, et à sa présentation, il retirera la déclaration provisoire qu'il aurait donnée, comme il a été dit plus haut.

Art. 9. — L'exemption des droits de douane dont jouissent, conformément à ce règlement, MM. les consuls généraux, consuls et vice-consuls qui ne font pas le commerce, sera aussi appliquée, pour chaque consulat général, à deux des officiers supérieurs y attachés, et, pour chaque consulat, à un de ses officiers, à la condition toutefois que ces officiers appartiennent à la catégorie des fonctionnaires qui sont nommés par décret souverain et auxquels le commerce est absolument interdit.

La demande adressée à la douane, conformément à l'art. 4, devra en tous cas être signée par le consul général ou le consul.

Art. 10. — Le présent règlement n'est évidemment pas applicable aux plis et paquets revêtus de cachets officiels, qui, par leur nature, sont absolument affranchis de toute formalité douanière.

Par ces concessions gracieuses, la Porte reconnaissait une fois de plus la situation privilégiée occupée par les consuls sur les territoires soumis à son autorité. Elle établit toutefois une distinction entre les consuls non commerçants et les consuls commerçants, en d'autres termes entre les consuls « de carrière » et les consuls honoraires. Les premiers, commissionnés par leur gouvernement, n'ayant aucun intérêt de spéculation étranger à leur fonction, pouvaient être affranchis sans inconvénient des droits de douane ainsi que des formalités d'ouverture et de visite pour les objets et effets destinés à leur usage personnel. Il n'en était pas de même des seconds, choisis généralement parmi les notables négociants établis dans le pays, adonnés au commerce et trop souvent exposés, dans l'exercice de leur double qualité, à convertir une faveur en abus. Il parut nécessaire de restreindre dans de justes limites, en ce qui les concerne, la valeur des objets admis en franchise et de soumettre leurs caisses ou colis aux formalités d'ouverture et de visite dans les magasins dela douane. Quant aux marchandises ou effets destinés à leur commerce, le règlement se contente de les assimiler aux négociants de la nation qu'ils représentent. En un mot, ce n'est point la qualité de l'agent qu'on cherche à atteindre, mais l'objet de sa spéculation.

On objectera peut-être que les consuls étaient autrefois exclusivement recrutés parmi les étrangers négociants et qu'en cette qualité ils ne jouissaient pas moins des immunités douanières. Sans doute, le commerce a seul donné naissance à cette catégorie d'agents, il fut leur mission et leur véritable raison d'être. Mais, avec le temps, leur organisation dut nécessairement se modifier et se régulariser. Précisément, parce que les consuls étaient avant tout des agents de spéculation à une époque où le trafic et les relations internationales étaient forcément limités, il devenait nécessaire, à mesure que le commerce s'étendait et se développait, de contenir leurs privilèges, au moins en ce qui touche le fisc. D'autre part, les États dont les nationaux étaient allés fonder des comptoirs à l'étranger prétendaient, en accordant à ceux-ci une protection efficace, conserver sur eux leur autorité et, pour mieux l'assurer, ils se réservèrent la nomination des consuls appelés à exercer désormais leurs fonctions au nom de leur Gouvernement; et ce fut l'origine des consulats de carrière.

On n'a pas moins soulevé, depuis quelques années, la controverse de savoir si l'utilité de ces fonctionnaires n'était pas contestable et s'il n'y aurait pas avantage à revenir à l'ancien système. On argue que le commerce, dont la protection continue à rester l'attribution essentielle des consuls, serait mieux renseigné et mieux protégé par un professionnel rompu à sa pratique que par un agent élevé dans les principes plus étroits de la théorie. Si cette controverse n'avait d'autre but que de soulever une question de réforme et d'amélioration d'ordre intérieur, elle serait discutable ailleurs que dans cette étude; mais si elle tendait à relever une institution abolie depuis la réforme introduite, en 1835, dans notre régime administratif, ne pourrait-on pas objecter qu'en recrutant nos agents consulaires suivant les pratiques anciennement en usage, on leur enlèverait en indépendance ce qu'ils pourraient gagner en compétence? Actuellement, il n'y a guère que les Puissances secondaires ou celles qui n'ont pas un intérêt directement en jeu qui se dispensent de nommer, dans les postes de quelque importance, et cela pour des raisons d'économie budgétaire, des représentants non rémunérés par le Trésor. Mais les dispositions du règlement douanier que nous venons de citer en font sentir la différence.

Quant aux établissements religieux, la nature de leurs privilèges constitue également une exception qui résulte des Capitulations obtenues par la France, notamment sous le règne de Louis XIV. C'est une des conséquences de son protectorat sur les missions catholiques et des services que celles-ci ne cessent de rendre à son influence. La Porte a consacré ces privilèges par un règlement dont voici la teneur :

Immunités douanières accordées à tous les couvents et établissements de bienfaisance appartenant aux communautés et ordres religieux indigènes et étrangers.

Art. 1. — Les objets, ornements d'église et autres, destinés au service religieux, sont, comme par le passé, exempts de tous droit de douane; formant une catégorie à part et vu leur valeur, ils sont en dehors du montant indiqué aux art. 2 et 3 des objets nécessaires à l'entretien annuel des couvents, séminaires, hôpitaux, dispensaires, orphelinats, internats et externats gratuits et hospices. Ces ornements et objets sont :

1° Dons envoyés par les souverains dans les églises et au saint sépulcre ;

2° Crucifix, reliquaires de tous genres, ornés ou non ornés ;

3° Calices, ostensoirs, ciboires, bassins, aiguières, encensoirs, burettes, plateaux et autres ustensiles en or, argent ou vermeil pour la messe ;

4° Candélabres, chandeliers, vases à fleurs ornés ou non ornés, fleurs artificielles, dais, voiles, étoffes en toile pour l'autel, tentures, étoffes en soie ou coton pour ornements, galons et franges en soie, or ou argent; crosses de tous genres, tableaux ornés ou non ornés à suspendre dans les églises ;

5° Vêtements sacerdotaux et autres, confectionnés ou non confectionnés, destinés uniquement pour le service religieux aux prêtres et aux clercs de tous rangs ;

6° Tapis en laine, en velours, ou brodés d'or ou d'argent ;

7° Lustres et lampes en argent vermeil, métal ou cristal, à suspendre dans les églises; vitraux peints ou non peints ; or et argent en feuilles; couleurs et peintures destinées à l'ornementation des églises ; cierges en cire brute pour confectionner les cierges ; encens, chapelets, médailles en or et argent, statues ou statuettes, images en tous genres ;

8° Objets de dévotion tels que crucifix, médailles, coquilles en nacre, chapelets, etc., etc., qui sont fabriqués à Jérusalem, soit pour le patriarcat latin, soit pour le couvent de Terre-Sainte, les sœurs de saint Joseph, les dames de Sion et tous les autres établissements religieux de cette ville et qui sont expédiés en Europe aux divers supérieurs de ces établissements religieux ;

9° Orgues et harmoniums, missels, livres de chant, musique d'église et généralement tous les livres destinés aux églises, couvents, séminaires et maisons religieuses d'éducation, tant ceux importés d'Europe que ceux imprimés en Turquie dans les couvents principaux et expédiés par ces derniers aux autres couvents qui se trouvent dans l'Empire;

10° Matériaux de tous genres destinés à la construction et à l'entretien des églises, des couvents et des établissements de bienfaisance.

Les ornements d'Église, les livres de prière ou d'éducation et tous les autres objets mentionnés dans le premier article seront, comme il vient d'être dit, francs de tous droits de douane tant à leur arrivée de l'étranger que lorsqu'ils sont expédiés, une fois arrivés en Turquie, d'un couvent à un autre. Ces mêmes ornements et objets d'église seront également exempts de tous droits de douane, lorsqu'ils seront expédiés en Europe pour être réparés.

Art. 2. — Les couvents, tant ceux de Terre-Sainte, des Jésuites, des Lazaristes, des Frères des Écoles Chrétiennes, des Capucins, des Dominicains, des Carmélites et des Franciscains de différents ordres, que des Sœurs de la Charité, Sœurs de Saint Joseph, Dames de Sion et, en général, de tous les ordres religieux non dénommés dans le présent texte, jouiront annuellement de la franchise douanière.

Le montant total des objets nécessaires à l'entretien de chaque religieux ou religieuse est fixé à une valeur annuelle de 4.000 piastres, sur laquelle valeur franchise des droits de douane est accordée. Ces objets sont les suivants : vêtements, nourriture, encre et papier de tous genres et, généralement, tout ce qui rentre dans l'exercice de la vie monastique.

Dans le cas où un religieux ou une religieuse voudrait faire venir d'Europe du tabac à priser pour son propre usage, il lui sera accordé d'en importer pour la valeur de 150 piastres par an. Les droits de monopole de 75 o/o sur ces 150 piastres de valeur seront alors déduits de la franchise des droits de douane qui lui est accordée, conformément au présent article.

Si le Gouvernement venait plus tard à prohiber l'importation d'Europe de cet article, la dite franchise serait supprimée ; mais en tous cas ce religieux pourra toujours faire venir, pour son usage, du tabac à priser fabriqué dans l'Empire ottoman, jusqu'à concurrence d'une valeur de 150 piastres, en déduisant de sa franchise les droits de douane fixés par le règlement du tabac à priser.

Art. 3. — Comme aux couvents désignés à l'art. 2 sont ou peuvent être attachés, soit en totalité, soit en partie, des séminaires et des établissements ou œuvres de bienfaisance tels que hôpitaux, dispensaires, pour soulager les malades nécessiteux et les indigents, orphelinats, internats ou externats gratuits pour l'éducation des enfants pauvres, et hospices, la douane accordera à ces séminaires et à chacune de ces œuvres de bienfaisance, la franchise annuelle qui sera distincte, bien entendu, de celle accordée au personnel des couvents. Cette franchise est établie de la manière suivante :

1° *Séminaires.* — Le montant total des objets attribués à l'entretien de chaque séminariste est fixé à une valeur annuelle de 1.800 piastres, sur laquelle valeur franchise des droits de douane est accordée. Ces objets sont les suivants : nourriture, vêtements, fournitures de bureau, encre et papier de tous genres, plumes, instruments de physique ou d'astronomie, et généralement tout ce qui est nécessaire à l'éducation.

2° *Hôpitaux.* — Le montant total des objets attribués à l'entretien de chaque lit de malade dans un hôpital est fixé à une valeur annuelle de 1.350 piastres, sur laquelle valeur franchise des droits de douane est accordée. Ces objets sont les suivants : aliments, médicaments, lits, linges, matelas, couvertures, ustensiles, divers instruments de chirurgie, tous les dons envoyés par la charité publique et, généralement, tout ce qui est nécessaire à l'entretien des malades aussi bien qu'à celui des établissements charitables.

3° *Dispensaires.* — Le montant total des objets attribués à chaque pauvre d'un dispensaire est fixé à une valeur annuelle de 900 piastres, sur laquelle valeur franchise des droits de douane est accordée. Pour établir le chiffre annuel de la valeur totale affectée à un dispensaire, on prendra la moyenne du nombre des pauvres soignés par jour dans ce dispensaire, pendant le cours des deux années précédentes, et on multipliera cette moyenne par le chiffre de 900. Les objets dont il est question dans ce paragraphe sont les suivants : aliments, médicaments, linge et généralement tout ce qui est nécessaire à cette œuvre de bienfaisance et d'utilité publique.

4° *Orphelinats.* — Le montant total des objets attribués à l'entretien de chaque orphelin ou orpheline est fixé à une valeur annuelle de 1.800 piastres, sur laquelle valeur franchise des droits de douane est accordée. Ces objets sont les suivants : nourriture, vêtements, encre et papier de tous genres, plumes, crayons, fournitures de bureau, récompenses pour prix (comme livres ornés, cadres, boîtes et jouets d'enfants), modèles de lingerie fine, ouvrages et tapisseries échantillonnés, mercerie et tous objets nécessaires à l'éducation morale, scientifique, agricole et industrielle.

5° *Internats et externats gratuits.* — Le montant total des objets attribués aux besoins de chaque enfant d'un externat gratuit est fixé à une valeur annuelle de 450 piastres sur laquelle valeur franchise des droits de douane est accordée. Ces objets sont les suivants : encre et papier de tous genres, plumes, crayons, fournitures de bureau, récompenses pour prix (comme livres ornés, cadres, boîtes et jouets d'enfants), et tout ce qui, généralement, est nécessaire à l'éducation.

6° *Hospices.* — Le montant des objets attribués à chaque pèlerin d'un hospice est fixé à une valeur annuelle de 3.500 piastres sur laquelle valeur franchise des droits de douane est accordée. Pour établir le chiffre annuel de la valeur totale affectée à un hospice, on prendra la moyenne du nombre des pèlerins nourris par jour dans cet hospice, pendant le cours des deux années précédentes, et on multipliera cette moyenne par le chiffre de 3.500. Les objets dont il est question dans ce paragraphe sont les suivants : aliments, médicaments, et généralement tout ce qui est nécessaire aux besoins de cette œuvre de bienfaisance.

Art. 4. — Les valeurs fixées dans les art. 2 et 3 sont calculées en piastres de bon aloi (1), c'est-à-dire le *yuzluk*, medjidié d'or à 100 piastres, ses subdivisions, or et argent; selon cette proportion, cinq medjidiés d'argent pour un medjidié d'or à 100 piastres.

(1) Suivant cette disposition, 4 piastres de bon aloi équivaudraient à un franc.

Art. 5. — A l'arrivée dans une Échelle de l'Empire des colis destinés soit aux églises, soit aux couvents, séminaires, hopitaux, dispensaires, orphelinats, internats et externats gratuits, hospices, les supérieurs ou supérieures de ces divers établissements religieux devront adresser par écrit à leurs autorités supérieures, c'est-à-dire aux autorités consulaires, si l'établissement est étranger, et à leurs chefs spirituels représentant leurs patriarcats respectifs, si l'établissement est indigène, une demande indiquant à quelle église et à quelle communauté religieuse ou établissement de bienfaisance, ces colis sont destinés. Ces autorités seront tenues, à leur tour, de faire parvenir cette demande au Directeur de la douane, en la légalisant et en la revêtant de leur cachet. La douane, après la visite de ces colis, les délivrera aussitôt en franchise, en ayant soin toutefois d'enregistrer au fur et à mesure, dans un registre particulier affecté à cet effet, la valeur des objets passés en franchise, et de faire payer les droits de douane dès que le chiffre de cette valeur annuelle fixée à chacun des couvents, séminaires, hôpitaux, dispensaires, orphelinats, internats et externats gratuits, hospices, viendrait à être dépassé.

Art. 6. — La direction de la Douane fera, dans la ville, accompagner jusqu'à leur destination, par un de ses préposés, les colis appartenant aux églises, couvents ou établissements de bienfaisance.

Art. 7. — Dans le cas où la direction de la Douane reconnaîtrait dans l'intérieur des colis, des objets autres que ceux affectés aux besoins des couvents et établissements de bienfaisance et non spécifiés dans le présent règlement, les droits de douane seront intégralement perçus sur ces objets, après une entente préalable avec les autorités consulaires, si ces objets appartiennent à des sujets étrangers, et avec les chefs des communautés, s'ils appartiennent à des sujets de la S. Porte.

Art. 8. — Comme le personnel des couvents, séminaires et des établissements de bienfaisance est susceptible, par le temps, d'augmenter ou de diminuer, les autorités consulaires ou les chefs de communautés seront tenus d'adresser avant le 1/13 mars de chaque année une note officielle au Directeur des contributions indirectes de la province (*Roussoumat Naziri*) spécifiant le chiffre du personnel de chacun de ces couvents, séminaires ou établissements de bienfaisance, à l'effet de pouvoir établir la valeur totale des objets affectés à chacun d'eux, d'après les bases indiquées aux art. 2 et 3. Ce chiffre, une fois déclaré, sera maintenu pendant un an et ne pourra être modifié sous aucun prétexte dans le courant de l'année.

Dans le cas où les autorités consulaires ou les chefs de communautés n'enverraient pas de note à l'époque fixée, c'est-à-dire le 1/13 mars de chaque année, de Direction de la Douane se tiendra, pour accorder la franchise, au chiffre de la note de l'année précédente qui ne pourra, dès lors, être changée qu'après l'expiration d'un an.

Si après l'envoi annuel de cette note officielle il venait, dans le courant de l'année, à se former un nouveau couvent ou établissement de bienfaisance, les autorités consulaires et les chefs de communautés devront aussitôt en donner officiellement avis au Directeur des contributions indirectes pour établir la valeur totale sur laquelle portera la franchise accordée à ce nouveau couvent ou établissement de bienfaisance.

Art. 9. — Pour les couvents ou établissements de bienfaisance qui se trouvent dans l'intérieur de l'Empire, leurs supérieurs ou supérieures seront tenus de désigner, par l'entremise des autorités consulaires ou des chefs de communautés résidant à l'Échelle d'importation, un agent spécial qui sera chargé de retirer de la douane de ladite Échelle les colis arrivés à leur adresse, en se conformant aux prescriptions indiquées à l'art. 5. En outre, les supérieurs ou supérieures de ces couvents ou établissements de bienfaisance feront connaître avant le 13 mars de chaque année, par l'entremise des autorités consulaires ou des chefs religieux, comme il est dit à l'art. 8, au Directeur des contributions indirectes de la province, le chiffre du personnel de ces couvents ou établissements de bienfaisance de l'intérieur, afin de pouvoir établir la valeur totale sur laquelle porte la franchise qui sera accordée à chacun d'eux pendant l'année.

Art. 10. — Comme il y a des couvents principaux de religieux ou religieuses, qui, par leur position centrale, sont chargés d'expédier aux couvents circonvoisins des effets qu'ils reçoivent d'Europe pour leurs besoins, la Direction de la douane des villes où se trouvent les couvents principaux ayant, à l'entrée, débité leur compte de franchise de la valeur desdits effets, devra, par conséquent, laisser passer, à la sortie, ces effets, en ayant soin d'en créditer la valeur aux dits couvents principaux.

Une fois ces effets arrivés à la ville où est le couvent auquel ils sont destinés, la Direction de la douane de cette ville les délivrera aussitôt à ce couvent après lui en avoir débité la valeur sur celle qui lui est accordée annuellement en franchise.

Art. 11. — Lorsqu'un couvent de religieux ou religieuses aura à expédier à un autre couvent, pour ses besoins d'existence, des produits de l'Empire ottoman, le supérieur de ce couvent ou l'agent spécial présentera, à cet effet, par l'entremise des autorités consulaires ou des chefs de communautés, une demande écrite, et la Direction de la douane laissera sortir ces produits francs de droits, moyennant un acquit à caution (*ilmi-haber*) que le supérieur ou agent spécial du couvent sera obligé de lui rapporter, déchargé par la douane du lieu où ces produits ont été expédiés, dans un délai convenable qui sera fixé suivant la distance.

Une fois ces produits arrivés à la ville où est le couvent auquel ils sont destinés, la Direction de la douane de cette ville les délivrera aussitôt à ce couvent, après lui en avoir débité la valeur sur celle qui lui est accordée annuellement en franchise.

Dans le cas où, après le délai fixé, et s'il n'y a pas eu de cas de force majeure constaté, l'acquit à caution susmentionné ne serait pas rapporté déchargé, le couvent expéditeur devra, dès lors, payer les droits de consommation intérieure à la Direction de la douane.

Les différents couvents de Terre-Sainte en Palestine recevant chaque année leur provision de vin de l'île de Chypre, le supérieur du couvent qui l'expédiera présentera, par l'entremise des autorités consulaires, ou des chefs de communauté, une demande écrite au Directeur des contributions indirectes de l'île pour obtenir la permission d'expédier ce vin en franchise des droits de *Zédjirié* et de ceux de douane. Cette permission lui sera accordée moyennant un acquit à caution (*ilmi-haber*) qui devra être rapporté déchargé par la Direction de la douane de

Jaffa dans le terme de 50 jours, à moins d'un cas de force majeure constaté.

A l'arrivée de ce vin à Jaffa, la Direction de la douane, pour en faire la remise à l'agent spécial délégué dans cette Échelle par les divers couvents de Terre-Sainte, aura, d'après la répartition qui lui en sera faite par le dit agent, à inscrire la quantité de ce vin afférent à chacun d'eux au débit des valeurs qui leur seront accordées annuellement en franchise.

Dans le cas où, après le terme de 50 jours, et s'il n'y a pas eu de cas de force majeure constaté, l'acquit à caution ne serait pas rapporté déchargé, la Direction des contributions indirectes de l'île de Chypre exigera du supérieur du couvent qui aura expédié le vin le payement des droits intérieurs de *Zédjirié* et de ceux de la douane.

Le vin ainsi expédié par le couvent de Terre-Sainte à Chypre et qui est acheté sur les lieux par ce couvent est exempt des droits intérieurs de *Zédjirié*. Seulement, le supérieur du couvent de Chypre sera obligé, comme il vient d'être dit ci-dessus, de produire la preuve de l'expédition de ce vin à Jaffa, en rapportant déchargé l'acquit à caution susmentionné.

Si des couvents autres que ceux de Terre-Sainte veulent également expédier du vin à un autre couvent situé dans l'Empire, ils profiteront des mêmes avantages et seront soumis aux mêmes formalités.

Le vin fabriqué sur place par les divers couvents latins pour leurs propres besoins sera exempt des droits intérieurs de *Zédjirié*.

Art. 12. — Comme généralement la plus grande partie des effets d'habillement des PP. de Terre-Sainte, des Sœurs de la Charité et d'autres communautés religieuses sont confectionnés dans les couvents principaux avec les pièces d'étoffe que ceux-ci reçoivent de l'Europe, et sont ensuite expédiés dans les autres couvents, pour l'usage de ces religieux ou religieuses, la Direction de la douane de la ville où se trouvent ces couvents principaux ayant débité, à l'entrée, leur compte de franchise, de la valeur des dites pièces d'étoffes, devra, par conséquent, au moment de la sortie desdits effets d'habillement provenant de ces étoffes, leur en créditer la valeur.

A l'arrivée de ces effets d'habillement dans la ville où est le couvent auquel ils sont destinés, la Direction de la douane de cette ville les délivrera aussitôt à ce couvent, après lui en avoir toutefois débité la valeur sur celle qui lui est accordée annuellement en franchise.

De l'ensemble de ces dispostions libérales, il ressort suffisamment que les communautés religieuses établies en pays de Capitulations forment un corps privilégié et jouissent d'un traitement de faveur qu'elles ne rencontrent nulle part ailleurs. Le protectorat des missions catholiques, sous toutes leurs formes religieuses, mais principalement de celles qui s'adonnent à l'enseignement et aux œuvres de bienfaisance, a toujours été un des points fondamentaux de la politique française en Orient. On a donc tenu la main, sous tous les régimes, au maintien des privilèges qui composent le principal instrument de cette protection. Mais à mesure que la Porte s'engageait dans la voie des contestations, elle essayait de restreindre de plus en plus les concessions qu'elle avait faites au temps de sa toute puissance et qu'elle jugeait incompatibles avec les exigences des temps modernes. Ainsi, la liberté de l'enseignement, qui devait être la conséquence nécessaire de la liberté du culte, a soulevé, depuis quelques années, les susceptibilités ombrageuses du gouvernement ottoman. Alarmé de l'extension des œuvres scolaires étrangères et de ce que leur enseignement pouvait présenter de contraire aux doctrines du monde musulman, il décréta, sous l'influence des ulémas et de la politique panislamique du sultan, qu'aucune école ne serait fondée, à l'avenir, sans l'agrément préalable de la Porte et sans un iradé impérial autorisant l'ouverture de cette école. En même temps, des Inspecteurs de l'Instruction publique furent institués auprès de l'administration centrale et détachés dans les principaux vilayets avec mission de contrôler tous les programmes scolaires, d'exercer leur censure sur tous les livres d'éducation, de prix ou autres arrivés à l'adresse soit des particuliers, soit des communautés religieuses, et d'empêcher, au besoin, leur introduction dans l'empire. De même, on s'avisa, pour rendre ces mesures plus efficaces et pour marquer la ferme intention de la Porte de prendre désormais en main la haute direction de l'enseignement, d'interdire à la jeunesse musulmane de fréquenter aucune école ou établissement étrangers fondés en dehors des conditions exigées par le Ministère de l'Instruction publique. Ces exigences, inspirées par un esprit d'obstruction facile à comprendre, furent loin d'être admises par toutes les Puissances. La France notamment, qui, par l'extension de ses œuvres et la prépondérance de sa langue, occupe, en Turquie, une place de beaucoup la plus importante, a contesté et conteste encore à la Porte le droit de s'immiscer dans ses programmes scolaires et celui de soumettre à l'autorisation préalable toutes les écoles qu'elle croit devoir fonder sur les points ouverts à son influence. Elle ne put toutefois s'opposer au droit de police et de censure exercé par les délégués ottomans sur les imprimés de toutes sortes, livres, brochures ou journaux, expédiés de l'étranger à destination de la Turquie, quelque pénible, et parfois quelque vexatoire que l'exercice de ce droit pouvait être pour les intéressés. Cette règle ne souffre d'exception que pour le corps consulaire dont le privilège reste au-dessus de toute atteinte.

D'autres dispositions de ce règlement douanier vinrent

également se heurter à des difficultés administratives, quelques-unes tombèrent en désuétude ou se trouvèrent abrogées par la force même des choses. Ainsi la clause relative au droit de *Zédjirié* ou droit de boisson et spiritueux, spécifié à l'art. 11 du règlement, se trouva abolie le jour où l'île de Chypre fut incorporée au royaume britannique. La Porte soumet, d'ailleurs, dans le reste de son empire, l'exemption de ce droit reconnu aux couvents latins sur le vin fabriqué pour leurs propres besoins, à une série de formalités qui équivaut à une prohibition.

Nous avons cru devoir, à côté de la mention de toutes les concessions obtenues et des conséquences qu'elles comportent, mettre en regard les restrictions dont elles sont l'objet, afin qu'on se rende un juste compte de l'état actuel des choses et des difficultés d'application auxquelles elles peuvent donner lieu. La Turquie paraît sortir de son état de torpeur; ce n'est pas seulement par ses réformes et le décor de quelques institutions toutes modernes, c'est aussi par ses contestations incessantes et par cette impatience de rompre les liens qui l'entravent, qu'elle s'efforce de s'affranchir des obligations qu'elle a contractées vis-à-vis des nations civilisées. Les encouragements qu'elle rencontre de la part de quelques-unes d'entre elles ne font que la pousser davantage dans la voie de cette émancipation successive, devenue désormais la constante préoccupation du Souverain et des hommes d'État ottomans. Cette évolution est de nature à fixer l'attention aussi bien que l'intérêt, car si elle doit, d'un côté, permettre au monde musulman de sortir de son exclusivisme et s'ouvrir aux idées européennes, elle touche, d'autre part, à bien des œuvres vives auxquelles on ne doit toucher qu'avec la plus extrême circonspection. La France surtout a le droit de s'y intéresser, car les Capitulations ont été avant tout son œuvre et si des modifications y ont été introduites dans le sens des améliorations et des progrès modernes, c'est encore à son influence qu'on doit en faire honneur. Qu'est-ce, en effet, que les Codes de commerce introduits en Turquie depuis quelques années, sinon, pour la plus grande partie, ses propres Codes et, par là même, un hommage rendu à sa législation, à son esprit et à ses mœurs ?

TROISIÈME PARTIE

I

Le régime des Capitulations dans les anciennes provinces de l'Empire Ottoman.

Nous avons exposé, dans la seconde partie de ce livre, les conséquences légales du régime des Capitulations et la juridiction spéciale qui en résulte. Cette juridiction n'est pas seulement applicable à la Turquie proprement dite; elle doit être également étendue, elle reste encore aujourd'hui en vigueur, au moins pour la plus grande partie, à toutes les provinces de l'Empire ottoman, musulmanes et non musulmanes, aussi bien dans les Principautés Danubiennes, qui ne s'y rattachent plus maintenant que par des liens plus ou moins relâchés de vassalité, que dans celles qui sont restées sous sa domination immédiate, et dans les États Barbaresques soumis ou non soumis à son autorité. Car, ainsi que nous l'avons déjà fait observer et suivant la stipulation du traité de 1861 (art. 17), toutes les Capitulations conclues par la Porte avec la France d'abord, puis avec les diverses puissances chrétiennes, sont applicables à toutes les provinces relevant de sa suzeraineté. Toutefois, avec le temps, la situation de quelques-unes de ces provinces vassales de la Porte s'est modifiée au point qu'il a fallu accommoder, au moins en partie, la juridiction consulaire à leur nouvelle condition politique ou sociale. Ainsi, pour la Grèce, la conférence de Londres du 6 juillet 1827, pour les Provinces Danubiennes, le traité de Paris de 1856 avaient commencé leur émancipation; pour celles-ci comme pour d'autres parties de l'empire ottoman, le Traité de Berlin l'achevait en 1878. Quelles sont les conséquences de cette quasi-indépendance pour les relations internationales?

Cette question nous amène à jeter un coup d'œil rapide sur la destinée de chacune de ces anciennes provinces, et à les suivre dans leurs efforts pour se soustraire à la suzeraineté de la Porte et pour entrer dans le droit commun des nations civilisées.

§ I. — LA GRÈCE.

Parmi le groupe des nationalités chrétiennes qui ont secoué le joug de l'Islam et reconquis leur indépendance, la première en date est la Grèce. On connaît les événements historiques et le concours des circonstances mémorables qui ont amené l'Europe à proclamer l'autonomie de cette province illustre, tombée au rang d'un simple pachalik. Les Puissances intervenantes, la Russie, l'Angleterre, et la France, c'est-à-dire ce qui constituait, alors, à peu près l'Europe, affirmèrent, par la déclaration de Londres du 6 juillet 1827, que la Grèce formerait désormais un État indépendant de la Porte. Cette déclaration fut loin de mettre fin aux hostilités et de trancher toutes les difficultés pendantes entre les deux pays limitrophes. Des différends de toute nature continuaient à se produire soit au sujet des frontières, soit en ce qui concerne l'émigration des Grecs et des Turcs. La Conférence de Londres, dans un protocole daté du 30 janvier 1836, et signé par la Turquie d'une part, la France, la Russie et l'Angleterre de l'autre, régla le droit, le délai et les limites de cette émigration. A partir de ce moment, l'indépendance de la Grèce entra dans le droit public européen et constitua au nouvel État les mêmes avantages que ceux dont bénéficiaient les autres nations chrétiennes. Non seulement les traités conclus par la Porte, et qui lui étaient applicables en tant que province soumise à sa domination, tombèrent d'eux-mêmes, mais elle fut aussi admise à négocier directement avec la Puissance dont elle venait de se détacher, les garanties nécessaires à son indépendance. Une Capitulation signée entre la Grèce et la Turquie, le 27 mai 1855, admit les sujets hellènes exactement aux mêmes avantages que ceux qu'on avait concédés aux sujets européens, c'est-à-dire à l'établissement de la juridiction consulaire, de la liberté de navigation, de liquidation de succession, etc. Une clause spéciale de ce traité va jusqu'à reconnaître à la Grèce le traitement de la nation la plus favorisée. D'où il résulte que, pour ses transactions commerciales, le royaume hellénique vit, en Turquie, sur le pied des grandes Puissances européennes. Cependant, l'état d'hostilité latente qui n'avait cessé de régner entre les deux pays continuant, en raison de leur voisinage, à favoriser les actes de piraterie et de brigandage, la Porte crut devoir prendre des précautions, et, par l'article 28 de la Capitulation qu'elle avait signée avec la Grèce, elle arrêta des mesures contre les incursions qui pourraient se produire sur son territoire. Il y est dit :

« Les deux parties contractantes conviennent de ne pas

« recevoir des pirates dans aucun des ports, baies, ou-« vrages de leurs États ; d'employer toute la rigueur des « lois contre toutes les personnes connues pour être des « pirates et contre les individus résidant dans leurs ter-« ritoires qui seraient convaincus de correspondance et « de complicité avec elles. Tous les navires et cargaisons « appartenant aux sujets des hautes parties contractan-« tes, que les pirates prendraient ou conduiraient dans « les ports de l'un ou de l'autre, seront restitués à leurs « propriétaires ou à leurs fondés de pouvoirs, dûment « autorisés, qui prouveront l'identité de la propriété, et « la restitution sera faite, même quand l'article aurait été « vendu. »

Pour compléter ces mesures, une convention touchant la répression du brigandage fut conclue à Athènes le 29 septembre 1865. L'art. 1er mentionne que « les deux « hautes parties contractantes s'obligent à ne point laisser « se former ni séjourner dans leurs territoires respectifs « des bandes armées, qui auraient pour but d'exercer le « brigandage, soit dans l'un, soit dans l'autre État, et à « employer tous leurs efforts pour faire poursuivre et « arrêter, chacune dans son territoire, les brigands qui « passeraient la frontière venant de l'autre État ». L'art. 2 porte que les individus arrêtés ou saisis sur le territoire de l'un des deux États, et convaincus de brigandage, « seront poursuivis de la même manière et soumis aux « mêmes dispositions pénales que si les actes dont ils se « sont rendus coupables avaient été dirigés contre l'État « où l'arrestation a lieu ».

C'est une constatation à faire que par ses efforts pour se soustraire à la servitude, pour se reciviliser et justifier la confiance de l'Europe, la Grèce méritait d'entrer dans le concert des nations. Une société pour le développement de l'instruction publique fut constituée à Athènes, dès 1836, et fit, en peu de temps, les progrès les plus rapides. Convaincue qu'à côté de l'indépendance politique l'Université devait être le symbole de l'indépendance morale, cette société apporta à la multiplication des écoles de garçons et de filles, à la fondation des *syllogues* et *hétairies*, une activité telle que, dans l'espace de quelques années, elle transforma la Grèce. L'Université d'Athènes, due surtout à l'initiative privée, fut le centre intellectuel du monde grec ; autour de ses chaires, à toutes les branches de l'enseignement, on vit se presser une jeunesse nombreuse, accourue non seulement de toutes les parties du royaume, mais du fond des provinces les plus reculées de la Turquie. L'étude du droit y fut l'objet d'une attention particulière, car au lendemain de sa constitution définitive, calquée sur le modèle de la monarchie constitutionnelle parlementaire de 1830, la Grèce introduisit chez elle un système judiciaire excellent; il prit ses fondements, dans la loi romaine, corrigée d'après les Codes français et bavarois. La liberté individuelle, l'inviolabilité du domicile sont garantis; le jury connaît des délits politiques et de presse; le Code commercial est celui de la France; au sommet de l'organisation judiciaire est la Cour de cassation (Aréopage), qui siège à Athènes. Cinq cours d'appel sont installées à Athènes, Larissa, Patras, Nauplie et Corfou. Au-dessous de leur juridiction, on institua 22 tribunaux de première instance et 236 juges de paix. C'est ainsi qu'on inculqua à un peuple soumis depuis des siècles à l'arbitraire et aux alternatives de despotisme et d'anarchie de l'Orient, les mœurs d'une justice normale, assurant la sécurité des personnes et des propriétés.

Mais si l'organisation intérieure de la Grèce se trouvait ainsi consolidée, sa situation extérieure restait encore précaire. Enfermée dans des limites trop étroites, sentant s'agiter autour d'elle tous les éléments de l'irrédentisme, sa préoccupation fondamentale fut d'étendre ses limites et de s'attacher aux grands événements de la politique extérieure à laquelle tous les autres furent subordonnés. Dès lors, l'histoire de ses traités se confond avec celle de ses frontières. Il serait superflu de faire l'exposé des événements encore récents qui mirent si longtemps les Grecs en conflit aigu avec l'ennemi héréditaire aux dépens duquel ils cherchaient à s'agrandir. L'insurrection de la Crète de 1866, l'entrée en campagne de 1878, la cession de la Thessalie et de l'Épire en 1881 donnèrent lieu à bien des pourparlers, à bien des conférences et des protocoles qui sont encore plus du domaine de l'histoire et de la politique que de celui de la jurisprudence.

Nous ne saurions toutefois nous dispenser de relater les faits qui ont précédé la dernière guerre turco-grecque, car le traité de paix qui a suivi remet en jeu la question des Capitulations.

Après le traité signé à Constantinople le 24 mai 1881, qui valut au royaume hellénique un accroissement de 13.200 kilom. carrés et 390.000 âmes, de nouvelles complications se produisirent, en 1886, au sujet des frontières de la Roumélie orientale. La Grèce mobilisa de nouveau son armée, réclamant soit la frontière de 1880, soit la Crète. Mais, à l'exception de la France, les cinq Puissances occidentales lui intimèrent un ultimatum et bloquèrent ses ports de la côte orientale, ce qui l'obligea une fois de plus de désarmer et d'ajourner ses espérances.

Toutes ces dispositions belliqueuses, en entretenant une fermentation à laquelle les sociétés secrètes telles que l'*Ethniki Hétairia* donnaient une intensité profonde, ne pouvaient que favoriser l'explosion du sentiment patriotique et aboutir à la guerre. Cette explosion éclata en 1896. La Crète, soulevée, fut occupée militairement par les troupes hellènes, et la Turquie, considérant cette agression d'un territoire soumis nominalement au Sultan comme un *casus belli*, envahit de son côté les frontières de la Thessalie et de l'Épire, rétrocédées, peu d'années auparavant, à la Grèce. Les destinées du jeune royaume, qui avaient fait l'objet si souvent des efforts combinés de la diplomatie européenne, faillirent être compromises dans cette lutte inégale. Le traité de paix signé à Constantinople le 19 septembre 1897 maintint, grâce à la médiation des Puissances, le retour de la Thessalie à la Grèce ; mais il subordonna l'évacuation de cette province par les troupes ottomanes au payement d'une indemnité de guerre et à l'institution du contrôle des finances helléniques par une commission européenne. « La Grèce, dit l'art. 2 du « traité, paiera à la Turquie une indemnité de guerre « de 4 millions de livres turques. Un arrangement pour « faciliter le paiement rapide de l'indemnité de guerre « sera fait, avec l'assentiment des puissances, de manière « à ne pas porter atteinte aux droits acquis aux anciens « créanciers détenteurs de titres de la dette publique de « la Grèce. A cet effet, sera institué à Athènes une com- « mission internationale des représentants des puis- « sances médiatrices, à raison d'un membre nommé par « chaque puissance. Le gouvernement hellénique fera « adopter une loi, agréée par les Puissances, réglant le « fonctionnement de la commission, et d'après laquelle

« la perception et l'emploi des revenus suffisants au « service de l'emprunt par l'indemnité de guerre et des « autres dettes nationales, seront placés sous le contrôle « absolu de la dite commission ». Ce contrôle financier, imposé à la Grèce à la suite d'une guerre malheureuse, était déjà une première atteinte portée à sa pleine indépendance. Mais une condition peut-être plus dure encore devait l'atteindre dans son amour-propre. La Turquie, prétendant que les clauses relatives à la répression du brigandage et de la piraterie n'avaient jamais été exactement observées et que des abus sans nombre s'étaient glissés dans la protection des raïas grecs par les autorités consulaires helléniques, demanda impérieusement l'abolition des Capitulations qui la liaient à la Grèce. Des tempéraments furent apportés à cette prétention trop absolue, mais l'art. 3 du traité de paix spécifie que, « sans « toucher au principe des immunités et des privilèges « dont les Hellènes jouissaient avant la guerre sur le « même pied que les nationaux des autres États, des « arrangements spéciaux seront conclus entre la Turquie « et la Grèce en vue de prévenir les abus des immunités « consulaires, d'empêcher les entraves au cours régulier « de la justice, d'assurer l'exécution des sentences rendues, et de sauvegarder les intérêts des sujets ottomans et étrangers dans leurs différends avec les « sujets hellènes, y compris le cas de faillite ». Et plus loin l'art. 5 ajoute : « Des négociations seront entamées, « à Constantinople, pour la conclusion dans un délai de « trois mois des arrangements suivants :

« *A.* — Convention réglant les questions de nationalité contestées, basée sur le projet négocié en 1876 « entre la Turquie et la Grèce.

« *B.* — Convention se rapportant aux conditions « prévues dans l'article troisième.

« *C.* — Convention d'extraditions pour la remise réci- « proque des criminels de droit commun.

« *D.* — Convention pour la répression du brigandage « sur la frontière commune. »

Par ces stipulations, la Turquie remet en question la doctrine des Capitulations et semble contester à la Grèce le droit de vivre désormais chez elle sur le pied d'égalité des autres nations. Pour en marquer le sens, elle dénonce le traité de commerce et de navigation qui assure à la Grèce le traitement de la nation la plus favorisée et se réserve, par l'art. 7 du traité de paix, la faculté d'en conclure un ultérieurement. Ces conventions ne sont pas encore définitivement établies ; mais les circonstances qui les ont imposées en laissent pressentir l'esprit. Toutefois, l'enchevêtrement des populations de race grecque résidant en territoire ottoman, la confusion résultant de cette identité de race entre les sujets des deux États et les abus qui peuvent en découler sont des considérations de nature à expliquer la nécessité de certaines réformes dans le domaine de la législation qui règle les rapports des deux pays.

§ 2. — LA ROUMANIE.

La principauté de Roumanie, constituée aujourd'hui en royaume indépendant sous la souveraineté d'un prince de la maison de Hohenzollern, comprenait anciennement les Principautés de Moldavie et Valachie. Ces deux Principautés, réunies, en 1862, en une seule *Principauté de Roumanie*, avaient toujours conservé, depuis la conquête ottomane en 1513; leurs princes et leur autonomie administrative, sous la suzeraineté de la Porte. Elles avaient cela de particulier que les Turcs mêmes n'y pouvaient posséder ni terres, ni maisons, ni mosquées. En payant leur tribut annuel, ces provinces avaient ainsi presque pu se soustraire au despotisme ottoman. La Russie, qui imposa en 1792 son protectorat à la Moldavie, et en 1829 à la Valachie, leur fit sentir d'une façon bien plus oppressive sa domination, jusqu'en 1856, où le traité de Paris, en laissant la Roumanie sous la suzeraineté de la Porte, reconnut son autonomie, collectivement garantie par les grandes Puissances.

En dépit cependant de cette autonomie, les Principautés Danubiennes, comme vassales de la Porte, avaient toujours été soumises aux Capitulations qui réglaient la situation des étrangers dans l'Empire Ottoman. Mais, au lendemain du traité de Paris, en 1856, une commission des délégués des Puissances garantes se réunit à Bucharest, en vertu de l'article 23 ; et après s'être enquis de la situation de ces provinces, elle émit le vœu qu'on arrivât à y supprimer la juridiction consulaire, en constatant toutefois l'insuffisance actuelle de la justice locale pour y suppléer. Et lorsqu'une nouvelle conférence se tint ensuite à Paris pour arrêter l'organisation de la Moldavie et de la Valachie, les plénipotentiaires, malgré l'insistance du diplomate russe qui réclamait contre les abus de la juridiction consulaire, n'estimèrent pas que cette révision des Capitulations fût de leur ressort. Aussi, la Convention de 1858, en laissant les Principautés sous la suzeraineté de la Porte, arguait de là (art. 8) que, « comme par le « passé, les traités conclus ou à conclure par la Cour « suzeraine devaient être applicables aux Principautés

« vassales ». De plus, l'acte additionnel de 1864, en consacrant de nouveau l'autonomie de la Roumanie, rappelait que cette situation n'altérait en rien les traités en vigueur entre la Porte et les puissances européennes. Le traité de Berlin même, en 1878, alors qu'il assurait une entière indépendance à la Roumanie, y maintint encore les Capitulations, mais en laissant entrevoir toutefois qu'elles pourraient être « modifiées d'un commun accord entre « les Principautés et les Puissances intéressées » (art. 39).

Certes, depuis longtemps les Roumains protestaient contre cette situation exceptionnelle que continuait à leur imposer le régime suranné des Capitulations. S'il était injuste déjà de leur appliquer les traités conclus par la Porte, quand, sous la suzeraineté du Sultan, ils gardaient néanmoins leur autonomie, et s'étaient réservé tous les droits inhérents à la souveraineté, combien, aujourd'hui que cette entière autonomie avait été elle-même solennellement reconnue par les traités de 1856 et de 1858, n'était-il pas étrange, disaient-ils, qu'on continuât à maintenir chez eux la juridiction excessive des Consuls comme en des pays musulmans? Les Puissances cependant n'accueillaient ces prétentions de la Roumanie qu'avec une grande réserve. Seule, la Russie consentit, dès 1868, à renoncer aux privilèges que lui assuraient les Traités. « Si, malgré les inconvénients de la juridiction consulaire, « dit M. Bluntschli, les grandes Puissances l'ont conservée « en Roumanie, c'est sans doute qu'elles n'ont pas voulu « renoncer à leur droit de veiller elles-mêmes à la pro- « tection de leurs nationaux, avant de s'être convaincues « par les faits que l'admission de cet État dans le concert « Européen aura réellement pour conséquence une orga- « nisation de la justice en rapport avec la civilisation

« européenne (1) ». Ce n'est pas impunément, en effet, que ces malheureuses provinces avaient été mêlées si longtemps aux formules étroites du monde musulman. Elles avaient elles-mêmes leurs raïas. Les Juifs, nombreux dans le pays, y étaient exposés à de continuelles avanies; pour eux, ni droits politiques, ni même droits civils; ils sont exclus des fonctions publiques et ne peuvent acquérir d'immeubles.

Aussi, le traité de Berlin, en reconnaissant l'indépendance de la Roumanie, stipula-t-il, par l'art. 44, que « la « distinction des croyances religieuses n'y pourrait être « désormais opposée à personne comme un motif d'exclu- « sion ou d'incapacité, en ce qui concerne la jouissance « des droits civils et politiques, l'admission aux emplois « publics, fonctions et honneurs, ou l'exercice des diffé- « rentes professions ou industries dans quelque localité « que ce soit. Les nationaux de toutes les Puissances, « commerçants ou autres, seront traités, en Roumanie, « sans distinction de religion, sur le pied d'une parfaite « égalité ».

Quand cet esprit de tolérance et de justice égale pour tous sera entré dans les mœurs de la Roumanie, rien ne s'opposera plus à ce que l'Europe y supprime enfin la juridiction exceptionnelle attribuée aux Consuls pour la protection des étrangers. Elle est contrainte, en attendant, de maintenir cette anomalie d'un État jouissant de sa pleine indépendance et soumis néanmoins aux garanties qui le mettent en dehors du droit commun.

(1) *Revue du droit international*, 1880.

§ 3. — LA SERBIE

Quoique soumise anciennement au même principe de vassalité que la Roumanie, la Serbie, en recouvrant son indépendance, fut plus heureuse dans les revendications de ses droits politiques. La bataille de Kossowo (1389), où sombra la fortune de l'empire serbe, marque la date de l'incorporation de cet État à l'Empire ottoman. Les souverains serbes durent se résigner, en 1395, à devenir les vassaux de la Porte. A partir de ce moment, l'État serbe, dans le sens propre du mot, cessa d'exister; il se transforma en quelques provinces turques, n'ayant plus aucun lien entre elles et dépendant, chacune isolément, des sultans.

L'organisation constitutionnelle de la Serbie date de 1804. Après avoir disparu de l'histoire pendant plus de 400 ans, les Serbes résolurent, au commencement de ce siècle, de recouvrer leur indépendance. Les familles Kara-georgevitch et Obrenovitch se partagèrent le gouvernement de ce pays. En 1817, le titre de prince (*Kniaz*) fut décerné solennellement au *vojd* Miloch Obrenovitch dont la famille reçut les attributs d'une dynastie, avec droit d'hérédité, tout en restant vassal de la Porte. En 1830, la Serbie fut déclarée, par un *hatt* impérial, *autonome*, mais *tributaire*. Les heureuses réformes apportées depuis 1860 à son administration par le prince Michel Obrenovitch concilièrent à cette nation en voie de progrès la bienveillance de l'Europe. Dès 1862, il fut reconnu dans une conférence du corps consulaire réuni à Belgrade, que la Serbie étant chrétienne, et offrant désormais les garanties d'une organisation régulière et d'une législation analogue aux législations européennes, les Puissances pouvaient dès lors renoncer, au moins en partie, aux Capitulations. Mais ces négociations furent suspendues par le bombardement de Belgrade, qui rejeta la Principauté sous le joug de plus en plus oppressif de la Turquie. Le Congrès de Berlin, en 1878, devait consacrer son relèvement définitif. Le mémoire remis aux plénipotentiaires de ce Congrès par le représentant serbe, M. Ristitch, contient l'énumération des griefs de la Principauté et l'exposé de ses revendications. « Tandis que les autres peuples de la « péninsule balkanique, y est-il dit, supportaient leur « esclavage en silence, les Serbes, les musulmans comme « les chrétiens orthodoxes, enflammés du même esprit « d'indépendance et de la conviction qu'ils ne devaient « se soumettre que d'une manière conditionnelle à une « force supérieure, les Serbes furent les seuls à protes- « ter sans relâche contre la prépondérance ottomane. « Cette protestation de cinq siècles, qui se manifesta par « une série ininterrompue de soulèvements populaires, « par des émigrations en masse, par notre participation « à toutes le luttes de l'Autriche et de la Hongrie contre « la Turquie, cette longue protestation constitue, à tous « points de vue, la continuation du droit national Serbe « à une vie politique indépendante.

« A ces titres légués par l'antiquité, viennent s'ajouter « d'autres qui datent des temps modernes.

« Il y a cinquante ans à peine que la Sublime Porte a « reconnu l'existence politique de la Principauté et déjà « les Serbes ont pu faire la triste expérience que l'on con- « tinue à procéder avec eux comme on le faisait avec leur « État d'autrefois, alors que ce dernier était vassal. »

Faisant droit aux motifs exprimés dans ce mémoire,

le traité de Berlin reconnut l'indépendance de la Serbie et son autonomie absolue vis-à-vis de la Porte. Mais tout en reconnaissant cette indépendance, les Puissances signataires de ce traité crurent devoir y maintenir encore provisoirement les vieux privilèges de la juridiction consulaire. Depuis cette époque cependant, elles en sont venues successivement à accepter en cet État la suppression des Capitulations. La France y donna son assentiment dans l'art. 26 du traité de commerce du 19 janvier 1883.

La législation serbe, empruntée en grande partie aux législations européennes et conforme au droit public et privé modernes, offre aux étrangers toutes les garanties désirables. Les principaux codes actuellement en vigueur sont :

1° Le Code civil promulgué le 25 mars 1844;

2° Le Code de commerce, du 26 janvier 1860;

3° Le Code pénal, du 29 mars 1860;

4° Le Code sur les sociétés et les faillites, du 17 mars 1861;

5° Le Code de procédure civile, du 20 février 1865;

6° Le Code d'instruction criminelle, du 10 avril 1865.

Le Code civil a été calqué en grande partie sur le Code civil Autrichien. L'étranger jouit de la protection de la justice locale; mais les Serbes reconnaissent la validité des contrats conclus en dehors de leur juridiction entre un étranger et un habitant du royaume, et dans lesquels les lois étrangères sont invoquées.

Quelques autres particularités de cette législation sont à noter. Ainsi, pour la cession des immeubles, la loi exige *l'intabulation cadastrale*, c'est-à-dire l'inscription sur les registres du cadastre et les formalités qui en dérivent.

L'hypothèque, telle qu'elle est établie en France, n'existe pas en Serbie ; *l'intabulation* en tient lieu.

Une autre particularité à signaler en matière de succession. En l'absence de testament, la loi ne reconnaît pour héritiers exclusifs que les descendants mâles. Ce n'est qu'à défaut de ceux-ci que les femmes peuvent réclamer et acquérir le droit à l'héritage. Si les héritiers mâles ne sont plus en vie, la succession passe à leurs fils ou à leurs frères ; la mère et les sœurs ne peuvent y prétendre que lorsque la preuve est établie qu'il n'existe aucun héritier direct. Les étrangers qui contractent mariage ou tout acte d'association, d'achat ou de vente avec des femmes serbes, doivent donc être très explicites dans leurs stipulations et ne pas perdre de vue les singularités que nous venons de signaler.

Quant à l'organisation judiciaire, elle est à peu près la même qu'en Europe. La loi du 9 février 1881 consacre l'indépendance et l'inamovibilité de la magistrature. Dans chaque département, il a été institué un tribunal civil ou de première instance, nommé tribunal de département.

La Cour de cassation, la Cour d'appel, les tribunaux de la ville et du département de Belgrade, le tribunal de commerce et la Cour des comptes ont leur siège dans la capitale. Les autres tribunaux de première instance sont établis dans les chefs-lieux des départements.

Le tribunal de commerce a été érigé à Belgrade par la loi du 12 décembre 1855.

Les tribunaux de première instance connaissent de tous les délits et crimes et leurs jugements sont susceptibles d'appel.

La loi du 21 février 1871 a institué la Cour d'assises et

le jury pour juger seulement des crimes qualifiés de vol dangereux, de brigandage et d'incendie.

Quant aux justices de paix, elles ont été étendues et réorganisées par la loi du 24 mars 1866, remaniée par la loi du 8 octobre 1875.

C'est par de telles réformes que la Serbie est entrée dans le mouvement des nations civilisées, qu'elle a mérité la confiance de l'Europe et justifié la suppression de la juridiction créée par les Capitulations.

§ 4. — LE MONTÉNÉGRO

De tous les États Slaves détachés de l'ancien empire Serbe et soumis à la domination ottomane, le Monténégro est celui qui a le plus fièrement lutté pour son indépendance et où l'autorité de la Porte s'est fait le moins sentir. Enfermé dans des montagnes escarpées, habité par une population guerrière et gouverné longtemps par des princes-évêques dont la capitale tenait dans leur campement, sa vie politique n'a été qu'une longue série de luttes contre le Croissant. Bien qu'il ait reconnu la suzeraineté de la Porte par le traité de Cettigné du 9 septembre 1862 et que celle-ci l'ait toujours considéré comme vassal, le Monténégro ne s'est jamais incliné devant cette prétention et s'est toujours considéré comme indépendant ; il garda ses mœurs, ses coutumes, sa langue et jusqu'à son administration de prud'hommes et de voïvodes sous l'œil sévère et vigilant de ses chefs guerriers ou vladikas. Par l'art. 26 du traité de Berlin, l'indépendance de la Principauté fut définitivement reconnue par la S. Porte et les hautes parties contractantes ; mais cette indépendance existait de fait bien avant le Congrès de 1878. Les Puissances ne firent que sanctionner, dans cette réunion solennelle, la situation établie avant les événements militaires et diplomatiques qui devaient amener le démembrement de la Turquie.

Par suite de cette quasi-indépendance du Monténégro, les Capitulations n'y furent jamais en vigueur. D'ailleurs, la nature des lieux, l'absence des communications, l'indigence de ses habitants et leurs mœurs belliqueuses ne se prêtant pas au commerce, rares étaient les étrangers qui venaient y résider, et le besoin de leur protection ne se faisant pas sentir, on n'avait pas cru utile d'y créer une représentation. La France, ainsi que la plupart des gouvernements étrangers, laissaient à leur consul de Scutari d'Albanie le soin de défendre, le cas échéant, les intérêts de leurs nationaux auprès du gouvernement de Cettigné. Ce n'est qu'après la proclamation de son indépendance et l'extension de son territoire que les Puissances signataires du traité de Berlin, à l'instigation de la Russie, accréditèrent auprès du Prince de Monténégro des représentants revêtus du caractère diplomatique, et que des traités de commerce purent être échangés. La France en conclut un, pour son compte, le 18-30 juin 1892 et le fit entrer en vigueur l'année suivante, profitant des nouveaux débouchés que la Principauté s'était ouverts sur la mer et des nombreuses chaussées, voies et communications qu'on venait de créer pour relier les deux ports d'Antivari et de Dulcigno avec les fertiles districts de Niksitch et de Podgoritza, annexés depuis la guerre de l'indépendance.

En même temps, la législation du pays se perfectionnait, ou plutôt elle sortait de l'état embryonnaire pour entrer dans les voies du droit moderne. Jusqu'à la fin du siècle dernier, les Monténégrins n'ont eu d'autres lois que leurs anciennes coutumes non écrites. Ce fut seulement en 1796, que le vladika Pierre Ier rédigea et fit accepter par les chefs du pays un code sommaire en seize articles portant défense de se faire justice à soi-même. En 1803, on ajouta dix-sept nouveaux articles relatifs à la répression des meurtres, des vols et à la police. On parait aux premières éventualités, dans un pays soumis à l'usage barbare de la vendetta. En 1855, on rédigea une loi nouvelle en 75 articles, où l'on s'occupa cette fois, mais sommairement, de la famille, des successions et des mariages ; mais, de même que le premier, c'était, au fond, beaucoup plus un code criminel et de police qu'un code civil.

Ce fut sous le règne du prince Nicolas Ier, que le Monténégro reconnut la nécessité de ne pas se contenter d'une législation aussi primitive. Il voulut entrer dans les États civilisés, et la première des conditions était d'avoir des tribunaux et un Code civil. Tâche bien difficile dans un pays dépourvu de jurisconsultes et ne pouvant faire appel qu'aux lumières des prud'hommes. Le gouvernement russe vint en aide à la Principauté et mit à sa disposition un jurisconsulte distingué, M. Boguisitch, Dalmate, né à Raguse, ayant étudié la législation comparée en Allemagne et en France, entré ensuite au service de la Russie et professeur à l'Université d'Odessa. Il parcourut pendant plusieurs années les montagnes de la Tsernagore, recueillit tout ce qui restait de documents écrits, il interrogea les anciens, observa les usages, puis se mit à l'œuvre en 1878. L'œuvre était terminée en 1887; elle reçut alors la sanction du Prince et entra en vigueur l'année suivante.

Le nouveau Code se compose de 1033 articles. Si on laisse de côté la 6e partie, consacrée aux explications et définitions, il reste 766 articles traitant de l'application des lois, de la capacité des personnes, des biens et de la possession. La 2e partie est relative à la propriété et autres droits réels ; à l'instar de la loi roumaine, elle offre cela de particulier qu'aucun étranger ne peut devenir propriétaire d'immeubles au Monténégro, *si ce n'est en vertu d'une donation faite par le prince.*

Des droits réels, le Code passe aux droits personnels et pose les principes généraux des obligations. Contrairement à ce qui a lieu dans les Codes modernes, il se termine par le chapitre qui a pour titre : Définitions, explications, dispositions, sujets préliminaires, renvoyant ainsi, pour être compris du peuple, peu habitué au langage judiciaire, à de plus amples renseignements à la fin du Code.

Cette méthode a permis au législateur de traiter complètement, et non sans quelque originalité, certaines matières ardues, notamment le droit international privé qui fait à lui seul l'objet de 13 articles, dont 4 sont placés dans la première partie et 15 dans la dernière.

Tel est dans son ensemble le nouveau Code du Monténégro et l'esprit de jurisprudence qui règle sa législation intérieure.

Quant au Droit public ou international destiné à assurer ses futurs rapports avec les autres États et notamment avec les grandes Puissances, les bases en sont posées dans le traité de Berlin, à la suite des stipulations relatives au remaniement de ses frontières. L'art. 31 de ce traité dit que « la Principauté du Monténégro s'en-« tendra directement avec la Porte ottomane sur l'ins-

« titution d'agents Monténégrins à Constantinople, et « dans certaines localités de l'empire ottoman où la « nécessité en sera reconnue.

« Les Monténégrins voyageant ou séjournant dans « l'empire ottoman seront soumis aux lois et aux auto- « rités ottomanes, suivant les principes généraux du « droit international et les usages établis concernant « le Monténégro. »

D'où il suit qu'à défaut de représentation directe les sujets monténégrins ne peuvent se réclamer des Capitulations ni se retrancher derrière les garanties accordées aux nations soustraites à la domination turque, par exemple, à la Grèce.

Mais ce qui porte une atteinte autrement sérieuse à l'indépendance effective et à la liberté d'action de la Principauté, c'est la clause qui lui interdit de battre pavillon de guerre et qui soumet l'inspection de ses côtes à la marine de l'Autriche-Hongrie. L'art. 29 du traité de Berlin est explicite à cet égard; il est ainsi conçu :

Art. 29. — « Le Monténégro ne pourra avoir ni bâti- « ments, ni pavillon de guerre... La police maritime et « sanitaire, tant à Antivari que le long de la côte du « Monténégro, sera exercée par l'Autriche-Hongrie, au « moyen de bâtiments légers garde-côtes.... Le Monté- « négro adoptera la législation maritime en vigueur en « Dalmatie. De son côté, l'Autriche-Hongrie s'engage à « accorder sa protection consulaire au pavillon marchand « monténégrin. »

Cette stipulation d'un instrument diplomatique destiné à briser le dernier lien de vassalité qui rattachait encore le Monténégro à la Turquie, revient, dans la pratique, à le placer sous la dépendance de l'Autriche et à substituer une autorité à une autre. La protection accordée au pavillon marchand de la Principauté et la surveillance de ses côtes a pour objet évidemment de prévenir la contrebande de guerre, d'un accès facile chez un peuple élevé dans le culte des armes, et de compléter la série des mesures offensives ou défensives adoptées par l'Autriche depuis son orientation vers « la politique des lieues carrées. »

§ 5. — LA BULGARIE

Nous ne mentionnerons qu'en passant la Principauté de Bulgarie, et son annexe, la Roumélie orientale. Bien que le traité de Berlin ait proclamé son indépendance et lui ait reconnu le droit d'être gouvernée par un prince chrétien disposant d'une milice locale, ce qui lui constitue un droit de souveraineté, il l'a néanmoins maintenue sous la suzeraineté du sultan et assimilé, à ce titre, à une province ottomane (articles 1, 13 et 15 du traité de Berlin). Les Capitulations y sont donc encore en vigueur et les agents diplomatiques et consulaires établis à Sofia, à Philippopoli, Routschouk et Varna, sont chargés d'en maintenir l'application. Sans doute, la Principauté de Bulgarie, comme tous les États chrétiens de la péninsule des Balkans, a fait, depuis son émancipation politique, de sérieux efforts pour réorganiser son administration, son système judiciaire et sa législation intérieure. Maintes fois, elle a réclamé, comme la Serbie et la Roumanie, contre l'existence de la juridiction exceptionnelle des consuls et demandé l'abolition des anciens privilèges offensants pour sa dignité de nation chrétienne, admise à s'administrer et à se gouverner elle-même. En dépit de ces protestations, les Puissances européennes, indisposées par des actes d'arbitraire commis contre quelques-uns de leurs nationaux, n'ont pas jugé prudent d'abandonner les garanties que leur confèrent les traités conclus avec la Porte et n'ont rien cédé de leurs droits.

§ 6. — BOSNIE ET HERZÉGOVINE

On sait que l'art. 25 du traité de Berlin, tout en conservant au sultan une souveraineté nominale sur la Bosnie et l'Herzégovine, a chargé l'Autriche-Hongrie de les occuper et de les administrer. Une convention, signée le 21 avril 1879 entre la Porte et l'Autriche-Hongrie, confirme cet arrangement qui, en réalité, confère à l'Autriche sur ces provinces tous les droits, sans en limiter la durée.

On remarquera qu'en occupant la Bosnie et l'Herzégovine l'Autriche-Hongrie ne les a annexées directement ni à la Hongrie, ni à la Cisleithanie. C'est une terre d'Empire, administrée directement sous la responsabilité du souverain et dont la situation est la même que celle de l'Alsace-Lorraine par rapport au reste de l'empire allemand. C'est le ministre commun des finances qui dirige l'administration dont le siège principal est à Sérajevo. Elle est répartie en trois sections comprenant : 1° l'intérieur (cultes, instruction publique); 2° la justice ; 3° les finances. On y a institué, en outre, un conseil municipal nommé par l'élection.

Depuis l'occupation autrichienne, le pays a été divisé en six cercles (Sérajevo, Banjaluka, Bihatch, Travnik, Tuzla, Mostar), et quarante-sept districts. Dans chaque ville de district on a créé un conseil consultatif composé de notables désignés par le Gouvernement. Un tribunal suprême réside à Sérajevo, régissant les six tribunaux placés dans chacun des six cercles.

Un des premiers soins des occupants fut d'organiser l'administration de la justice et de préparer la publication de lois adaptées aux besoins nouveaux. Il fallait, toutefois, dans la réalisation de ce projet, tenir compte des difficultés locales et prendre en considération l'impossibilité de donner aux tribunaux des nouvelles provinces une organisation semblable à celle des tribunaux austro-hongrois. On ne disposait pas, en effet, de ressources suffisantes et on était loin d'avoir sous la main le personnel judiciaire nécessaire. De plus, les abus qui avaient régné depuis la conquête ottomane, les privilèges féodaux des *Beggs* bosniaques, cette sorte d'aristocratie slave convertie, à l'origine, à l'islamisme, et détenant la plus grande partie de la propriété foncière, avaient fait naître, avec cette hostilité latente qui va du tenancier oppressé au propriétaire oppresseur, tous les problèmes irritants de la question agraire. Les Beggs, devant la nouvelle administration, se refusaient obstinément à toute perte de leurs anciens privilèges et à toute amélioration de la condition des anciens raïas dépossédés. En conséquence, le Gouvernement autrichien dut se résigner, au début, à maintenir les coutumes observées dans le pays, tout en corrigeant les abus dans ce qu'ils avaient de plus criant. De même, il prit des juges en quelque sorte improvisés, recrutés dans la population et adjoints aux juges réguliers. Mais ces dispositions n'étaient que provisoires. Plus tard, on organisa un système judiciaire différent. On établit un juge ou magistrat de profession dans chaque district, mais on lui adjoignit l'élément indigène et on fit siéger un juge musulman auprès de chaque tribunal comme interprète de la loi religieuse du *chérihat*, de même qu'on attacha à la Cour suprême deux musulmans pris parmi les notables. L'institution de ces juges, assez semblable à celle des assesseurs indigènes créée dans certaines de nos colonies, fut d'une habile organisation, car il parut une concession aux usages locaux et contribua très efficacement à éclairer la conviction du tribunal et à le renseigner sur les coutumes et les tendances de la population.

La juridiction est ainsi exercée :

1° Par les juges de canton;

2° Par les tribunaux du district ;

3° Par la cour d'appel qui siège à Sérajevo.

Grâce à ces réformes, grâce aussi, il faut bien le dire, à ce grand courant d'émigration qui a porté les mécontents à s'expatrier et qui a, par conséquent, écarté tout naturellement l'élément le plus hostile, les abus de l'ancienne administration ont à peu près disparu. Le gouvernement des nouvelles provinces peut se flatter d'avoir fait beaucoup pour le relèvement du pays en matière administrative, économique, sociale et législative ; il y a rendu à la civilisation, pendant une période relativement courte, des services importants. Il a posé les bases d'une bonne justice et rien ne prouve mieux le degré d'avancement d'une nation que la perfection de ses lois. Aussi, cette substitution d'une administration autrichienne à l'administration turque offrant à l'Europe toute garantie pour les étrangers, les diverses Puissances ont renoncé aisément à maintenir dans ces provinces le régime des Capitulations, bien que celles-ci continuassent, théoriquement au moins, à faire partie intégrante de l'Empire ottoman.

§ 7. — CHYPRE

L'Angleterre a pu bientôt après se prévaloir de ce précédent, lorsqu'en 1878, sous le prétexte de protéger les intérêts de l'Empire ottoman, elle se fit concéder par la Porte le droit d'occuper et d'administrer l'île de Chypre. Une convention, proposée au Sultan le 30 mai 1878, fut signée par celui-ci cinq jours après, c'est-à-dire le 4 juin suivant. Ceux qui connaissent les lenteurs administratives turques, surtout en des matières de cette importance, peuvent s'étonner à juste raison de la rapidité d'une sanction ayant pour objet une cession de territoire. Mais on était à la veille du Congrès de Berlin, et la Russie, par le traité de San Stefano, réclamait le prix de ses victoires. Il fallait à l'Angleterre des compensations. Le Congrès de Berlin n'a eu qu'à sanctionner une convention faite en dehors de lui et préparée secrètement entre toutes les Puissances, à l'exclusion de la France et de l'Italie, qui n'avaient pas été consultées.

Quoique les traités des 4 juin et 1er juillet 1878 mentionnent qu'en droit la souveraineté de l'île continuait à appartenir au Sultan, le gouvernement anglais, en en prenant possession, s'empressa d'y abolir les Capitulations, et d'y remplacer par la justice anglaise les juridictions consulaires. C'était une annexion déguisée. En notifiant cette réforme aux Puissances, le Gouvernement britannique déclarait qu'avec l'administration régulière désormais établie dans l'île, le régime exceptionnel des Capitulations n'avait plus aucune raison d'être. Quelle était la valeur de ces arguments ? S'ils fussent venus d'une moindre puissance, ils n'auraient pas manqué d'être contestés. Mais présentés par l'Angleterre, au nom du droit du plus fort, ils furent agréés par l'Europe, qui laissa tomber dans l'île de Chypre les privilèges de ses consuls. Par une ordonnance du 17 janvier 1879, le Haut-Commissaire anglais instituait à Nicosie, capitale de l'île, une Haute-Cour de justice, dont la juridiction s'étendait sur tous les étrangers, justiciables désormais des lois britanniques. En même temps, malgré la fiction diplomatique qui attribuait la souveraineté nominale de l'île au Sultan, le cabinet de Saint-James se substituait à la Porte pour toutes les mesures d'un caractère international, et c'est à Londres, et non plus à Constantinople, que les agents consulaires accrédités à Chypre sont obligés de demander désormais leur exequatur.

II

Le régime des Capitulations dans les États barbaresques.

On entend par États barbaresques les pays musulmans plus ou moins indépendants de la Porte qui sont situés sur les côtes septentrionales de l'Afrique. Ils comprennent la Régence de Tripoli, l'Empire du Maroc, la Régence de Tunis et l'Algérie, aujourd'hui colonie française. L'état législatif de chacun de ces pays, au point de vue de la protection et du séjour des étrangers, mérite une mention spéciale, car les Sultans les ont longtemps tenus sous leur souveraineté plus ou moins directe et les ont liés, en tant que pays musulmans relevant, sinon toujours de l'autorité effective, du moins de l'autorité morale du Commandeur des croyants, à toutes les obligations qu'ils avaient contractées vis-à-vis des Puissances chrétiennes. Ces États ont donc été et restent encore soumis à tous les Traités et Capitulations conclus par la Porte. Ces traités ne les affectent pas tous, il est vrai, au même degré ; pour quelques-uns, ils ont subi des modifications profondes; pour d'autres, ils ont été simplement supprimés à la suite d'événements qui ont transformé leur situation politique. Ils n'en forment pas moins un des chapitres de l'histoire des Capitulations et rentrent, par conséquent, dans le cadre de cette étude.

§ I. — LA RÉGENCE DE TRIPOLI OU TRIPOLITAINE

Cette Régence, érigée aujourd'hui en province de la Turquie et administrée par un vali fonctionnaire de la Porte, jouissait jadis d'une autonomie à peu près complète, sous l'administration de ses Deys. Depuis 1714, elle formait un État presque indépendant de l'Empire ottoman et se reconnaissait le droit de traiter directement avec les nations chrétiennes. Aussi avait-elle plusieurs fois conclu avec la France des Capitulations analogues à celles qui avaient été conclues avec les sultans de Constantinople. Un traité ainsi négocié en 1801 entre la République française et le Dey de Tripoli porte en son art. 1er que « les Capitulations faites et accordées « entre les Empereurs de France et le Grand Seigneur, et « entre leurs prédécesseurs, ou celles qui seront accor- « dées de nouveau à l'Ambassadeur de France, envoyé « exprès à la Porte, seront exactement et sincèrement « gardées et observées, sans que, de part ni d'autre, il « y soit directement ou indirectement contrevenu. » Et à l'art. 18 du même Traité, il est spécifié que « la Répu- « blique française pourra continuer l'établissement d'un « Commissaire général des relations commerciales à « Tripoli, pour assister les marchands français dans « tous leurs besoins... et aura ledit commissaire la préé- « minence sur tous les autres Consuls ; et aura pouvoir « et juridiction dans les différends qui pourront naître « entre les Français, sans que les juges de ladite ville de « Tripoli en puissent prendre connaissance... ».

C'est sur les bases de cette convention que se réglèrent

les rapports de la France et de la Régence. Ils n'ont rien de notablement différent du système existant en Turquie. Mais en 1835 le Dey reconnut la souveraineté de la Porte et abdiqua ses droits de souveraineté entre ses mains. La Régence de Tripoli est donc demeurée, dès la date de cette abdication, un simple vilayet de l'Empire ottoman, gouvernée par un Pacha mandé de Constantinople, et les traités conclus par la France avec la Turquie en 1838 et 1861, ainsi que tous les traités antérieurs, s'imposent aujourd'hui à la Tripolitaine aussi bien et au même titre qu'à tous les autres vilayets de l'Empire. Ils ont même été corroborés par le protocole signé, en 1873, entre la Turquie d'un côté, la France, la Grande-Bretagne et l'Italie de l'autre. La Sublime Porte s'étant, en effet, adressée à ces trois puissances pour leur exprimer le désir que, dans la province de Tripoli d'Afrique, la compétence de la juridiction locale dans les causes entre les indigènes et les étrangers de nationalité française, anglaise ou italienne, fût établie sur les mêmes bases que dans les provinces de l'Empire ottoman en Europe et en Asie, les dits gouvernements, après avoir adhéré individuellement à ce vœu, ont résolu de consacrer leur assentiment par un acte collectif. En conséquence, un protocole fut signé le 12/24 février 1873 à Constantinople entre ces trois puissances et la Turquie relativement à l'exercice de la juridiction consulaire à Tripoli. En voici les dispositions :

Art. 1. — Les agents de la France, de l'Angleterre et de l'Italie à Tripoli d'Afrique recevront de leurs gouvernements des ordres précis et formels pour que désormais tous les procès et toutes les contestations entre les indigènes et sujets français, anglais ou italiens dans cette province, quelle que soit la nationalité du défendeur, soient jugés conformément aux dispositions des capitulations en vigueur et de la même manière que ces Capitulations sont appliquées dans les provinces de l'empire ottoman, en Turquie et en Asie.

Art. 2. — La Sublime-Porte s'engage à traiter les consuls et les sujets français, anglais et italiens à Tripoli d'Afrique, en ce qui concerne la juridiction consulaire, sur le pied de la nation la plus favorisée, et à les faire participer à la jouissance de toute faveur ou avantage accordé sous ce rapport aux consuls et aux sujets de tout autre État.

Fait à la Sublime Porte, le 12/24 février 1873.

§ 2. — L'EMPIRE DU MAROC

A proprement parler, l'empire du Maroc n'a jamais relevé du Kalife de Constantinople. Ses propres sultans, se prétendant issus de la lignée directe du fondateur de l'islamisme et se considérant comme les véritables détenteurs de son autorité, alors que le premier n'en est que le représentant, ont toujours revendiqué leur autonomie religieuse aussi bien que politique vis-à-vis de la Porte. Cette autonomie, si elle ne leur a pas imposé, par une conséquence nécessaire, les garanties que le Divan avait reconnues aux étrangers, ne les a pas empêchés de se lier eux-mêmes par des Capitulations spéciales soit avec la France, soit avec les autres puissances européennes.

Ces Capitulations, dont celles de la Turquie ont servi de modèle, remontent également à des époques très anciennes. En 1577, un consul français s'établissait au Maroc pour y veiller aux intérêts de ses nationaux. En 1629 et 1630, Richelieu entreprenait sur les côtes de cette région deux expéditions maritimes qui eurent pour résultat la conclusion d'un traité de commerce entre Louis XIII et l'Empereur du Maroc Abdel-Mélek, la concession aux Français d'un certain nombre de privilèges et la mise en liberté de tous les esclaves chrétiens. En 1666, Louis XIV obtient de nouveaux privilèges pour le commerce français.

Féraud-Giraud mentionne que les diverses Capitulations conclues entre la France et l'Empire du Maroc, à partir de la première en date, c'est-à-dire de 1630, sont au nombre de onze. La plus importante de ces Capitulations est celle qui a été passée le 28 mai 1767, entre Louis XV et l'empereur Sidi-Muley-Mohammed, par l'intermédiaire du comte de Brugnon, ambassadeur du roi au Maroc. De même que celle qui a été conclue en 1740 entre ce même souverain et la Porte, et dont il semble que le Sultan du Maroc ait été jaloux d'adopter, pour son propre compte, les dispositions particulières, cette Capitulation résume toutes les autres et sert encore de base à nos relations avec ce pays. L'art. 5 comporte la clause de la nation la plus favorisée. Il est spécifié que « les deux « nations respectives pourront librement entrer et sortir « en tous temps des ports de la domination des deux « Empires et y trafiquer avec toute assurance, et si, par « hasard, il arrivait que leurs marchands ne vendissent « qu'une partie de leurs marchandises et qu'ils voulussent « remporter le restant, ils ne seront soumis à aucun droit « pour la sortie des effets invendus. Les marchands fran- « çais peuvent vendre et acheter dans toute l'étendue de « l'Empire du Maroc, comme ceux des autres nations, « sans payer aucun droit de plus ; et si jamais il arrivait « que l'Empire du Maroc vînt à favoriser quelques autres

« nations sur les droits d'entrée et de sortie, dès lors les « Français jouiraient du même privilège ». Par l'art. 11, le Sultan autorise le roi de France « à établir au Maroc « le nombre des Consuls qu'il voudra, pour y représen- « ter sa personne dans les ports de l'Empire, y assister « les négociants, capitaines, matelots, y entendre leurs « différends, et décider des cas qui pourront survenir « entre eux, sans qu'aucun gouverneur des places où ils « se trouveront puisse les en empêcher... Il ne sera per- « çu aucun droit sur les provisions et autres effets à leur « usage qu'ils recevront d'Europe, de quelque espèce « qu'ils soient; de plus, les consuls français auront le « pas et la préséance sur les consuls des autres nations, « et leur maison sera respectée, et jouira des mêmes in- « demnités qui sont accordées aux autres ». Suivent ensuite les dispositions concernant la juridiction consulaire et les formalités relatives aux successions des Français par les consuls « sans que la justice du pays ou du gou- « vernement puisse y mettre obstacle ». Il est stipulé à l'art. 12 que, « s'il arrive quelque différend entre un « Maure et un Français, l'Empereur en décidera ou bien « celui qui le représente dans la ville où l'accident sera « arrivé, sans que le cadi ou le juge ordinaire puisse en « prendre connaissance... ».

Les relations de la France avec le Maroc ont toujours subsisté sur les bases de cette entente commune jusqu'au conflit qui éclata en 1844, à la suite des attaques dirigées par Abdel-Kader contre la domination française en Algérie et la part prise par cet État limitrophe dans ces actes d'hostilité. Un traité intervint le 10 septembre 1844 qui régla le différend. Il porte à l'art. 7 que « les hautes « parties contractantes s'engagent à procéder de bon

« accord et le plus promptement possible à la conclu-
« sion d'un nouveau traité qui, basé sur les traités ac-
« tuellement en vigueur, aura pour but de les consoli-
« der et de les compléter, dans l'intérêt des relations
« politiques et commerciales des deux Empires ».

Aucun nouvel arrangement n'étant venu modifier la situation respective des deux pays, les anciens traités, notamment celui de 1767, qui accorde à la France le traitement de la nation la plus favorisée, continuent à rester en vigueur et doivent être scrupuleusement observés. C'est ainsi que les traités de commerce conclus avec l'Angleterre, en 1856, et avec l'Espagne, en 1861, ayant créé pour le commerce des facilites nouvelles, la France en a réclamé et obtenu le bénéfice.

Il faut mentionner toutefois un règlement relatif à la protection des indigènes, signé à Tanger le 19 août 1863, entre la France et le Maroc, et auquel adhérèrent la Belgique, la Sardaigne, les États-Unis, l'Angleterre et la Suède. Ce règlement stipule, à l'instar de celui qui concerne les sujets ottomans, que la protection est individuelle et temporaire et qu'elle ne peut s'appliquer aux parents de l'individu protégé; toutefois, plus libéral que celui de la Porte, il ajoute que cette protection peut être étendue à la famille, c'est-à-dire à la femme et aux enfants demeurant sous le même toit que la personne admise à la protection. Cette même protection est acquise à deux courtiers indigènes au service des maisons de commerce françaises, mais non aux indigènes employés par des Français à des exploitations rurales. Cette clause s'explique par l'ostracisme de la loi musulmane, qui exclut l'étranger, de près ou de loin, à la possession du sol réputé terre sacrée et régie par la seule législation locale.

Telles sont les règles qui président aux rapports de la France et du Maroc formant un État à part, ayant un caractère particulariste parmi les pays soumis au régime des Capitulations. Ce qui distingue cet État des autres pays musulmans, c'est l'ascendant théocratique que le Sultan exerce non seulement sur les peuples de son obéissance, mais sur toutes les nations barbaresques. Cette autorité toute spéciale prend sa source dans le titre de *Chérif* ou descendant de Mahomet que s'attribue la dynastie actuelle du Maroc. Tout le système politique de la contrée soumise à leur domination repose uniquement sur cette autorité. De fait, cet État ne reconnaît d'autre règle et d'autre loi que le caprice du Souverain; il n'existe de sécurité ni pour les propriétés, ni pour les personnes; le gouvernement et l'administration se livrent à de tels actes d'arbitraire que nulle part les étrangers ne sentent plus le besoin d'être protégés et que les indigènes ne sont plus exposés aux violences et aux exactions. Pour en donner un exemple, nous citerons le trafic auquel est resté soumis l'élément israélite. Parmi les marchandises qui ne peuvent être exportées sans un permis spécial, qui se paye comme tout privilège, figurent les céréales, les bestiaux, les bêtes de somme, et même les juifs et les juives; l'israélite est assimilé à une denrée. L'élément masculin, homme, enfant ou vieillard, ne peut sortir d'un port qu'en payant un droit de quatre piastres (cinq francs). Pour les femmes, ce droit est beaucoup plus élevé; il est de cent piastres. Cet usage, si contraire aux mœurs courantes même en pays musulmans, reçut une cruelle application en 1844, au moment du conflit de la France avec le Maroc, alors que l'escadre française avait embarqué tous ses nationaux et s'apprêtait à bombarder Tanger. Les juifs obtinrent de se réfugier à bord des navires de l'escadre; mais ils ne purent sortir de la ville et quitter le port qu'après avoir acquitté la taxe qui les frappe. Quant aux juives, la dépense ayant paru trop considérable, elles furent abandonnées et livrées au fanatisme de la population musulmane.

De tels exemples ne peuvent que faire ressortir davantage le prix des Capitulations. Il n'y a pas aujourd'hui d'état musulman où les Consuls étrangers exercent davantage leur juridiction dans toute sa plénitude; mais il n'en est pas non plus où cette protection soit plus nécessaire à leurs nationaux.

§ 3. — L'ALGÉRIE

Si nous faisons mention à cette place de l'Algérie, ce n'est que pour mémoire et à simple titre historique. Car cet ancien État barbaresque, où la piraterie était devenue la principale source de ses relations avec le monde chrétien, avait autrefois donné lieu à plus d'une négociation laborieuse provoquée par ses excès mêmes. Mais si jadis il fut soumis au régime des Capitulations, tant qu'il releva comme vassal de l'Empire ottoman, il est rentré dans le droit commun, depuis que la conquête en a fait, en 1830, une province française. En 1848, l'Algérie est déclarée, par l'art. 109 de la Constitution du 4 novembre, partie intégrante du territoire français, et elle est soumise, non seulement pour les nouveaux occupants et les étrangers qui y habitent, mais encore pour les indigènes, arabes et kabyles, aux institutions et aux lois de la France. Car c'est un principe admis par le droit des gens que la législation de la nation conquérante est applicable au pays conquis, lorsque la conquête est devenue définitive.

Sans doute, par respect pour la foi religieuse de ses sujets musulmans, la France renvoie au code certains débats civils entre indigènes, pour être jugés selon la loi islamique. De même, en ce qui concerne le statut personnel, les indigènes restent soumis aux règles du Koran et de la *Sounna*, complément du Koran, contenant les explications et l'enseignement du fondateur de la religion islamique. Il fallait bien tenir compte des croyances, des mœurs et des traditions de ces populations mahométanes. Des conseils, appelés *Medjélis*, peuvent revoir les décisions du cadi. Mais on ne peut maintenant appeler de ses jugements que devant la Cour d'Alger, ou devant les tribunaux de première instance d'Alger, d'Oran et de Constantine, auxquels seulement on adjoint, à cet effet, des assesseurs musulmans, chargés, de concert avec les magistrats français, de concilier les prescriptions du Koran avec les dispositions de la jurisprudence française. De même que les lois civiles, la propriété immobilière est régie par les décrets et règlements émanés du Parlement de la métropole et portant la sanction du chef de l'État. Quant aux crimes et délits commis par les musulmans, ils sont poursuivis et punis selon le Code pénal de la France, avec cette différence qu'en certains cas, et pour certains délits, il y a aggravation de peine là où le législateur français ne punit les mêmes actes commis dans la métropole, que de peines insignifiantes. C'était là une conséquence forcée du régime établi en un pays conquis où la répression doit suivre de près le délit et atteindre plus fortement le délinquant.

La nationalité des indigènes musulmans de l'Algérie a

été particulièrement déterminée par le sénatus-consulte de 1865 qui, confirmant la jurisprudence de la Cour d'Alger et de la Cour de cassation, règle l'état des personnes et la naturalisation des Arabes de l'Algérie. C'est à partir de cette date qu'ils ont été admis à servir dans les armées de terre et de mer et à remplir des fonctions et emplois civils dans les pays de leur résidence.

Quant à la protection qu'on est susceptible d'accorder aux Algériens résidant à l'étranger et notamment en Orient, où ils sont confondus avec un élément congénère, la question a paru complexe, à l'origine, et a soulevé plus d'une question délicate, la Porte n'ayant jamais renoncé à sa prétention d'exercer une sorte de protection sur le monde islamique répandu en dehors de ses frontières, à plus forte sur ceux qui jouissent de son hospitalité. Une circulaire du ministère des Affaires étrangères, en date du 31 janvier 1834, établit que les Algériens éloignés de leur pays pouvaient être rangés en cinq classes :

1° Ceux qui depuis l'occupation avaient été déportés de la Régence ;

2° Ceux qui l'avaient abandonnée volontairement pour des motifs de religion ou autres ;

3° Ceux qui, établis ou voyageant dans le Levant à l'époque de l'occupation, annonçaient l'intention de revenir à Alger ;

4° Ceux qui, dans la même position, annonçaient l'intention contraire ;

5° Ceux que leurs affaires, depuis l'occupation, avaient conduits en Orient.

Les trois premières classes, condammées à subir les conséquences d'une expatriation volontaire et de la déportation, avaient été exclues de la protection. Les deux autres classes étaient, au contraire, admises à conserver leur qualité d'Algérien, mais en justifiant de leur identité.

Toutefois, devant le courant d'émigration qui a toujours poussé l'élément musulman à fuir devant la domination chrétienne, on dut prendre des mesures sérieuses pour mettre un terme aux abus résultant de cette émigration. Par un arrêté du 7 septembre 1855, le ministre de la Guerre décréta que les indigènes qui resteraient absents de l'Algérie pendant trois années consécutives seraient considérés par ce seul fait comme ayant perdu l'esprit de retour et, à ce titre, ne pouvaient plus prétendre à la qualité de français. Mais à mesure que s'affirmait la domination française en Algérie et que les bienfaits de cette domination devenaient évidents pour les indigènes eux-mêmes, on fut amené, l'hostilité de l'élément musulman et le courant d'émigration diminuant, à prendre des mesures plus libérales. La circulaire du ministère des Affaires étrangères du 20 juin 1866 est décisive à cet égard et fixe définitivement les règles adoptées par notre diplomatie, en ce qui concerne la protection des Algériens en pays étranger.

Cette circulaire explique et étend les dispositions du sénatus-consulte de 1865 relatif à la nationalité des Algériens et à la protection qui leur est due par nos agents consulaires. Elle établit les conditions suivantes :

Tout Algérien a droit à la protection consulaire, quand il a justifié de sa nationalité, au même titre et au même degré que tout citoyen français.

Les Algériens de passage dans les Échelles doivent veiller, à leur arrivée, à déposer leur passeport en chancellerie et à le reprendre au départ.

Quant aux Algériens qui vont s'établir en pays étranger, « les dispositions adoptées, dit la circulaire, ont pour « objet de constater, à des époques périodiques, qu'ils « conservent l'esprit de retour et qu'ils ne sont pas dans « une situation incompatible avec la jouissance des avan- « tages que leur a conférés le sénatus-consulte de 1865 ». On en est ainsi venu à reconnaître, ajoute cette circulaire, que l'arrêté ministériel du 7 septenbre 1855, aux termes duquel les Algériens étaient déchus de leurs droits à la protection du gouvernement par le seul fait de leur résidence hors du territoire français pendant trois années consécutives, n'était pas en harmonie avec la nouvelle législation. Cet arrêté a donc été rapporté. Mais, par contre, des nouvelles règles sont établies qui sont désormais la condition indispensable à la protection ainsi étendue hors de ses limites naturelles. Ainsi, tout Algérien résidant à l'étranger est tenu de se faire inscrire au Consulat dont il habite la circonscription et à se présenter chaque année devant l'agent consulaire le plus rapproché de son établissement. Aux termes des instructions ministérielles, un registre spécial doit être tenu dans chaque consulat pour l'inscription des Algériens et, tous les ans, un relevé des inscriptions effectuées dans l'année doit être envoyé au gouverneur général d'Algérie.

Telles sont les règles qui régissent actuellement la matière. Les Arabes et Kabyles de l'Algérie, devenus sujets de la France, restent Français, et en gardent le caractère et les immunités, en quelque pays mahométan qu'ils se trouvent. Qu'ils résident au Maroc, dans l'ancienne Régence de Tripoli, ou telle autre province de l'Empire ottoman, ils y demeurent soumis à la juridiction du tribunal consulaire français du lieu où ils sont établis; et l'autorité turque n'a pas plus d'action sur eux que sur les autres citoyens français, à la condition, pour ceux qui sont appelés à bénéficier des précieuses immunités attachées à la qualité de Français en pays musulman, de se conformer aux prescriptions de la circulaire du 20 juin 1869.

§ 4. — LA RÉGENCE DE TUNIS ET LE PROTECTORAT DE LA FRANCE

Les événements qui ont concouru à la conquête de l'Algérie ont amené la France à étendre sa sphère d'action sur des pays limitrophes. La Tunisie, soumise à son protectorat, a été l'objet d'une transformation qui est une innovation dans le droit public ou international, et les nombreux pourparlers, règlements ou conventions auxquels a donné lieu l'application du nouveau régime à cet état musulman méritent un examen particulier.

La situation des Européens résidant ou établis dans la Régence de Tunis était la même que dans tout le reste de l'Empire Ottoman, jusqu'au traité signé le 13 mai 1881 à Kassar-Saïd par le Bey Mohammed-el-Sadocq et le général Bréart, plénipotentiaire de la République française, traité qui fut ratifié par une loi du 27 mai 1881, et qui plaçait la Régence sous le protectorat de la France. Les dernières conventions contractées par le Bey de Tunis, avec l'Italie en 1868, et avec l'Angleterre en 1875, reconnaissaient encore la juridiction exceptionnelle des consuls.

Les Capitulations de la Régence de Tunis avec la France dataient de loin; elles remontaient au-delà de celles que François Ier avait contractées avec la Porte. Dès l'année 1238, on constate une alliance de commerce entre Marseille et le roi de Tunis. Parmi les nombreux traités renouvelés depuis cette époque entre la France et Tunis, pour confirmer et étendre les Capitulations, nous signalerons surtout le traité de 1604, portant dans son préambule : *Ordre de suivre et garder à l'avenir les Capitulations et Traités d'amitié et d'alliance faits entre les Rois de France et les Grands Seigneurs, Empereurs des Turcs*. Depuis 1574, en effet, la Régence était devenue tributaire de la Porte. Les traités contractés par celle-ci lui étaient donc applicables et devaient la lier en vertu du même principe qui obligeait toutes les provinces ottomanes. Mais il convient de constater que la suzeraineté du Sultan sur cet État barbaresque n'était guère que nominale et de pure forme. La France et, à son exemple, toutes les autres Puissances continuaient de considérer la Tunisie comme un État indépendant, et se réservaient de traiter directement avec elle. Les nombreux traités conclus dans le cours des siècles précédents pour renouveler les Capitulations étaient signés par le Bey, sans l'intermédiaire de la Porte otttomane. Ce n'est pas que cette dernière Puissance n'ait maintes fois tenté d'y faire valoir son autorité. Mais la France, devenue voisine de la Tunisie depuis la conquête d'Alger, s'opposa toujours énergiquement à cette prétention. Toutes les fois qu'une flotte turque essaya une démonstration devant Tunis, elle y rencontra une flotte française en croisière. Et lorsqu'en 1871 le Sultan, profitant de nos désastres, voulut affirmer encore une fois son autorité sur la Régence, en promulguant au Bardo un firman qui maintenait le Bey dans son gouvernement et lui accordait, ainsi qu'on avait fait antérieurement pour Méhémet-Aly en Égypte, le privilège de la succession héréditaire, la France protesta, et déclara qu'elle considérait cet acte comme nul et non avenu.

Les événements de 1881 ne firent qu'accentuer ce dissentiment et précipiter la crise. Le Bey, se refusant à accorder à la France les satisfactions qu'elle réclamait, il fallut recourir à la force pour l'y contraindre, en dépit des revendications de la Porte, qui, dans cette crise suprême, essayait encore d'affirmer sa suzeraineté, et proposait aux puissances signataires du traité de Berlin de s'entendre avec elles, à l'endroit des réparations exigées par la France. On en finit avec une courte expédition militaire, et l'on imposa au Bey le traité de Kassar-Saïd qui instituait le protectorat français sur la Tunisie.

Jusqu'alors le pays était resté soumis au régime des Capitulations, au même titre que toutes les autres provinces de l'Empire ottoman. Lors de l'occupation, la France n'y trouva que la justice locale, et les consuls des divers pays exerçant chacun leurs pouvoirs de juridiction à l'égard de leurs nationaux. Un tribunal mixte, essayé à Tunis en 1875, n'avait fonctionné que peu de temps. Peut-être même, en ce pays, les consuls abusaient-ils plus qu'ailleurs des droits et des pouvoirs que leur assuraient surtout leurs fonctions judiciaires. Ils s'immisçaient et dominaient tellement dans l'administration locale que rien ne pouvait plus se faire qu'avec leur assentiment. Désormais la France, substituée par le protectorat au gouvernement musulman, devait s'affranchir de cette ingérence étrangère et abolir ce régime des Capitulations qui, non seulement n'avait plus de raison d'être, mais qui était, en outre, un obstacle à toute réorganisation administrative, judiciaire et financière. En cela, elle ne faisait que suivre l'exemple de l'Angleterre dans l'île de

Chypre et de l'Autriche en Bosnie et en Herzégovine.

On doit remarquer cependant que l'Angleterre et l'Autriche avaient purement et simplement supprimé les Capitulations dans ces pays, dont elles prenaient le protectorat, par un acte d'administration intérieure. Mais la France, qui, par l'article 4 du traité de 1881, « se portait garant de l'exécution des traités actuellement « existant entre le gouvernement de la Régence et les « diverses Puissances européennes, » usa de plus de ménagements, et préféra ouvrir avec les divers gouvernements intéressés des négociations pour les amener à renoncer eux-mêmes à leurs privilèges.

Mais avant d'engager ces négociations, la France voulut d'abord offrir aux Puissances étrangères en Tunisie une institution de la Justice qui, en assurant à leurs nationaux toutes les garanties nécessaires, les disposât à sacrifier plus volontiers les anciennes Capitulations. Une loi fut donc promulguée à cet effet, le 27 mars 1883, qui remplaçait dans la Régence la juridiction consulaire française par une organisation des tribunaux analogues à ce qui existe en France, mais sans prétendre encore en étendre la compétence aux étrangers, ni aux indigènes. Cette loi institue à Tunis un *Tribunal* ressortissant de la Cour d'Alger; et, dans le ressort de ce tribunal, six *Justices de paix* ayant leur siège dans les villes principales de la Régence, à Tunis, La Goulette, Bizerte, Sousse, Sfax et Le Khef.

Ces *Justices de paix* ont été instituées en Tunisie à l'instar de celles qui fonctionnent en Algérie, avec une compétence plus étendue qu'en France. En matière civile et commerciale, en effet, le juge de paix de la Régence connaît de toutes les actions personnelles et mobilières, en premier ressort, jusqu'à la valeur de 1000 fr. et, en dernier ressort, jusqu'à la valeur de 500 fr. Il exerce, en outre, comme juge des référés, les fonctions de nos présidents des tribunaux de première instance. En matière pénale, il connaît non seulement des contraventions, mais de toutes les infractions de la compétence des tribunaux correctionnels, commises dans son ressort et dont la peine n'excède pas six mois d'emprisonnement ou 500 fr. d'amende. Il a un ou plusieurs suppléants et un greffier. Un officier de police judiciaire remplit auprès de son tribunal les fonctions du ministère public.

Quant au *Tribunal de première instance*, siégeant à Tunis, il comprend un Président, trois juges titulaires et deux juges suppléants, un procureur de la République, un substitut et un greffier. Ce tribunal a une compétence au civil bien autrement étendue qu'en France. Cette compétence, en effet, illimitée en premier ressort, s'étend en dernier ressort au double de la compétence de nos tribunaux, soit à 3.000 fr. pour les actions personnelles ou mobilières, et à 120 fr. de revenu pour les actions réelles immobilières.

En matière correctionnelle, ce Tribunal statue en premier ressort sur tous les délits dont la connaissance n'est pas attribuée aux juges de paix.

En matière criminelle, bien qu'il conserve la forme d'un tribunal correctionnel, il constitue en réalité, sauf l'absence du jury, une véritable Cour d'assises, et assure à l'accusé les mêmes garanties qu'il trouve en France dans notre procédure criminelle. Le tribunal, en effet, ne peut être saisi que par un arrêt de renvoi rendu par la chambre des mises en accusation de la Cour d'Alger. Le Président a tous les pouvoirs des présidents de Cour d'assises, et à l'audience on procède comme devant le jury en France. Mais la décision est rendue dans les mêmes formes que les jugements en matières correctionnelles.

Cette organisation constitue sans doute un écart sur la procédure suivie en France, mais on a dû adopter ce système mixte parce que le nombre de nos nationaux établis dans la Régence n'était pas assez considérable pour y constituer un corps de jurés pouvant siéger régulièrement. On y supplée en adjoignant au Tribunal de Tunis, quand il juge les faits qualifiés de *crimes*, six assesseurs ayant voix délibérative, et tirés au sort comme nos jurés, sur une liste dressée chaque année dans des conditions déterminées par le règlement du 14 avril 1883. Cette liste est formée de 150 noms, et comprend 50 assesseurs français, 50 indigènes et 50 étrangers. Si l'accusé est français, les assesseurs doivent être tous français ; s'il est indigène, on appelle trois assesseurs français et trois indigènes ; enfin, s'il est de nationalité étrangère, on adjoint aux trois assesseurs français trois assesseurs de la liste des étrangers. Dans le cas, enfin, où les accusés sont les uns des étrangers, les autres des indigènes, les trois assesseurs français sont remplacés par deux étrangers et un indigène tirés au sort. En acceptant ainsi, par une dérogation à notre droit public, sur la liste des assesseurs, les étrangers dont le gouvernement aurait renoncé aux Capitulations, on espérait disposer les Puissances étrangères à accueillir plus aisément cette juridiction nouvelle. C'est là une combinaison préférable assurément à celle qui avait été adoptée d'abord en Algérie, laquelle composait la Cour d'assises exclusivement de magistrats. Le jury en effet n'y fut établi qu'en 1870. A Tunis, l'admission des assesseurs pour les affaires criminelles est un acheminement à la constitution du jury, et l'on peut espérer que bientôt l'accroissement de nos résidents français dans la Régence permettra d'y établir une véritable liste de jurés et d'y introduire sans réserve notre procédure criminelle.

Quelles seront désormais les personnes justiciables de ces nouveaux Tribunaux français en Tunisie ? Tout d'abord, les Français et les protégés français qui étaient auparavant soumis à la juridiction consulaire française. L'art. 4 de la loi du 27 mars 1883 est ainsi conçu : « Ces tribunaux connaissent de toutes les affaires civiles « et commerciales entre Français et protégés français, « pour contraventions, délits ou crimes ». Les étrangers, ce semble, accueillirent volontiers cette faculté de recourir à la justice française. Car, dès le 5 mai 1883, le Bey déclare : « Que les nationaux des Puissances dont les « tribunaux consulaires seront supprimés deviendront « justiciables des tribunaux français dans les mêmes « conditions que les Français eux-mêmes. »

Qant aux indigènes, la France ne leur impose pas elle-même la juridiction de ses tribunaux. C'est au Bey qu'il appartiendra d'y soumettre ses sujets, s'il le trouve convenable; jusque-là, pour les sujets de la Régence, la justice des cadis continue de subsister, ainsi que les tribunaux spéciaux, comme la *Chara*, qui connaît des questions immobilières, et le tribunal du *Férith*, qui s'occupe des infractions touchant l'ordre public.

Mais dans le cas d'une contestation entre un Français et un indigène, faudra-t-il, en vertu du principe *Actor sequitur forum rei*, porter l'affaire devant le tribunal français, si le Français est défendeur, devant le cadi ou la *chara*, si le défendeur est tunisien? Pour ne plus assujettir ainsi en aucun cas des Européens à soumettre leur différend à un tribunal mahométan, le Bey rendit un décret le 31 juillet 1884, par lequel il décida que désormais toute affaire où un Européen est en cause, soit avec un Européen, soit avec un indigène, qu'il soit demandeur ou défendeur, est également recevable devant les nouveaux tribunaux, dans toutes les matières du moins civiles ou commerciales, où ces tribunaux sont actuellement compétents.

Parfois, lorsque plusieurs étrangers de nationalités différentes, ou encore des indigènes, juifs ou mahométans, s'adressent au même tribunal, la diversité des mœurs et la législation particulière à la nationalité de chacun d'eux peuvent, dans ces procès complexes, présenter des questions délicates de droit civil à résoudre. En matière pénale, le tribunal français n'a que la loi française à connaître et à suivre. Mais, en matière civile, le tribunal, tout en appliquant notre Code en principe, doit non seulement respecter le statut personnel de chacune des parties, mais prendre encore en considération des traditions législatives de leur race et de leur pays. Quand un contrat, par exemple, a été arrêté sous l'empire d'une législation étrangère, les juges doivent s'y référer. Il y a là sans doute une source de difficultés et d'inévitables conflits. Mais l'expérience de l'Algérie a habitué nos magistrats à admettre en ces circonstances ce système de la personnalité des lois. On ne manque jamais de consulter la loi mosaïque ou la loi de l'Islam, quand il s'agit du statut personnel d'un israélite ou d'un musulman.

Dans son décret du 31 juillet 1884, le Bey réserve

expressément aux tribunaux indigènes toutes les contestations relatives au statut personnel ou aux successions des sujets tunisiens, musulmans ou israélites. Il retient aussi, au moins provisoirement, pour ces tribunaux, le droit de connaître des questions touchant la propriété immobilière, mais en annonçant l'intention d'étendre à ces questions, en faveur des Européens, la compétence des tribunaux français, aussitôt qu'un Code aura été rédigé pour régler à leur égard les conditions nouvelles de la propriété foncière.

Il était impossible, en effet, d'arriver brusquement à réglementer la propriété suivant nos principes. Celle-ci était, jusque-là, régie en Tunisie, comme dans tous les pays musulmans, par des coutumes d'une simplicité patriarcale, et selon les rites du Koran. A l'acquéreur d'une propriété, les *adouls* ou notaires indigènes se bornaient à remettre un titre où ils inscrivaient son nom. Nulle publicité, du reste, n'était prescrite pour porter la transmission de la propriété à la connaissance des tiers. Aussi, la plus grande incertitude régnait-elle toujours sur le droit du propriétaire. Rien de plus facile que de fabriquer des faux-titres; rien aussi de plus commun. Avec un régime si défectueux, nul crédit foncier ne pouvait s'organiser; nulle hypothèque n'était possible. Quand un propriétaire avait besoin d'emprunter sur un immeuble pour garantir sa dette, il remettait à son créancier le titre constitutif de sa propriété, en y faisant mention du gage constitué.

Il fallait sortir de cet état de barbarie; il y allait du bon renom de la nation protectrice. Mais comment introduire brusquement au milieu de ces coutumes arriérées notre législation française en matière immobilière, et notre régime hypothécaire? La commission, instituée par le décret beylical du 31 juillet 1884, s'appliqua à organiser pour la Tunisie un système intermédiaire, accommodé à ses besoins et à son état social. Elle fut amenée à reconnaître que l'*Act Torrens*, pratiqué déjà depuis longtemps avec succès dans plusieurs colonies Australiennes, pourrait s'approprier heureusement à la Régence. Un projet de loi fut donc préparé, qui combinait avec la législation française le système australien. Cette loi fut promulguée par le Bey le 5 juillet 1885. Pour parer désormais à l'incertitude qui régnait sur la propriété, cette nouvelle loi arrête que tout propriétaire d'immeubles en peut réclamer l'immatriculation officielle, et faire enregistrer son titre, en joignant à sa demande le plan de sa propriété. Cette sécurité, assurée désormais aux immeubles, gagna aisément les esprits à la nouvelle loi. On peut prévoir aujourd'hui que bientôt tous les biens de quelque importance en Tunisie seront tous ainsi enregistrés, et que, du même coup, le cadastre sera fait sans dépense de l'État. Par l'effet de cette immatriculation, l'immeuble, en outre, entre sous la juridiction de la loi française et de nos tribunaux français. Car le propriétaire d'immeubles, quelle que soit, d'ailleurs, sa nationalité, qu'il soit demandeur ou défendeur, a placé sa propriété sous l'empire et la protection de la loi nouvelle. C'est donc d'elle, quant à son bien, qu'il relève à l'avenir.

Après avoir organisé de la sorte les tribunaux français en Tunisie, le Gouvernement français pouvait demander à chacune des Puissances qui avaient conclu des traités avec la Régence, de consentir à supprimer la juridiction de leurs consuls. Dès le 4 mars 1883, M. Challemel-Lacour, dans un discours au Sénat, témoignait

« de la disposition de toutes les Puissances à renoncer au bénéfice des Capitulations en Tunisie, du moment que des garanties suffisantes leur seraient données par l'organisation judiciaire française ». Toutes cependant n'y apportèrent pas le même empressement. L'Allemagne, qui n'avait pas, du reste, des intérêts considérables dans la Régence, fut une des premières à y consentir. En conséquence d'une loi sur cet objet adoptée par le Reichstag, un décret impérial du 27 juin 1883 supprima la juridiction consulaire allemande en Tunisie. De son côté, le cabinet de Vienne demanda au sujet de la nouvelle organisation judiciaire quelques éclaircissements complémentaires, et dès qu'il fut édifié sur ce point, il accepta aussi purement et simplement la substitution de la juridiction française à ses tribunaux consulaires; la complaisance que la France avait mise à supprimer le régime des Capitulations en Bosnie et en Herzégovine n'était, sans doute, pas étrangère à son empressement. Quant à la Russie, qui n'avait pas un seul sujet en Tunisie, et aux Puissances secondaires, tout en se montrant favorables aux démarches de la France, elles déclarèrent qu'elles subordonnaient leur consentement à l'attitude que prendraient dans cette question les deux États les plus intéressés, l'Angleterre, mais surtout l'Italie, laquelle avait dans la Régence les intérêts les plus sérieux, et qui avait vu avec une jalousie mal dissimulée la France établir son protectorat sur la Tunisie, qu'elle convoitait pour elle-même.

Dans les négociations engagées à ce sujet, ainsi qu'on peut le relever dans les Archives diplomatiques de l'époque (décembre 1884, janvier 1885), les cabinets de Londres et de Rome marchèrent toujours d'accord, tout en évitant l'apparence d'une action commune. L'un et l'autre État, en consentant en principe à l'abolition de leur juridiction consulaire, voulaient obtenir, ainsi que s'exprime l'*aide-mémoire du cabinet italien* du 18 juillet 1883, que « nulle atteinte ne fût portée à tous les « autres droits, prérogatives et immunités dont jouis- « saient leurs nationaux et leurs consuls en Tunisie, « conformément aux Capitulations, traités et usages ». En outre de ces concessions, l'Italie demandait des modifications à la loi du 27 mars en faveur de ses nationaux; ainsi, elle voulait que, dans les questions de statut personnel, on appliquât aux sujets italiens la loi italienne, que, dans les affaires civiles et commerciales concernant ses nationaux, un assesseur italien fût adjoint au tribunal, au moins avec voix consultative ; enfin que, dans les affaires criminelles, si les prévenus étaient italiens, les trois assesseurs étrangers, adjoints au tribunal, fussent eux-mêmes de nationalité étrangère.

Le cabinet français pouvait sans peine faire droit à la réclamation de l'Italie au sujet des questions de statut personnel, puisque cette réserve avait été faite par le traité italo-tunisien de 1868 et que le traité du Bardo garantissait le maintien des conventions existantes entre la Régence et les Puissances étrangères. Mais le gouvernement français se montra moins accommodant sur le second point ; il repoussa l'intervention d'un assesseur italien dans les tribunaux français en matière civile et commerciale. C'était là une innovation sans précédent, et d'ailleurs, en Tunisie, les tribunaux français n'avaient pas plus besoin qu'ailleurs de la présence d'un assesseur étranger pour tenir compte de la législation étrangère. On ne pouvait pas non plus, dans les affaires criminelles, quand le prévenu était italien, concéder que les trois assesseurs étrangers fussent italiens comme lui. Car comment adopter cette mesure à l'égard de l'Italie, sans l'adopter aussi à l'égard des autres nations? Certaines nations ont en Tunisie des colonies si peu nombreuses qu'on serait bien empêché de former une liste suffisante d'assesseurs parmi leurs nationaux. On en vint cependant à ce sujet à un compromis déjà accepté dans l'organisation des tribunaux mixtes égyptiens. Le protocole du 25 janvier 1884 porte à l'article 8 « que pour les causes « pénales contre les étrangers, les trois assesseurs étran- « gers seront choisis dans la liste des nationaux de l'in- « culpé, ou, en cas d'insuffisance, dans la liste d'une autre « nationalité désignée par lui-même. Toutefois, le pré- « venu, s'il le veut, peut toujours préférer des assesseurs « français ». Pour faire preuve de son bon vouloir, le Gouvernement français céda également sur la question du contentieux administratif. On sait qu'en France les causes où sont parties les administrations publiques sont déférées aux conseils de Préfecture, tandis qu'en Italie elles sont de la compétence des tribunaux ordinaires. Sur la demande du Gouvernement italien, le cabinet français consentit à déroger en Tunisie au système suivi en France à cet endroit. L'art. 6 du protocole franco-italien attribue la compétence du contentieux administratif à la nouvelle magistrature.

L'application de la peine de mort, quand cette peine serait prononcée par les nouveaux tribunaux, suscita aussi des difficultés. En Italie, comme en Prusse, les esprits avaient été fort partagés au sujet de l'utilité et de la légitimité de cette peine ; et au moment de la formation de l'unité italienne, un des États au moins qui devaient s'y réunir, la Toscane, avait déjà effacé de son code criminel la peine capitale. Aussi le nouveau royaume, tout en conservant cette peine dans sa législation, cessa de l'appliquer. Toute condamnation à mort fut désormais commuée par le souverain en la peine inférieure. Le cabinet italien en prenait prétexte pour réclamer également cette concession en faveur de ses nationaux coupables en Tunisie. Mais la France pouvait-elle permettre qu'en cas de condamnation d'un de leurs nationaux à la peine capitale les consuls étrangers réclamassent le coupable comme ils le faisaient en Égypte avec les tribunaux mixtes? Était-il plus admissible que, par une disposition spéciale, on exemptât de la peine capitale les criminels appartenant à des pays où elle était abolie ? Ou encore qu'on s'engageât à ne pas l'appliquer à des condamnés italiens, tout en la maintenant aux sujets des autres nationalités? On maintint donc en principe l'unité de la loi française. Mais on inséra dans le protocole du 25 janvier 1884 (art. 9) la réserve que « si la peine capitale est « prononcée en Tunisie contre un sujet italien, l'attention « du Président de la République doit être appelée d'une « manière spéciale, en vue de l'instance en grâce pour « la commutation de cette peine, sur l'état actuel de la « législation en Italie à l'égard de la peine de mort ». Et le Gouvernement français s'engageait là-dessus confidentiellement, à commuer en la peine inférieure toute peine capitale prononcée en Tunisie contre un sujet italien.

Après tant de concessions, l'Italie aurait eu bien mauvaise grâce à se refuser encore à l'abolition de la juridiction consulaire dans la Régence. Toutes les Puissances avaient successivement donné leur assentiment au nouvel ordre de choses constitué par la France. L'Angleterre elle-même, par l'*Ordre en Conseil* du 31 décembre 1883, avait consenti à abolir en Tunisie la juridiction consulaire britannique. Mais il en coûtait à l'Italie de reconnaître et de sanctionner ainsi le protectorat de la France sur la Régence. En signant le protocole du 25 janvier 1884, où il adhérait enfin aux propositions de la France, le cabinet italien, au lieu d'abolir ou de supprimer purement et simplement, comme les autres Puissances, sa juridiction consulaire, se borna à parler de *la suspension* de la juridiction consulaire italienne, en réservant l'avenir, et en protestant ainsi de son espérance que la situation créée à la France en Tunisie par le Traité du Bardo n'était pas définitive. Quoi qu'il en soit, à la suite de ce protocole, une loi fut votée, le 7 juin 1884, pour le sanctionner, par le parlement italien, et un décret royal, rendu le 15 juillet suivant, soumit désormais les nationaux et protégés italiens en Tunisie à la juridiction des tribunaux français.

D'autre part, le traité italo-tunisien de 1868, dénoncé depuis 1875, étant expiré le 28 septembre de l'année suivante, les cabinets de Paris et de Rome avaient cherché une base d'entente pour une nouvelle convention. Après bien des pourparlers, un accord définitif fut signé à Paris le 1er octobre 1896, et le Parlement italien ratifia cette nouvelle convention destinée à remplacer le traité de 1868. Étant donné la mauvaise humeur avec laquelle l'Italie n'avait cessé d'envisager notre occupation de la Tunisie, on ne pouvait compter de sa part sur aucune sorte de bonne volonté et il avait fallu attendre que son traité avec la Régence prît ainsi naturellement fin. Cette puissance mise ainsi hors de cause par le seul effet du temps, on traita successivement avec les autres et on obtint de toutes l'extension pure et simple à la Tunisie des conventions qui règlent leurs rapports douaniers avec la France.

Il ne restait plus à traiter finalement qu'avec l'Angleterre. Celle-ci avait à la fois en Tunisie et la situation diplomatique la plus forte et les intérêts les plus considérables, parce que, d'un côté, elle fournit à la Tunisie, par l'intermédiaire de Malte, la plupart des cotonnades qu'elle consomme, ensuite, parce que le traité passé par elle, en 1875, avec le Bey, était un traité *perpétuel*. L'art. 40 en prévoyait bien la révision, mais il ajoutait : « Tant que cette révision n'aura pas été accomplie d'un « commun accord, la présente convention subsistera. » Or la France s'était portée garante de toutes les conventions passées avec le Bey. L'Angleterre était donc libre de ne jamais se prêter à une révision ; mais habilement isolée, le reste de l'Europe ayant consenti à renoncer à ses traités, elle dut entrer, de son côté, en arrangement avec nous. Le traité passé avec elle ne ressemble pas, il est vrai, aux autres, car, l'Angleterre ayant le plus à céder, il a fallu mettre le prix à son consentement. C'est ainsi que si toutes les marchandises anglaises entrant en Tunisie sont, comme toutes les marchandises étrangères, soumises au tarif douanier de France, il y est fait exception sur un article important, les cotonnades, qui ne payeront que 5 o/o. La concession est importante, mais elle ne nous lie que pour quinze ans et — résultat d'une bien autre importance — elle clôt définitivement la période de la prise de possession de la Tunisie par la France.

§ 5. — L'ÉGYPTE ET LA RÉFORME JUDICIAIRE

Dans cette histoire des Capitulations et dans l'œuvre législative qu'elles comportent, aucun pays n'offre un sujet d'études plus intéressant que l'Égypte. Après avoir été le premier à reconnaître aux *Francs* ces traités de faveur que le temps n'a fait que consacrer et dont les Sultans de Constantinople n'ont été, plus tard, que les imitateurs, il n'a pas été un des moins ardents à réformer lui-même sa justice internationale et à se rapprocher du droit commun européen. Il convient donc de s'étendre un peu plus longuement sur les réformes législatives dont ce pays a pris l'initiative et qui lui donnent, parmi les provinces musulmanes entraînées dans la destinée de l'Empire ottoman, une physionomie à part.

Le régime des Capitulations était appliqué à l'Égypte comme à toutes les provinces de la Turquie, et même avec une rigueur particulière. Jusqu'au commencement du siècle, les Francs n'y habitaient encore qu'un seul immeuble, la *fondique*, que la police venait fermer chaque soir et rouvrir chaque matin. C'est là que logea le général Bonaparte, quand il vint à Alexandrie. En 1821, il n'existait encore en Égypte, à côté du consul, qu'une seule maison de commerce française.

Mais sous le règne de Méhémet-Ali les choses changèrent d'aspect. L'ambitieux Pacha ouvrit le pays aux Européens et comprit de bonne heure la nécessité des réformes. Il demanda à l'Europe, et particulièrement à la France, des officiers, des ingénieurs, des manufacturiers, des agriculteurs ; il encouragea les négociants ; il accueillit même les exilés politiques, et, à l'aide de ces éléments confus, il essaya la régénération de l'Égypte, en même temps qu'il se préparait des alliés dans la lutte qu'il soutint contre Constantinople. Mais c'est surtout depuis que le Sultan, vaincu à Nézib (1839) par son vassal, eut été obligé de lui accorder la vice-royauté de l'Égypte à titre héréditaire, que l'immigration des étrangers en ce pays prit les plus larges proportions. D'importants comptoirs de commerce se fondèrent à Alexandrie. Cette ville, qui déjà, dans l'antiquité, avait été le centre du commerce du monde, ne tarda pas à retrouver sa fortune d'autrefois. La construction des chemins de fer, et surtout le creusement du canal de Suez, attirèrent dans cette terre prédestinée de nouveaux flots d'ouvriers et d'industriels européens. Cette immigration, dont Méhémet-Ali avait donné le signal, continua sous ses successeurs. Ceux-ci se firent, comme lui, une règle d'associer leurs intérêts à ceux de l'Occident. Le patronage accordé à la Cie du Canal de Suez est l'éclatant témoignage de cette politique intelligente qui a fait de l'Égypte la grande route des Indes et le marché le plus actif entre l'Europe, l'Asie et l'Afrique. La population européenne y dépasse aujourd'hui 150.000 âmes et la plus grande part du trafic est entre ses mains. C'est une Égypte européenne implantée au cœur de l'Égypte musulmane qu'elle devait nécessairement transformer.

Cette agglomération d'étrangers avait vécu jusqu'à nos jours sous la protection des Capitulations qui assuraient à chacun, grâce à la juridiction consulaire, les lois et les droits de son pays. Même en devenant indépendante de l'Empire ottoman, l'Égypte ne cessait pas d'être soumise aux traités conclus par la Porte. Dans le firman d'investiture octroyé par le sultan à Méhémet-Ali en 1841, et dans la réponse de celui-ci, il est dit que « toutes les « dispositions des traités conclus et à conclure avec les « Puissances amies seront complètement exécutées en « Égypte ».

Toutefois, devant l'affluence de plus en plus considérable des étrangers appartenant à toutes les nationalités, on reconnut que cette juridiction des consuls, bornée jadis à l'usage du petit nombre de *Francs*, parqués dans la *fondique*, devenait chaque jour plus impraticable. On était souvent obligé, par la force des choses, d'outrepasser le texte des Capitulations ou de suppléer à leur silence. De là, des abus qui étaient peu à peu consacrés par la coutume. Ainsi, la juridiction des tribunaux consulaires ne comprenait pas seulement les procès qui s'élevaient entre leurs nationaux, elle s'étendit peu à peu aux procès entre étrangers de nationalités différentes, et même aux procès entre étrangers et indigènes, lorsque l'étranger était défendeur, en dépit du texte des Capitulations qui défère les causes de cette nature aux tribunaux indigènes. Il s'ensuivit une telle multiplicité de juridictions qu'elle engendra la confusion judiciaire. En effet, il n'existait pas moins de dix-sept consulats à Alexandrie, sans compter les tribunaux indigènes, et chaque consulat jugeait selon sa loi nationale et selon sa procédure. De là, parfois, de singulières contradictions dans les décisions rendues pour des affaires analogues. Un autre inconvénient résultait de cette juridiction multiple et disparate, lorsqu'il y avait lieu à une demande reconventionnelle; car alors le défendeur, devenant demandeur à son tour, devait porter son action devant le consul de son adversaire. Et combien plus grande était la complication quand, dans un même procès, il se rencontrait plusieurs défendeurs de nationalités différentes? Soit qu'il ait fallu plaider successivement devant le consul de chacun d'eux, ou, en cas d'appel, poursuivre le procès dans leur patrie respective, soit que, dans une seule et même affaire, on encourût des décisions différentes et souvent contradictoires, c'était toujours des frais considérables, du temps perdu et des difficultés infinies d'exécution (1). Un telle anarchie, résultant de la multiplicité des tribunaux et de la diversité des lois, portait le plus grand préjudice aux transactions et paralysait la vie du commerce.

En matière immobilière, les mêmes abus engendraient les mêmes inconvénients. Nous avons vu précédemment que le sultan avait enfin consenti, en 1867, à reconnaître aux étrangers le droit d'acquérir et de posséder des propriétés foncières sur le territoire de l'Empire; mais il était stipulé que les contestations, en matière immobilière, seraient jugées par les tribunaux ottomans et selon la loi ottomane. Les Puissances avaient admis ce principe pour leurs nationaux résidant en Turquie. En Égypte, il advint cependant le contraire. Les consuls retenaient le jugement des contestations immobilières et appliquaient à la solution de celles-ci leur loi nationale avec toutes les variantes qu'elle comportait d'une juridiction à l'autre. Ce n'était pas seulement avec les indigènes que les Européens se trouvaient ici aux prises, c'était surtout avec le Gouvernement et l'administration de la *Daïra*, ou domaine personnel du khédive. C'était inévitable. Méhémet-Ali, pour transformer l'Égypte, avait commencé par se l'approprier, comme les Pharaons d'autrefois. Il en était devenu à la fois le grand agriculteur, le manufacturier, l'in-

(1) Rapport de la Commission Française de 1867, p. 9.

dustriel, le commerçant. Partout donc on se trouvait aux prises avec le souverain; celui-ci devenait par là même le grand plaideur du pays. Comme dans le plus grand nombre des procès de cette nature, le Gouvernement égyptien jouait le rôle de défendeur, la cause aurait dû être régulièrement portée devant les tribunaux égyptiens. Mais les Européens s'y refusaient, non sans raison, en suspectant la partialité de ces tribunaux. Ils préféraient s'adresser à leurs consuls qui, le plus souvent, présentaient leurs réclamations par voie diplomatique.

Enfin, en matière pénale, on avait reconnu que la poursuite de certains crimes et délits, avec la juridiction multiple des consuls, entraînait des longueurs de procédure et assurait parfois l'impunité du coupable.

Frappé de cet état de choses, le Gouvernement égyptien dénonça les conséquences abusives du régime des Capitulations et dès 1867 Nubar-Pacha, ministre des Affaires étrangères du khédive, entama avec les principales puissances intéressées des négociations au sujet d'une réforme destinée à faire rentrer l'œuvre judiciaire des consuls dans les règles précises du droit international, en améliorant l'organisation de la procédure et en concédant de sérieuses garanties aux intérêts européens. Nous ne nous étendrons pas sur la marche de ces négociations où le Gouvernement français ne s'engagea qu'avec une extrême circonspection et qui, commencées en 1867, n'aboutirent à une solution pratique et définitive que sept ans après. L'Angleterre, l'Allemagne, l'Autriche, les États-Unis, l'Italie avaient déjà donné leur adhésion au projet de la réforme dans le courant de 1873. La France y souscrivit la dernière, le 20 novembre 1874, après avoir amendé le projet en plusieurs dispositions qui devaient profiter à toute la colonie européenne, et n'avoir négligé aucun moyen de s'éclairer sur la valeur et les conséquences possibles de la nouvelle institution. En adhérant même à la réforme, la France formula des réserves et déclara n'approuver le projet qu'à titre temporaire, en réservant en principe la juridiction des consuls.

« Le Gouvernement, dit le texte de la loi votée par « l'Assemblée nationale, est autorisé à restreindre, dans « les limites, et sous les conditions déterminées par les « trois documents annexés à la présente loi, et pour une « période qui ne pourra excéder cinq ans, la juridiction « exercée par les consuls français en Égypte. »

Les trois documents visés par la loi sont : 1° le procès-verbal de la convention signée le 10 novembre 1874, par Chérif-Pacha, ministre des Affaires étrangères du khédive, et le marquis de Cazaux, agent et consul général de France ; 2° le règlement d'organisation judiciaire pour l'Égypte ; 3° une déclaration du Gouvernement français qui consacre formellement, en principe, le maintien des Capitulations. Elle porte en effet à l'art. 3 : « Que les « Capitulations, telles qu'elles ont été appliquées jus- « qu'ici, demeurent la loi absolue des rapports entre le « Gouvernement égyptien et les étrangers, à l'exception « des dérogations partielles et explicites expressément « consenties par le Gouvernement français, et qui portent « principalement sur les usages particuliers à l'Égypte. »

De là, cette conséquence que « dans les cas où les « puissances jugeraient qu'il y a lieu de retirer leur appro- « bation au nouvel ordre de choses, le régime actuel, « n'étant que temporairement suspendu, reprendrait « son caractère obligatoire, et la juridiction des consuls « revivrait dans toute sa plénitude ».

On avait dû s'arrêter à ces clauses restrictives, non seulement par mesure de prudence, mais aussi pour faire droit aux vives réclamations de nos nombreux nationaux établis à Alexandrie et au Caire qu'alarmait grandement l'organisation de cette justice mixte et qui craignaient de voir abandonner, à la discrétion du Gouvernement égyptien, sans aucune compensation appréciable, la fortune, la vie et l'honneur de leurs compatriotes.

Voici maintenant, d'après le *Règlement organique* rédigé à cet effet, le plan de cette justice mixte, telle qu'elle devait fonctionner pour cinq ans en Égypte.

Organisation des tribunaux mixtes. — L'article 1er du règlement porte création de trois tribunaux mixtes de première instance, l'un à Alexandrie, l'autre au Caire, le troisième à Mansourah. Chacun de ces tribunaux est composé de sept juges, quatre étrangers et trois indigènes. Une cour d'appel, dont les décisions sont souveraines, est établie à Alexandrie et compte actuellement huit conseillers européens et quatre indigènes. Les magistrats étrangers sont nommés par le khédive, mais sur la désignation de leurs gouvernements respectifs; ils appartiennent dans des proportions différentes aux puissances signataires du traité. A la Cour, les six grandes puissances européennes et les États-Unis ont chacun un conseiller. Les deux autres sont nommés directement par le Gouvernement égyptien. Actuellement, l'un est Français et l'autre Hellène.

L'article 2 du règlement est relatif à la présidence des tribunaux de première instance et de la cour d'appel. Cette présidence est dévolue nominalement à un indigène. On devait cette concession de pure forme au souverain territorial au nom duquel la justice est rendue et qui nomme les juges. La présidence effective, au contraire, appartient toujours à un magistrat européen. « Les tribunaux, dit l'article 2, seront présidés par l'un « des juges étrangers, qui portera le titre de vice président, et sera désigné par la majorité absolue des « membres étrangers et indigènes. »

On ne doit pas perdre de vue que la juridiction des tribunaux est *mixte* et non pas *internationale*. C'est là ce qui constitue le caractère essentiel de la réforme. La justice est, en effet, rendue au nom du khédive, et c'est au khédive qu'appartiennent le choix et la nomination des juges, à cette exception que les magistrats étrangers ne sont choisis par lui qu'avec le concours de leurs gouvernements. Quant à la répartition des sièges attribués aux magistrats étrangers, entre les divers États signataires du traité, l'Égypte laissa les Puissances intéressées régler entre elles cette question. Si l'on devait proportionner pour chaque État sa part dans cette magistrature au chiffre de la population de ses nationaux, assurément la France, l'Italie et la Grèce auraient droit à obtenir le plus grand nombre de sièges. Mais l'Angleterre avait déclaré dès 1872 qu'elle n'admettait pas qu'en ce point l'égalité entre les grandes puissances fût aucunement modifiée. Il fut donc convenu que les magistrats étrangers siégeant à la Cour d'appel appartiendraient tous aux grandes Puissances, et que les juges étrangers des tribunaux de 1re instance seraient pris à la fois chez les grandes et les petites Puissances. La part assurée dès le commencement à la France comprenait un conseiller à la Cour d'appel, un juge au tribunal du Caire et un membre du Parquet.

De même qu'en Europe, le règlement a prévu et assuré la publicité des audiences et la liberté de la défense. Mais ici on se heurtait à une difficulté. Quelle serait la langue ou les langues admises pour les plaidoiries devant ces tribunaux composites? L'art. 16 spécifie l'italien et le français, les deux langues les plus répandues, en concurrence avec les langues judiciaires employées devant les tribunaux mixtes, aussi bien pour les plaidoiries que pour la rédaction des actes et des sentences. Mais les autres Puissances s'accommoderaient-elles de cette préférence? L'Angleterre, principalement depuis qu'elle occupe une situation prépondérante sur les bords du Nil, a élevé des objections à ce sujet et a dû autoriser les tribunaux à permettre aux parties de présenter leurs observations dans telle langue qui leur serait plus commode. Toutefois, malgré cette faculté, ce sont toujours les plaidoiries en français qui y sont les plus fréquentées et les mieux écoutées. Les parties sont représentées devant la Cour d'appel par des avocats admis à exercer avec le diplôme de leur pays d'origine, elles peuvent se faire représenter, devant les tribunaux de 1re instance, soit par des avocats, soit par des mandataires munis d'un pouvoir.

Compétence des tribunaux mixtes en matière civile et commerciale. — Cette compétence est loin de s'étendre à tous les litiges. Les consuls restent, en effet, investis seuls du droit de juger entre leurs nationaux. Mais il appartient tout naturellement aux tribunaux mixtes de juger les différends entre étrangers et indigènes. Quant aux procès entre étrangers de nationalités différentes, on avait longtemps hésité à les leur déférer. Aux yeux de la Commission française chargée d'étudier le projet de réforme, c'était porter une trop grande atteinte aux Capitulations. On céda toutefois à la réclamation du Gouvernement égyptien par le besoin qu'on éprouvait de sortir de la confusion des législations multiples pour rentrer dans l'unité de juridiction.

En matière immobilière, la nouvelle magistrature a la connaissance de tous les procès entre étrangers et indigènes et même entre étrangers appartenant à la même nationalité. Après avoir déclaré que « les tribunaux « mixtes connaîtront seuls de toutes les contestations en « matière civile et commerciale, entre indigènes et étran- « gers, et entre étrangers de nationalités différentes, en « dehors de statut personnel », l'art. 9 du règlement organique ajoute : « Ils connaîtront aussi de toutes les « actions réelles immobilières entre toutes personnes, « même appartenant à la même nationalité. » C'était là une conséquence nécessaire de la loi de 1867 qui admet les étrangers à devenir propriétaires d'immeubles en Turquie, mais à la condition de se soumettre exclusivement à la législation territoriale en matière immobilière. Toutefois un arrêt de la Cour d'Alexandrie (17 mai 1876) consacre que les procès de cette nature entre indigènes doivent être jugés par le tribunal indigène et maintient ainsi pour les causes immobilières une double juridiction et une double loi.

Les questions de statut personnel sont réservées à la juridiction des tribunaux nationaux de ceux qu'elles concernent. On comprend dans le « statut personnel » tout ce qui touche à l'état et à la capacité des personnes, au statut personnel, aux droits de succession naturelle et testamentaire, aux tutelles et aux curatelles. Mais les questions de faillite, afin de ne pas les embarrasser d'une multitude de juridictions et de législations variées, sont déférées aux tribunaux mixtes.

Nous avons dit précédemment que ces mêmes tribunaux étaient aptes à connaître de toutes les contestations des Européens soit avec le gouvernement ou les administrations, soit avec les Daïras ou domaine privé du Khédive. Mais à cet égard même, la compétence attribuée aux tribunaux mixtes par l'art. 10 du règlement ne pouvait être absolue. Il y a, en effet, à distinguer ici entre le domaine public de l'État et le domaine privé du souverain et de sa famille. Il ne semble pas qu'on ait fait égale mesure à la nouvelle institution dans ces deux sortes de questions. « Ces tribunaux, dit « l'art. 11 du règlement, sans pouvoir statuer sur la « propriété du domaine public ni interpréter ou arrêter « l'exécution d'une mesure administrative, pourront « juger dans les cas prévus par le Code civil les atteintes « portées à un droit acquis d'un étranger par un acte « d'administration. » Or cette disposition vague et élastique mettait en jeu le fond même des Capitulations et pouvait autoriser le gouvernement égyptien à assujettir les étrangers, par un moyen légal, à des taxes oppressives. D'accord avec l'Angleterre, l'Italie, l'Autriche et la Russie, la France força le gouvernement égyptien à désavouer la portée abusive qu'on pouvait donner à cet article et à déclarer que la nouvelle magistrature serait sans droit pour sanctionner par ses arrêts toute mesure fiscale qui serait contestée par la voie diplomatique.

Une des plus grosses difficultés qui se présentait devant le règlement des tribunaux de la réforme était celle des wakfs ou fondations pieuses. On sait qu'en Égypte, comme dans toute la Turquie, les biens *wakfs* ou *wakoufs* sont des biens concédés à des établissements pieux, à des mosquées pour leur entretien et celui de leur personnel, pour des écoles, des fontaines ou des bains publics attachés d'ordinaire à ces mosquées, et que ces biens sont frappés d'inaliénabilité entre les mains de la personne morale qui les possède. En Égypte principalement, ces biens, soumis ainsi à une servitude religieuse, sont d'une importance considérable. Car tous les princes, indépendants ou tributaires, qui ont régné sur le pays, ont tenu à honneur de fonder des établissements pieux et de les doter généreusement; et maints particuliers, imitant leur exemple, ont donné ou légué la nue propriété de leurs immeubles à diverses mosquées, soit par piété, soit pour les soustraire aux confiscations d'un gouvernement cupide et tyrannique. Pour cette catégorie d'immeubles qui tient une si grande place en Égypte, l'art. 12 du règlement dit: « Ne sont pas soumises à ces tribunaux les demandes des « étrangers contre un établissement pieux, en revendi- « cation d'immeubles possédés par cet établissement; « mais ils seront compétents pour statuer sur la demande « intentée sur la question de possession légale, quel que « soit le demandeur ou le défendeur. » Cet article établit donc une distinction essentielle entre les questions de possession et les questions de revendication de propriété. Quand il ne s'agit de statuer que sur la question de possession légale, le tribunal mixte est toujours compétent; mais s'il s'agit pour un étranger d'une action en revendication intentée contre un établissement pieux au sujet de la propriété d'un immeuble, il devra, selon la règle *Actor sequitur forum rei*, agir devant le tribunal indigène, de même qu'un établissement pieux revendiquant la propriété contre un étranger portera son action au tribunal mixte.

Une des innovations apportées par le système de la

réforme judiciaire est d'avoir constitué en Égypte un *régime hypothécaire* régulier. Jusqu'alors, en effet, avec la multiplicité des juridictions consulaires, il avait été impossible d'en établir le fonctionnement. L'art. 13 du règlement soumet aux tribunaux mixtes toutes les questions hypothécaires, y compris la vente forcée de l'immeuble, ainsi que la distribution du prix. Mais quand un créancier doit recourir à une saisie immobilière, les mœurs du pays, surtout lorsqu'il s'agit de biens ruraux, lui opposent souvent de graves difficultés. La vente des propriétés reste stérile, car nul ne se présente pour acheter, le fellah répugnant à de telles acquisitions. Mais en plaçant la propriété foncière sous la sauvegarde des tribunaux mixtes, on réussit à constater d'une manière authentique les actes translatifs de ces propriétés, et à amener la publicité des inscriptions hypothécaires. Jusqu'alors, en effet, vu le caractère religieux attribué à la propriété immobilière en pays musulman, la cession d'un droit réel immobilier s'opérait simplement par la délivrance d'une sentence d'attribution appelée *hodjet*, qui était faite par les soins et sous l'autorité du tribunal religieux ou *Mehkémé*. Afin de concilier le système nouveau avec la tradition religieuse du pays, on délégua dans chaque greffe des tribunaux de 1re instance un employé du Mehkémé, afin d'assister le greffier dans les actes translatifs de propriété immobilière et de constitution de droit de privilège immobilier, d'en dresser acte et de le transmettre au Mehkémé. En même temps, on installa auprès de ce tribunal religieux des commis délégués par le greffier du tribunal de 1re instance afin de lui remettre, pour être transcrits d'office au registre des hypothèques, les actes translatifs de propriété immobilière et de constitution de gage immobilier. On transformait le greffe du tribunal civil en bureau d'enregistrement et de conservation d'hypothèques et on constatait par deux fois les actes qui en émanaient par une transcription réciproque au greffe du tribunal civil et au registre du Méhkémé.

Quant à l'exécution des sentences, elle appartient pleinement aux tribunaux de la réforme. Elle aura lieu, dit l'article 18 du Règlement, « en dehors de toute action « administrative ou consulaire, sur l'ordre du tribunal. « Elle sera effectuée par les huissiers du tribunal, avec « l'assistance des autorités locales, si cette assistance « devient nécessaire, mais toujours en dehors de toute « ingérence administrative. Seulement l'officier de jus- « tice, chargé de l'exécution par le tribunal, est obligé « d'avertir les consulats du jour et de l'heure de l'exé- « cution; et ce, à peine de nullité et de dommages- « intérêts contre lui. Le consul, ainsi averti, a la faculté « de se trouver présent à l'exécution; mais en cas d'ab- « sence il sera passé outre à l'exécution ». C'est là une grave dérogation au régime des Capitulations puisque les consuls ne pouvaient plus qu'assister à l'exécution des jugements porté contre leurs nationaux sans avoir le droit d'y intervenir. Les Puissances cependant admirent cette dérogation dans l'espoir que la nouvelle magistrature, la première intéressée à ce que ses décisions ne restassent pas une lettre morte, saurait en assurer l'exécution, surtout contre les indigènes habitués à frustrer l'étranger considéré comme infidèle.

Compétence des tribunaux mixtes en matière pénale. — La juridiction des nouveaux tribunaux n'est complète qu'en matière de contravention de simple police. Pour les causes correctionnelles et criminelles, le tribunal de droit commun pour les étrangers reste toujours le tribunal de leurs consuls. Le Gouvernement français, quand il s'agit de fixer la compétence des tribunaux mixtes en matière pénale, s'efforça de la resserrer dans les limites les plus étroites. A son exemple, les divers gouvernements refusèrent de se dessaisir de leur juridiction consulaire dans des questions où la liberté, la vie ou l'honneur de leurs nationaux étaient en péril. On poussa même plus loin les précautions et on statua que, dans les contraventions même justiciables des tribunaux mixtes, si l'inculpé est un étranger, le juge devait être aussi un des membres étrangers du tribunal. On prit, d'ailleurs, le soin de déterminer très exactement les crimes et délits que peuvent avoir à juger les tribunaux mixtes; ils peuvent se résumer ainsi : 1° crimes et délits commis directement contre les magistrats et officiers de justice, dans l'exercice ou à l'occasion de l'exercice de leurs fonctions; 2° crimes et délits commis directement contre l'exécution des sentences et mandats de justice; 3° crimes et délits commis par les juges, jurés et officiers de justice, dans l'exercice de leurs fonctions, ou par suite d'un abus de ces fonctions. En donnant à la nouvelle magistrature la connaissance de ces faits, on a simplement voulu lui donner l'autorité nécessaire pour faire respecter ses arrêts.

Le règlement a prévu les cas où les tribunaux mixtes peuvent avoir à se constituer en cour de justice pénale et se transformer soit en *tribunal correctionnel*, soit en *Cour d'assises*. Il fixe, dans ces cas spéciaux, la composition de ces tribunaux et assure à l'inculpé toutes les garanties pour être jugé par ses pairs ou, à leur défaut, par tels jurés qu'il lui plaira de désigner, dans les limites du nombre voulu (art. 4 et 5, titre II, chap. 1er).

Les articles 29 et suivants du règlement traitent de la composition annuelle de la liste des jurés de nationalité étrangère et du choix des assesseurs. C'est au corps consulaire qu'est réservé l'un et l'autre de ces choix.

En ce qui concerne l'exécution des sentences des tribunaux mixtes en matière pénale, le règlement contient à l'égard des étrangers des garanties particulières. Ainsi, les condamnés à l'emprisonnement peuvent, si leur consul le demande, être détenus dans les prisons consulaires. Pour ceux qui purgent leur peine dans les établissements du gouvernement égyptien, le consul de qui ils relèvent a le droit de visiter les lieux de détention et d'en vérifier l'état. Mais dans les cas de condamnation à la peine capitale, les représentants des Puissances ont la faculté de réclamer leur administré. On a dû avoir égard, en cette matière, à la diversité des lois des différentes nations, les unes ayant déjà supprimé de leurs Codes la peine de mort, d'autres, qui la maintiennent en principe, évitant, en fait, de l'appliquer.

Malgré le soin qu'on avait pris de limiter la compétence des tribunaux mixtes à des cas exceptionnels, et de les différencier du tribunal consulaire qui demeure toujours pour les étrangers, le tribunal de droit commun, il devait néanmoins se présenter des cas où on serait embarrassé de déterminer, d'après la nature équivoque du crime ou du délit, s'il devait être jugé par les tribunaux mixtes ou déféré aux tribunaux consulaires. En prévision de cette éventualité, le Règlement a institué un *Conseil des conflits de juridiction* composé de deux conseillers ou Juges désignés par le Président de la Cour, et de deux consuls choisis par le consul de l'inculpé.

Telle est dans son ensemble, l'œuvre législative accomplie, par l'Égypte, à l'instigation de Nubar-Pacha, dans son évolution vers le droit commun européen et vers l'unité de juridiction. Sans doute, dans ses détails et à la lumière de l'expérience, on s'aperçut qu'une œuvre aussi considérable présentait des défectuosités et des lacunes. C'était inévitable. Mais à mesure que cette œuvre s'affirmait, des améliorations s'y introduisirent. Adoptée à titre d'essai, en 1875, et pour une durée de 5 ans, elle passa par diverses prorogations successives. Une commission internationale se réunit au Caire en 1884, en vue de compléter cet intéressant essai de justice internationale, de l'amender et d'y introduire les améliorations nécessaires. En s'inspirant de l'esprit même qui avait présidé à la Réforme et en procédant avec une sage mesure, cette commission prépara un *Réglement de réorganisation judiciaire,* avec un nouveau Code pénal et un nouveau Code d'instruction criminelle. En même temps, elle élargissait, en matière civile, la juridiction des tribunaux mixtes, mais c'est surtout en matière criminelle que l'innovation fut considérable. Les crimes et délits de droit commun sont tous déférés, d'après le nouveau règlement, aux tribunaux mixtes, à l'exception de ceux qui touchent à la politique ou qui sont commis entre gens de même nationalité. La commission demanda en même temps qu'on multipliât les délégations de justice sommaire et qu'on élargît les cadres des tribunaux de 1re instance et de la Cour d'appel. Elle améliora l'organisation du Conseil international des conflits par l'adjonction d'une cinquième personne qui, dans le cas où le conseil se partagerait par moitiés égales, déciderait de la majorité des suffrages. L'organisation du Parquet et du ministère public, celle de la police judiciaire et de sûreté, l'installation d'un tribunal de répression, la révision du règlement général judiciaire, complétèrent cette seconde réforme en y apportant les améliorations dont l'expérience avait démontré la nécessité.

Ce plan, ainsi conçu, allait recevoir son application, lorsque les événements que l'Égypte a traversés pendant la période insurrectionnelle d'Arabi Pacha, amenèrent l'Angleterre à occuper le pays et à y établir sa prépondérance. Un instant, elle songea à mettre la main sur les tribunaux ou même à les supprimer. Mais, à la réflexion, elle acquit la conviction qu'au lieu de desservir ses visées, la justice ainsi réformée pouvait, au contraire, les servir. Le jour, en effet, où elle voudrait établir son protectorat en Égypte, l'absorption complète du pays, grâce à cette diminution des consuls, s'accomplirait avec moins de résistance.

De son côté, Nubar-Pacha, le promoteur même de la Réforme, en demandant aux Puissances d'étendre la juridiction des tribunaux mixtes en matière civile et criminelle, pour remédier autant que possible à la pluralité des juridictions, compromettait le succès de ses revendications par leur exagération même. Regrettant les concessions qu'il avait autrefois signées et l'indépendance excessive des tribunaux qu'il avait lui-même institués, il demandait maintenant que les Puissances restituassent au khédive le libre choix des magistrats européens et renonçassent à le lui imposer. En réalité, il voulait par là enlever à ces tribunaux leur caractère international et en faire des tribunaux vraiment égyptiens. L'échec qu'il avait subi dans l'organisation des *tribunaux indigènes*, qu'il avait institués dès 1884 sur le modèle des tribunaux mixtes, dans l'espoir que ces tribunaux rendraient inutiles ceux de la Réforme, et qui avaient jusque-là piteusement échoués, fut loin d'encourager l'Europe à livrer la justice qui s'exerce sur ses nationaux à la merci des ministres égyptiens. Là était le danger du nouvel ordre de choses. L'essai presque avorté d'une Justice indigène dénote assez ce que deviendrait la Réforme judiciaire, si les Gouvernements étrangers cessaient d'y intervenir par le choix des magistrats. Bien que Nubar-Pacha ait fait entrer dans ces tribunaux indigènes des magistrats étrangers pour être la lumière et l'exemple des autres, ces tribunaux ont trompé son espérance. Il était, dès lors, démontré que là aussi il était nécessaire de substituer les étrangers aux indigènes dans les rouages essentiels de l'administration judiciaire. C'est de cette considération, ou plutôt de ce prétexte que se prévalut l'Angleterre pour accaparer au profit de ses seuls nationaux les tribunaux indigènes et mettre ainsi cette justice au service de ses intérêts.

Nous nous sommes étendus sur cette institution des tribunaux de la Réforme en Égypte parce qu'une œuvre de cette importance, soit par l'atteinte qu'elle porte au régime des Capitulations, soit par les difficultés qu'elle soulève dans le domaine de l'application, méritait une attention toute particulière. Si l'on excepte l'Algérie, devenue province française, et la Tunisie, où la France a établi l'unité de sa juridiction, aucun pays musulman n'avait jusqu'ici entrepris d'une manière aussi sérieuse la tâche difficile d'organiser et de mettre en mouvement une institution si nouvelle, composée d'éléments aussi disparates et fonctionnant dans des conditions inusitées, au milieu de tant de défiances et de préventions.

Ajoutons, pour rendre un dernier hommage à la part que la France a prise à cette Réforme, que les Codes égyptiens, à l'usage des tribunaux mixtes, avaient été rédigés par un avocat français établi depuis longtemps en Égypte, M. Maunoury, et que ce sont nos Codes français qui lui ont servi de modèle. L'œuvre de M. Maunoury comprend six Codes : *Code civil*, *Code de commerce*, *Code de commerce maritime*, *Code de procédure civile et commerciale*, *Code pénal* et *Code d'instruction criminelle*. Ces divers Codes, après avoir été soumis à l'examen et à la révision de la Commission international de Constantinople, qui y apporta quelques utiles modifications, furent publiés en Égypte en 1874, après avoir été préalablement soumis à l'approbation des Puissances.

III

Aperçu final.

Dans cette histoire des Capitulations, qui depuis des siècles ont protégé et protègent encore en grande partie nos nationaux dans les Échelles du Levant, nous avons suivi pas à pas la marche de cette législation spéciale, nous l'avons prise à son origine, nous en avons suivi les développements, et, par l'exemple de l'Égypte, nous avons signalé le dernier progrès du droit international dans les pays de civilisation musulmane.

L'antiquité avait connu l'exemple de ces traités ou conventions particulières qui consistaient à assurer aux habitants d'une cité des immunités spéciales, à titre de réciprocité et en échange de certains services. Les peuples maritimes spécialement, en étendant leur navigation et leur commerce, éprouvèrent le besoin de se sentir protégés et firent de ces traités un précieux instrument de protection. A la chute de l'empire d'Orient, les Turcs, respectant les droits existants et les situations acquises, permirent aux étrangers établis sur le territoire conquis, de vivre à l'ombre et sous la sauvegarde des lois et des coutumes de leur propre patrie. Longtemps les Européens fixés en Orient pour leur commerce y formèrent une sorte de colonie sur une terre ennemie, abrités par le pavillon de la France et protégés par leurs consuls, contre le fanatisme et la barbarie héréditaire des populations au milieu desquelles ils étaient campés. Peu à peu cependant le commerce, cet agent tout puissant de la civilisation, avait forcé les deux races hostiles à surmonter leur antipathie séculaire, et, de même que pour les peuples navigateurs de l'antiquité, à multiplier leurs relations entre elles. De là, la détente qui se produisit. A la longue, l'intérêt général et réciproque l'emporte; le principe d'une sorte de communauté des nations s'impose chaque jour davantage et c'est ce qui permit à l'Europe de faire l'expérience, sur un coin limité de ce vaste Orient, d'une justice internationale en désaccord avec la juridiction consulaire d'autrefois.

Que doit-on conclure de cette expérience et de l'application, jusqu'ici périodiquement renouvelée, du système de la Réforme judiciaire en Égypte? Faut-il admettre que le régime des Capitulations a fait son temps, et que, devant les conquêtes modernes, il est nécessairement destiné à disparaître? Il est sans doute bien téméraire de préjuger l'avenir; mais les conditions d'existence de l'Empire ottoman, la connaissance de ses vices d'organisation, l'irrémédiable insécurité qui pèse sur ses sujets non musulmans voués à un despotisme absolu et arbitraire, sont, jusqu'ici, la meilleure réponse qu'on puisse faire à ces questions. Sans doute, entre toutes les provinces de la Turquie, nulle n'était plus propre que l'Égypte à offrir le spectacle de la barbarie musulmane à demi entamée par la civilisation chrétienne. Nulle part ailleurs en Orient le champ ne s'était ouvert plus libéralement à l'action européenne; nulle part le colon n'avait été mieux accueilli; nulle part aussi l'industrie et le commerce n'avaient mêlé davantage les races entre elles et plus mis les colons en rapport avec la population indigène. Et cependant il a fallu toute la perspicacité des chancelleries européennes, il faut encore toute leur attention, pour empêcher que cet essai d'une justice indépendante ne tourne, au vent des événements et devant les calculs de la diplomatie orientale, en instrument de règne ou en chambre d'enregistrement. Par la prudence excessive qu'elle apporta dans l'étude du projet, par les précautions infinies dont elle l'entoura dans la pratique et auxquelles elle subordonna son adhésion, la France avait témoigné de sa répugnance à s'éloigner du régime des Capitulations et à s'engager dans la voie des innovations en une matière aussi grave. L'expérience a sans doute démontré que le système de la Réforme est parvenu en Égypte à inspirer quelque confiance au public. Mais en serait-il de même en Turquie? Peut-on se flatter qu'une magistrature mixte, composée en majorité de chrétiens, serait facilement acceptée dans ces provinces éloignées où le fanatisme populaire répugne toujours à tout ce qui vient du *giaour*. De sérieux efforts ont été tentés incontestablement à Constantinople pour entrer en communication avec l'Europe et ouvrir le pays, autant que faire se pouvait, à l'accès des idées et des législations occidentales. Quels ont été cependant les effets des Hatti-Schérif de Gulhané de 1839 et du Hatti-Humayoum de 1856? Quels sont les résultats pratiques de l'organisation et de l'institution de ces tribunaux mixtes de commerce et de police pour assurer les droits des étrangers, et de l'adoption, pour l'usage de ces tribunaux, des Codes en grande partie empruntés aux nôtres? Quelles garanties, quel empressement a-t-on rencontré auprès de la Porte lorsque, à une époque toute récente, on prônait l'application de ces réformes promises à des populations opprimées et qu'elle répondait par les événements sanglants qui ont soulevé la conscience de l'Europe, en rejetant le monde civilisé vers les époques les plus troublées de la conquête et de la barbarie? Il faut bien le dire, la doctrine de l'islamisme est le grand obstacle à cette transformation de la Turquie dans le sens des lois politiques, de l'administration, des mœurs et de l'état social, tels que les conçoit la civilisation européenne. L'islamisme, étroit et fanatique de sa nature, n'est guère vulnérable dans son orthodoxie. Le Koran est la loi fondamentale des musulmans; c'est la base et la source de toutes leurs lois religieuses et civiles. Entre cette Loi immuable, inflexible, et la Loi des sociétés modernes, essentiellement variable et changeante, il n'existe aucun point de contact ni aucun point de rapprochement. On arguera peut-être que les nombreuses interprétations que le Livre sacré a suscitées dans le monde même de l'Islam et qui constituent les différents rites ou écoles entre lesquelles il peut varier, a laissé à celui-ci une certaine latitude religieuse et la possibilité de se rapprocher parfois de l'esprit moderne. Mais les rites mêmes qui s'offrent à son choix ne peuvent plus, une fois adoptés, ni se transformer, ni se modifier. Le fidèle, son choix une fois fixé, est tenu de s'y soumettre et d'y conformer ses actes. Le contact des sciences, de l'industrie et des mœurs de l'Europe a produit sans doute chez bien des musulmans une certaine liberté d'esprit et de croyances qui s'écarte des passions courantes, des opinions surannées et qui s'offrirait assez facilement à l'œuvre de rapprochement. Mais à côté de ces libres penseurs, qu'on peut encore considérer comme une infime minorité, il reste la masse considérable des croyants sincères qu'alarme et qu'irrite le danger de cette invasion de notre progrès et de notre scepticisme. Aussi, les réformes prévues par l'Europe et appliquées en Turquie avec plus ou moins de résistance, quels qu'en soient les résultats, ne sauraient entamer le fanatisme de l'Islam; le monde musulman, dans son ensemble et dans ses couches profondes, restera toujours essentiellement réfractaire à l'esprit de la civilisation chrétienne.

Faut-il pour cela renoncer à l'espérance qu'une sorte de transaction facilitera un jour le contact des deux races et que cette même civilisation, en entamant de plus en plus le fanatisme de la race hostile, arrivera à corriger ses mœurs et à tempérer le Koran? On serait en droit de l'attendre, si l'on considère le nombre sans cesse croissant de ces écoles religieuses ouvertes dans tout l'Orient, sous l'influence bienfaisante de la France, et le noble rôle que remplissent ces établissements scolaires où l'on rend le cœur plus généreux, l'intelligence plus ouverte et l'opinion plus tolérante. Nulle part, l'école, combinée avec le dévouement de nos missions religieuses, n'a été un plus précieux agent de progrès intellectuel et moral; nulle part aussi il ne contribue mieux à assurer les voies de l'avenir et à préparer les esprits vers cette évolution susceptible d'entraîner la masse de l'Islam dans le mouvement des nations chrétiennes. Tant que cette évolution ne sera pas un fait accompli, que les préjugés séculaires ne seront pas enrayés par les bienfaits d'une éducation prévoyante, le monde musulman tournera dans l'ornière d'un despotisme illimité, d'une justice boiteuse, d'une législation indécise et d'une administration vicieuse. Dans de telles conditions, peut-on songer sérieusement à le faire entrer dans le droit commun et à renoncer au bénéfice des Capitulations qui forment pour l'Europe sa dernière sauvegarde et sa plus précieuse garantie? Il est permis d'en douter.

FIN

TABLE DES MATIÈRES

DEUXIÈME PARTIE

TROISIÈME PARTIE

A LA MÊME LIBRAIRIE :

Droit international. — Traité de l'extradition, suivi d'un recueil de documents étrangers et des conventions d'extradition conclues par la France et actuellement en vigueur, par A. BILLOT, docteur en droit. Un vol. in-8°. Prix. . . . . 10 fr.

De la Liberté politique dans l'État moderne, par Arthur DESJARDINS, membre de l'Institut, avocat général à la Cour de cassation. Un vol. in-8°. Prix. . . . . 7 fr. 50

Essai sur le principe des nationalités, par UN DIPLOMATE. Un vol. in-18. Prix. . . . . 4 fr.

La Paix publique selon la logique et l'histoire, par H. DE FAVIERS. Un vol. in-18. Prix. . . . . 3 fr. 50

La Civilisation et ses lois. Morale sociale, par Th. FUNCK-BRENTANO, professeur de droit des gens à l'École libre des sciences politiques. Un vol. in-8°. Prix. . . . . 7 fr. 50

Nouveau Précis d'économie politique. *Les Éléments*, par Th. FUNCK-BRENTANO, professeur de droit des gens à l'École libre des sciences politiques. Un vol. in-18. Prix. . . . . 3 fr. 50

Précis du droit des gens, par Th. FUNCK-BRENTANO et Albert SOREL. 2e édition. Un vol. in-8°. Prix. . . . . 8 fr.

(*Couronné par l'Académie française, prix Bordin.*)

Philosophie du droit social, par Mgr HUGONIN, évêque de Bayeux et Lisieux. Un vol. in-8°. Prix. . . . . 6 fr.

L'Économie politique devenue science exacte, ou les libre-échangistes et les protectionnistes conciliés, par DU MESNIL-MARIGNY. 4e édition, revue et annotée. Un vol. in-8°. Prix. . . . 8 fr.

L'Économie politique patronale. Traicté de l'Œconomie politique dédié en 1615 au Roy et à la Reyne mère du Roy par Antoyne DE MONTCHRÉTIEN, avec introduction et notes par Th. Funck-Brentano. Un vol. in-8°. Prix. . . . . 10 fr.

Des bases de l'ordre social, par J. REY, de Grenoble, conseiller à la Cour d'Angers. Deux vol. in-8°. Prix. . . . . 15 fr.

Traité des transactions suivant les principes du droit français tant d'après les lois anciennes que d'après le Code civil, ou moyen de prévenir les procès et de terminer les différends à l'amiable, par F. RIGAL, avocat à Toulouse. Un vol. in-8°. Prix. . . . . 4 fr.

Traité élémentaire de droit civil germanique (*Allemagne et Autriche*), par Ernest LEHR, professeur honoraire de droit à l'Académie de Lausanne, conseiller de l'ambassade de France en Suisse.

Tome Ier : Introduction ; droit des personnes ; droit des choses ; propriété intellectuelle. Un vol. in-8°. Prix. . . . . 8 fr.

Tome II : Droit des obligations, droit de famille, droit des successions. Un vol. in-8°. Prix. . . . . 8 fr

---

PARIS. TYP. DE E. PLON, NOURRIT ET Cie, 8, RUE GARANCIÈRE. — 4130.

www.ingramcontent.com/pod-product-compliance
Ingram Content Group UK Ltd.
Pitfield, Milton Keynes, MK11 3LW, UK
UKHW020154250726
13967UKWH00003B/1058

9 782011 919502